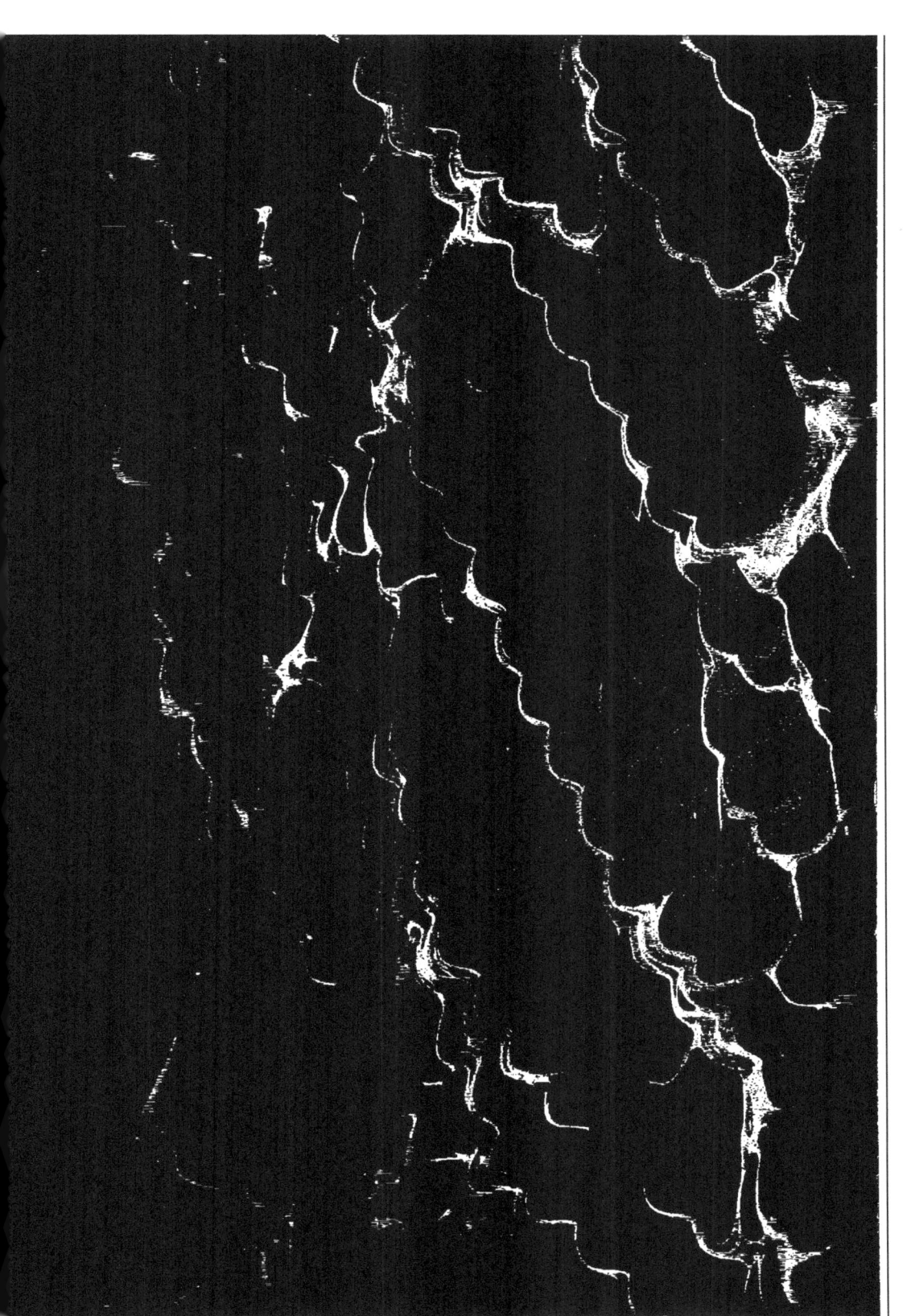

L. BARRAU-DIHIGO

ETUDE

SUR

LES ACTES DES ROIS ASTURIENS

(718-910)

Extrait de la *Revue Hispanique*.

NEW YORK, PARIS

1919

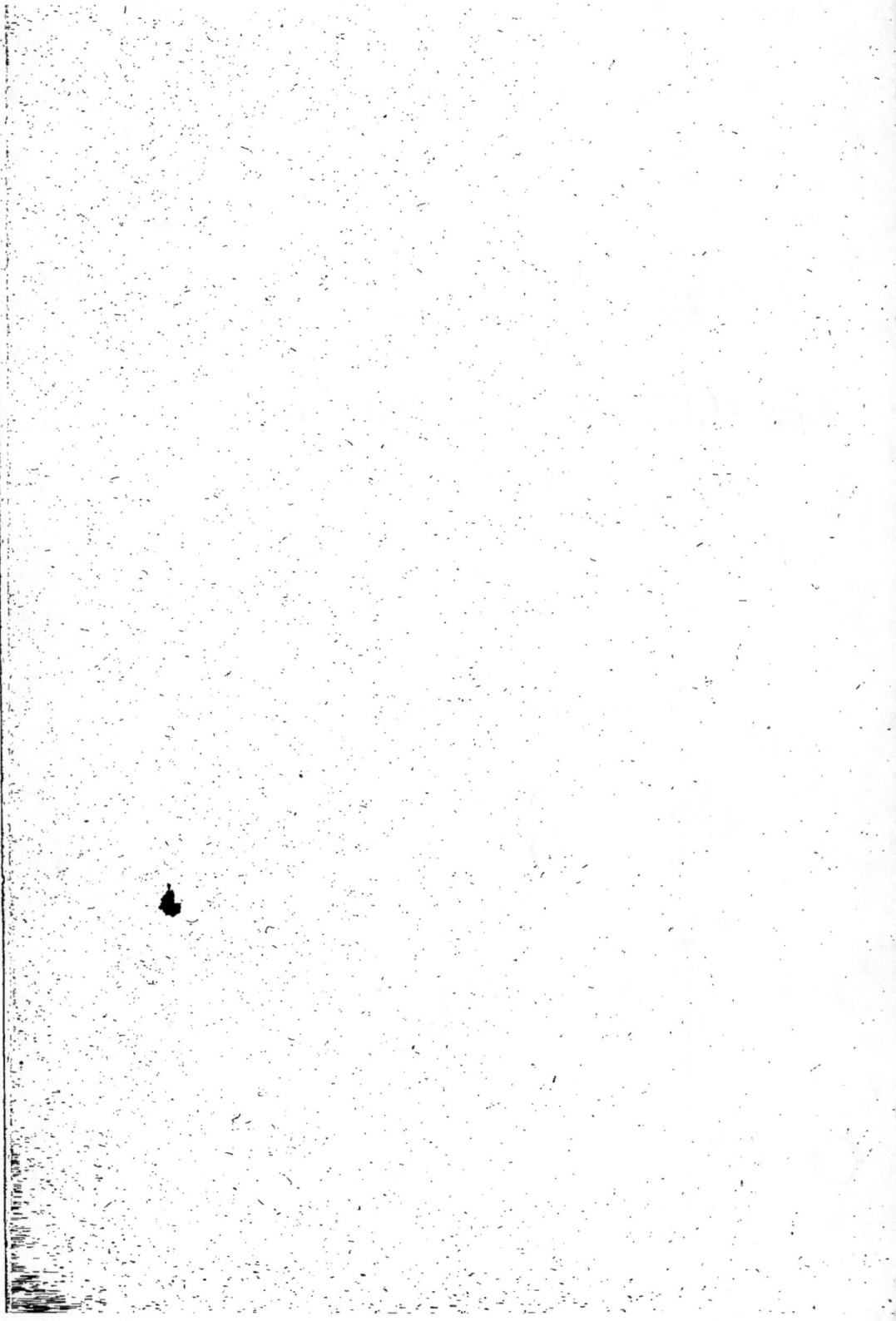

ETUDE

SUR LES ACTES DES ROIS ASTURIENS

(718-910)

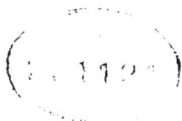

L. BARRAU-DIHIGO

ETUDE

SUR

LES ACTES DES ROIS ASTURIENS

(7 1 8 - 9 1 0)

Extrait de la *Revue Hispanique*.

NEW YORK, PARIS

1919

IMPRENTA DE LA CASA EDITORIAL BAILLY-BAILLIÈRE

Calle de Núñez de Balboa, núm. 21.

ÉTUDE

SUR LES ACTES DES ROIS ASTURIENS

(718 - 910)

AVERTISSEMENT

Le présent travail se compose de deux parties. La première est consacrée: 1° à l'examen des formules que renferment les documents authentiques; 2° à la critique des documents interpolés, suspects, remaniés ou faux. La seconde est formée par un Catalogue d'actes.

Quoique fastidieuse, l'énumération des formules aura sans doute quelque utilité, car il n'existe guère d'exposé de diplomatique espagnole qui ne soit délibérément hâtif(¹). Quoique délicate, la critique des textes équivoques ou apocryphes s'imposait, car on serait trop souvent en droit de répéter avec Flórez: «Hay »algunos que en viendo que esto está escrito en pergamino, en tal »Archivo, en tal libro de Becerro (ó Tumbos...) juzgan que ya es »pecado el rebatirlo: si es del Siglo XII. ó XIII. no hallan voces

---

(¹) Voir, par exemple, J. Muñoz y Rivero, *Nociones de diplomática española*. Madrid, 1881, pet. in-8, 133 pp. et J. Delaville Le Roulx, *Étude sur la diplomatique des chancelleries royales de Castille et Léon, d'Aragon et de Navarre*, dans *Nouvelles Archives des Missions*, IV (1893), pp. 232-264.

»con que ponderar su antigüedad: si la letra es Gothica, ò Longo-
barda, parece que es caracter de verdad...» (²).

Quant au Catalogue d'actes, voici quelle en est l'économie générale:

a) Authentiques ou non, tous les diplômes sont rangés en une
seule série chronologique. Mais on n'a inventorié que ceux dont
on possède soit le texte intégral, soit, à défaut, une analyse suffi-
sante. On a donc exclu, d'une part, les simples confirmations
princières ou royales, apposées au bas d'actes royaux ou privés (³): d'autre part, les mentions de donations contenues dans
des documents postérieurs (⁴).

b) Les analyses sont généralement assez étendues. Toutefois,
elles sont loin de reproduire tous les détails significatifs, tous les
noms de lieu, tous les noms de personne contenus dans les actes.
Reproduire tous ces détails et tous ces noms propres, c'eût été,
dans bien des cas, traduire presque *in extenso* de très longs exposés ou des dispositifs plus longs encore (⁵). Au surplus, une analyse ne dispense et ne dispensera jamais, quoi qu'on fasse, de la
lecture du texte lui-même.

c) La bibliographie des sources manuscrites a été réduite à
l'essentiel (⁶). Quand on possède l'original ou des copies anciennes, on a résolument écarté la masse encombrante des copies
modernes; d'abord, parce que ces dernières, prises à l'ordinaire
sur les originaux ou copies anciennes dont nous disposons (ou

---

(¹) *España Sagrada*, IX (1749). p. 115.

(³) Il en est une cependant que l'on aurait pu, à la rigueur, mentionn-
ner: c'est la pseudo-confirmation par Alphonse I⁰ d'une charte de l'évêque de Lugo Odoario, 15 mai 747 (Risco. *Esp. Sagr.*. XL, app. x, pp. 356-
361).

(⁴) Voir ci-dessous, Appendice III.

(⁵) *Cat.*, nᵐ 13, 17, 24, 25, 47, 54, 62, 65, etc.

(⁶) Cf. *contra* M. Prou. *Recueil des actes de Philippe I⁰* (Paris, 1908.
in-4), pp. ccxliv-ccxlv.

dérivant les unes des autres), ne présentent dans les cas indiqués aucun intérêt au point de vue critique; ensuite, parce que, faute de bons inventaires, il est pratiquement impossible de les atteindre toutes; enfin, parce que, si l'on voulait établir avec soin leur filiation, il faudrait se livrer à des essais de classement aussi méritoires que superflus (7). — En revanche, on n'a omis aucune des éditions et traductions intégrales que l'on a connues; mais il va de soi qu'on n'a pas relevé les analyses et extraits donnés par tel ou tel historien.

Dès 1898, nous avions entrepris un *Recueil des actes des rois asturo-léonais (718-1037)*. Le présent travail n'est qu'un fragment de ce *Recueil*, à l'établissement duquel s'opposent, et s'opposeront longtemps encore, des difficultés de tout genre.

(7) Nous avons eu l'occasion de signaler quelques-uns des plus importants recueils de copies dans *Annuaire de l'École pratique des Hautes Études. Section des Sciences historiques et philologiques*, 1901, pp. 119-126.

PREMIERE PARTIE
RECHERCHES CRITIQUES

I

LES ACTES AUTHENTIQUES

Sur les soixante-huit actes dont on trouvera plus loin l'analyse, il en est seulement dix-neuf qui soient authentiques, ou le paraissent ([*]). L'un d'eux, émané du roi Silo (774-783), remonte au 23 août 775; un autre, émané d'Ordoño Ier (850-866), date du 20 juin 860; les dix-sept autres, délivrés au nom d'Alphonse III (866-910), s'échelonnent entre le 20 janvier 867 et le 28 août 909.—Les remarques qui suivent ne valent donc, en général, que pour une période d'une cinquantaine d'années et ne s'appliquent guère qu'aux actes d'un seul souverain. Or, la monarchie asturienne a duré pendant près de deux siècles et douze rois ont régné dans les Asturies de 718 à 910.

Sur les dix-neuf documents authentiques, cinq seulement, à notre connaissance, subsistent en originaux (°); les deux plus

---

([*]) *Cat.*, nᵒˢ 5, 26, 30, 31, 32, 34, 37, 44, 45, 48, 50, 52, 58, 60, 61, 63, 64, 66 et 68.

(°) Actes des 23 août 775 (*Cat.*, nᵒ 5), 28 juin 860 (nᵒ 26), 22 octobre 904 (nᵒ 60), 30 novembre 904 (nᵒ 61), 30 novembre 905 (nᵒ 64). Peut-être découvrirait-on à Leon les originaux des actes des 10 juillet 875 (nᵒ 34) et 3 avril 905 (nᵒ 63). Mais il faut renoncer à l'espoir d'en découvrir beau-

anciens diplômes qui ne soient ni douteux ni apocryphes (775 et 860), nous sont parvenus sous cette forme ([10]); hasard plus heureux encore, ces cinq documents conservés en originaux correspondent à des types d'actes très nettement distincts ([11]). Mais on n'a par ailleurs que des copies, anciennes ou modernes, manuscrites ou imprimées, c'est-à-dire des textes *a priori* susceptibles d'avoir subi des altérations et des retouches; dans ces con-

---

coup d'autres. Les archives de l'église de Compostelle ont été largement mises à profit par M. Antonio López Ferreiro, l'auteur de la belle *Historia de la Santa A. M. Iglesia de Santiago de Compostela* (Santiago, 1898 et suiv.), et cet érudit n'a point signalé d'originaux pour la période qui nous occupe. Les archives de la cathédrale de Leon, à supposer qu'elles en recèlent d'inconnus, n'en recèlent certainement pas beaucoup. Quant aux chartriers des monastères asturiens, léonais et galiciens, on sait qu'ils ont été centralisés à l'*Archivo Histórico Nacional* de Madrid et à la *Torre do Tombo* de Lisbonne, et dans ces deux établissements, entièrement classés, ou presque, des surprises ne sont guère possibles. Resterait, semble-t-il, à explorer les églises d'Astorga, Braga, Lugo, Mondoñedo, Orense et Oviedo. Mais, dès le xviiie siècle, les archives d'Astorga (brûlées en 1808 par les Anglais) ne renfermaient plus d'originaux de diplômes asturiens (cf. l'*Indice de las escrituras de la Santa Iglesia de Astorga*, Bibl. Nat. de Madrid, n° 4357); celles de Braga n'ont jamais contenu, en fait de chartes royales asturiennes, que des documents apocryphes; enfin, celles de Lugo (presque complètement transférées à l'*Archivo Histórico Nacional*), de Mondoñedo (aujourd'hui détruites; cf. R. Beer, *Handschriftenschätze Spaniens*, p. 357), d'Orense et d'Oviedo (celles-ci très bien inventoriées par M. C. Vigil, *Asturias monumental, epigráfica y diplomática*, Oviedo, 1887, 2 vol. gr. in-4), auront été privées de leurs originaux à l'époque où l'on a soit fabriqué, soit remanié les actes examinés plus loin: cela nous reporte à la fin du xie et au début du xiie siècle.

([10]) D'après J. Muñoz y Rivero, *Paleografía visigoda*, p. 28 (suivi par A. Giry, *Manuel de diplomatique*, p. 515), le plus ancien document original daterait seulement du 9 septembre 857 (*Archivo Histórico Nacional*, Doc. de Sahagun, n° 356); c'est une charte privée.

([11]) Chartes solennelles: 30 novembre 904 et 30 novembre 905; précepte: 28 juin 860; chartes semi-solennelles autres que des préceptes: 23 août 775 et 22 octobre 904.

ditions, il est impossible d'établir une doctrine sûre jusqu'en ses moindres détails.

§ 1. CARACTÈRES EXTERNES.

Les originaux sont écrits sur des parchemins rectangulaires, assez irrégulièrement coupés et de dimensions fort diverses; le texte est disposé dans le sens du plus grand côté; l'écriture est la cursive visigothique. En tête vient un chrismon, parfois très mal tracé. Tantôt l'acte est d'une seule teneur (775), tantôt la date et les souscriptions (22 octobre 904, 30 novembre 905), ou ces dernières seules (30 novembre 904), se détachent de façon nette; et au moins sur deux parchemins (30 novembre 904 et 30 novembre 905), les noms des témoins sont rangés en colonnes. A la suite de la souscription royale est une sorte de monogramme.

§ 2. CARACTÈRES INTERNES.

1° *Les différentes espèces d'actes.*

D'après les formules, les chartes authentiques se divisent en trois catégories; on a: 1° neuf chartes solennelles ([12]); 2° neuf chartes semi-solennelles ([13]); 3° un jugement ([14]).

([12]) Actes de 885 *(Cat.,* n° 44), 24 juin 886 (n° 45), 25 juillet 893 (n° 48), 29 janvier 895 (n° 50), 25 novembre 895 (n° 52), 30 décembre 899 (n° 58), 30 novembre 904 (n° 61), 30 novembre 905 (n° 64), 22 septembre (?) 907 (n° 66). Cf. actes interpolés des 28 août 886 (n° 46) et 24 janvier 891 (n° 47).

([13]) Actes des 23 août 775 *(Cat.,* n° 5), 20 juin 860 (n° 26), 20 janvier 867 (n° 30), 15 avril 869 (n° 31), 14 février 874 (n° 32), 10 juillet 875 (n° 34), 22 octobre 904 (n° 60), 3 avril 905 (n° 63) et 28 avril 909 (n° 68). Cf. les actes interpolés ou suspects des 11 juin 811 (n° 9), 17 avril 852 (n° 20), 13 juillet 853 (n° 21), 20 mai 856 (n° 23), 880-910 (n° 39), 9 août 883 (n° 40), 17 août 883 (n° 41), 25 septembre 883 (n°ˢ 42 et 43).

([14]) Acte du 6 juin 878 *(Cat.,* n° 37).

ACTES SOLENNELS.—Rédigés sous forme d'épîtres, à l'imitation des actes similaires des rois visigoths ([15]), les actes solennels comportent: 1° une invocation à la Trinité; 2° une longue adresse aux saints patrons de l'église ou du monastère; 3° la suscription royale; 4° un préambule ou, à défaut, une formule pieuse insérée en tête du dispositif; 5° le dispositif; 6° des clauses finales; 7° la date; 8° la souscription royale; 9° les souscriptions des témoins. — A la date, ces actes solennels reçoivent le nom de: *scriptura testamenti, cartula testamenti, scriptura donationis et testamenti, testamentum* ([16]).

Les actes solennels présentent une assez grande régularité, en ce sens qu'ils se composent presque toujours des mêmes éléments et que leurs éléments constitutifs sont toujours rangés dans le même ordre; mais la teneur des formules est loin d'être fixe; bien plus, il y a, suivant les provenances, des dissemblances ou des similitudes assez frappantes. C'est ainsi, notamment, que les diplômes de 885 et des 24 juin 886, 25 juillet 893, 25 novembre 895 et 30 novembre 899, relatifs à l'église de Compostelle, forment un groupe distinct; que les diplômes des 30 novembre 904 et 30 novembre 905, concernant le monastère de Sahagun, sont manifestement rédigés tous deux d'après un modèle unique; enfin, que les actes des 29 janvier 895 et 22 septembre (?) 907 ont chacun leur physionomie propre.—La minute des actes solennels n'était-elle pas préparée dans les établissements bénéficiaires, mais revue ensuite par le notaire royal qui en arrêtait la

---

([15]) Cf. *Formulae visigothicae,* n° 9, dans *Formulae merowingici et karolini aevi,* éd. K. Zeumer, pp. 579-580.

([16]) On n'appellera cependant pas ces donations-là des «testaments», car le vocable *testamentum* désigne parfois des chartes privées qui ne sont pas des chartes solennelles; exemples: actes du 1er juin 826, dans *Bol. de la R. Acad. de la Hist.,* XLVI (1905), p. 72; du 28 mars 847, *ibid.,* XLVIII (1906), pp. 135-136; du 13 avril 907, dans *Portugaliae Monumenta Historica. Diplomata et chartae,* n° xv, p. 10, etc., etc.

rédaction définitive? Ainsi s'expliquerait que le notaire Possidonio ait souscrit en ces termes: *Possidonius, qui hoc testamentum
scripsi*, l'acte du 29 janvier 895 (Compostelle) aussi bien que ceux
des 30 novembre 904 et 30 novembre 905 (Sahagun). Quoiqu'il
en soit de cette hypothèse, on constate que le formulaire des
donations solennelles n'a pas été employé uniquement pour des
donations royales: il se retrouve dans bon nombre de chartes
privées des VIIIe, IXe et Xe siècles ([17]).

ACTES SEMI-SOLENNELS.— Les actes semi-solennels se subdivi-
sent en deux classes: 1° les préceptes ([18]; 2° les actes autres que
les préceptes ([19]).

Rédigés sous forme d'épitres, comme les diplômes solennels,
les préceptes se distinguent de ceux-ci à la fois par leur extrê-
me brièveté et par le contenu du protocole initial. Dépourvus
d'invocation verbale, ils débutent *ex abrupto* en ces termes: *ille
rex illi episcopo vel abbati* (à cela sont réduites la suscription et
l'adresse). Aussitôt après, sans préambule d'aucune sorte, commence le dispositif qu'annoncent les mots: *per hujus nostrae praeceptionis jussionem, donamus atque concedimus* (d'où la déno-
mination de «préceptes» que nous assignons à ces documents).
Puis viennent, ainsi que dans les diplômes solennels, les clauses

([17]) Exemples: chartes des 19 avril 773 *(Port. Mon. Hist. Dipl. et
chartae*, n° 1, pp. 1-2), 28 décembre 787 *(Galicia histórica. Colección diplomática*, pp. 626-627), 1er septembre 818 (López Ferreiro, *Historia de la
iglesia de Santiago*, II, app. 1, pp. 3-6), 7 mai 867 *(ibid.*, n° VII, pp. 13-17). 2
janvier 875 *(Port. Mon. Hist. Dipl. et chartae*, n° VIII. pp. 5-6), 19 novembre 894 *(Revue Hispanique*, VII, 1900, pp. 302-304), 4 mars 908 (López
Ferreiro, *op. cit.*. app. XXVIII. pp. 61-62), etc. Cf. *Formulae visigothicae*,
éd. Zeumer, n° 8.

([18]) Actes des 20 juin 860, 25 avril 869, 14 février 874, 10 janvier 875.
3 avril 905. Cf. actes suspects ou interpolés des 17 avril 852, 13 juillet
853, 20 mai 856, 9 août, 17 août et 25 septembre 883.

([19]) Actes des 23 août 775, 20 janvier 867, 22 octobre 904, 28 avril
909. Cf. actes suspects du 11 juin 811 et de 880-910.

finales, la date, la souscription royale et les souscriptions des
témoins.— Le type décrit est propre aux seuls actes de l'autorité royale ([20]).

Les actes semi-solennels autres que les préceptes sont carac-
térisés eux aussi par la concision du protocole initial; mais, ceci
posé, il faut avertir que chacun d'eux répond à un formulaire
différent. Nulle part nous n'avons rencontré d'actes pareils à ceux
des 23 août 775, 20 janvier 867 et 22 octobre 904; par contre,
celui du 28 août 909 rappelle de nombreuses chartes privées
des IXe et Xe siècles.

JUGEMENT.—L'unique jugement que l'on possède comprend:
1° une invocation à Dieu *(in nomine Domini)*; 2° une formule
de notification; 3° l'exposé de la cause; 4° une phrase très
complexe où sont rassemblées une clause relative à la rédaction
de la charte, l'annonce des signes de validation, une formule de
corroboration et la date. De très abondantes souscriptions ter-
minent ce document dont il ne subsiste sans doute que peu de
répliques ([21]).

2° Les formules des actes solennels et semi-solennels.

INVOCATION.—*a) Actes solennels.*—La formule habituelle est:
in nomine sanctae et individuae trinitatis ([22]). On trouve aussi: *in
nomine Domini, sanctae et individuae trinitatis* (29 janvier 895) et:
in nomine patris et filii et spiritus sancti, qui in trinitate unus et

---

([20]) Pas de modèle de «précepte» dans les *Formulae visigothicae.*

([21]) Ce jugement ne ressemble ni à celui qui se trouve dans les *Formulae visigothicae,* n° 40, ni à ceux qui émanent des rois de Leon. Voir
néanmoins un jugement de Bermude II, en date du 25 février 995 *(Revue
Hispanique,* X, 1903, pp. 439-441), qui commence lui aussi par une invocation et une notification.

([22]) Actes de 885, 893. 25 novembre 895, 30 décembre 899, 30 novembre 904. 30 novembre 905.

verus Deus (24 juin 886) ([23]). L'acte de 907 n'a pas d'invocation ([24]).

b) Préceptes.—Pas d'invocation, si ce n'est dans des chartes interpolées ou suspectes ([25]).

c) Autres actes semi-solennels.—Nous relevons, en 909, l'usage des mots: *in nomine Domini* et, le 22 octobre 904, la formule: *domnis sanctisimis et gloriosisimis* ([26]). Dans les actes de 775 et de 867, l'invocation fait défaut ([27]).

SUSCRIPTION.—*a) Actes solennels.*—Invariablement placée après l'adresse ([28]), la suscription s'accompagne toujours du pronom personnel (au singulier ou au pluriel), parfois d'une épithète d'humilité et parfois de la locution *gratia Dei rex*; fréquemment le nom de la reine est cité à côté de celui du roi, mais ce dernier n'indique jamais sur quels états il règne ([29]): *Ego Adefonsus princeps* (899); *Ego Adefonsus rex famulusque tuus* (29 janvier 895); *Ego Adefonsus Dei gratia rex* (907); *Ego Adefonsus rex et Exc-*

([23]) Acte interpolé du 28 août 886: *in nomine Domini Dei et salvatoris nostri Iesu Christi;* acte interpolé de 891: *in nomine patris et filii et spiritus sancti.*

([24]) Cf. *Formulae visigothicae,* n° 9, et certaines chartes privées solennelles; exemples: *Formulae visigothicae,* n° 8; *Port. Mon. Hist. Dipl. et chartae,* n° v, pp. 3-4 et n° viii, pp. 5-6.

([25]) Voy. actes des 13 juillet 853 *(in Dei nomine),* 17 avril 852, 9 août 883, 17 août 883, 25 septembre 883 *(in nomine Domini).*—A noter que certains préceptes léonais s'ouvrent par une invocation; notamment une charte de Fruela II, conservée en original, du 27 septembre 924 *(Revue Hispanique,* X, 1903, pp. 367-369).

([26]) Cette formule, qui a d'abord été une adresse, est devenue ensuite une invocation très usitée dans le midi de la France du viii° au xii° siècle; voir Giry, *Manuel de diplomatique,* p. 858.

([27]) De même, dans les actes suspects de 811 et de 880-910.

([28]) Cf. *Formulae visigothicae,* n°˙ 8 et 9.

([29]) Cette indication figure parfois à la date: cf. actes solennels du 29 janvier 895 et de 907 et acte semi-solennel de 909. Cf. le précepte interpolé du 9 août 883.

mena regina (25 novembre 895); *Nos famuli [vestri] Adefonsus rex et Exemena regina* (885, 24 juin 886, 893); *Ego Adefonsus gratia Dei rex [una] cum coniuge [mea] Xemena* (30 novembre 904, 30 novembre 905) ([30]).

Il y a souvent, après la suscription, une formule analogue aux suivantes: *in remissionem nostrorum peccaminum, in Domini nostri Iesu Christi amore et honore vestrae perpetuae gloriae*, etc. Dans un cas, cette formule tient lieu de préambule (885); dans deux cas, elle se rattache à un préambule embryonnaire (893 et 25 novembre 895); d'autres fois, elle continue en quelque sorte la suscription, exemple: *Ego Adefonsus... una cum coniuge mea Xemena, in Dei nomine et in Christi amore et in vestro perpetuali honore. Licet primordia bonorum operum*, etc. (30 novembre 904) ([31]).

b) Actes semi-solennels.—Liée de façon étroite avec l'adresse, la suscription la précède, sauf exceptions douteuses ([32]). Sans même faire usage du pronom personnel, le roi s'intitule simplement *rex* ([33]) (ce vocable peut d'ailleurs être omis) ([34]). Le nom de la reine n'est pas exprimé ([35]).

([30]) Cf. actes interpolés du 28 août 886 *(Nos exigui famuli vestri)* et de 891 *(Nos famuli vestri)*.

([31]) Voir dans l'acte interpolé du 28 août 886 une formule analogue.

([32]) Acte authentique de 867: *patri Athaulfo episcopo Adefonsus rex.* Acte suspect de 853: *tibi patri Fatali episcopo Ordonius rex.*

([33]) A deux reprises (actes interpolés des 9 et 17 août 883), le roi est qualifié de *gloriosus* et de *gloriosissimus.* Quoique ces épithètes aient été appliquées aux rois visigoths (H. Bresslau, dans *Neues Archiv d. Ges. f. ält. dtsche Geschichtskunde*, XII, 1887, p. 360), elles nous paraissent ici constituer une adjonction au texte primitif.

([34]) Actes de 775, 860, 874, 10 juillet 875; cf. acte suspect de 811.— Ignorant ce détail, Noguera, *Ensayo cronológico*, dans Mariana, *Historia de España*, éd. de Valence, III, pp. 424-425, insinuait que la charte du roi Silo (775) pourrait n'être pas de ce prince, mais d'un personnage de même nom, le donateur n'étant pas appelé *rex.*

([35]) Voir cependant les deux préceptes suspects du 25 septembre 883: *Adefonsus rex et Exemena regina.*

ADRESSE.—a) *Actes solennels.*—L'adresse prend place avant la suscription; c'est le saint patron de l'église ou du monastère qui est considéré comme le destinataire, et l'emplacement occupé par l'établissement bénéficiaire est fixé avec précision ([36]). Exemple: *Vobis* ([37]) *dominis sanctis gloriosisque martiribus nobisque post Christum Ihesum fortissimis patronis Facundi et Primitivi, quorum corpora sepulta venerantur in eclesia in loco Calzata, que est sita super ripam fluminis cui nomen est Ceia, in finibus Gallecie* (30 novembre 904).

b) *Actes semi-solennels.*—Pas d'adresse dans l'acte de 775. Ailleurs l'adresse suit la suscription, excepté dans des cas douteux. Le destinataire est toujours ici un personnage vivant, ecclésiastique ou laïque (il peut y avoir, du reste, deux destinataires). Comme dans les chartes solennelles, le cas employé est le datif; toutefois, pour certaines adresses, qui rappellent en partie celles des actes solennels, on s'est servi, concurremment avec le datif, de l'accusatif régi par la préposition *ad*. Exemple: *Adefonsus fratri Adefonso abbatis vel ad omni congregationem fratrum de eglesia sanctorum Facundi et Primitivi Zeiensis monasterii* (22 octobre 904) ([38]).

SALUT.—Pas de salut, en dehors d'actes, solennels ou semi-solennels, interpolés ou suspects ([39]).

([36]) Cf. *Formulae visigothicae*, n° 8: *Dominis sanctis atque gloriosissimis*, etc.

([37]) Les actes de 893 et du 30 novembre 905 fournissent d'autres exemples d'adresses précédées du pronom *vobis*. Mais le pluriel *vobis* de l'acte de 893 s'applique à un saint unique (comparer l'adresse des deux préceptes suspects du 25 septembre 883, où l'on constate même anomalie).—Quant au pronom *tibi*, nous ne l'avons rencontré que dans un précepte suspect, celui de 853: *tibi patri Fatali episcopo*.

([38]) Exemples analogues de l'emploi de la préposition *ad*, à relever dans l'acte suspect de 811 et l'acte interpolé du 17 août 883.

([39]) Acte solennel interpolé du 24 janvier 891: *in Domino sempiternam salutem*; précepte interpolé du 17 août 883: *in Domino semper salutem*;

PRÉAMBULE. – a) *Actes solennels.*—Les diplômes des 30 novembre 904 et 30 novembre 905 sont les seuls qui contiennent un préambule en forme: *licet primordia bonorum operum que Deo inspirante in mente gignitur, justitie operibus deputetur*, etc. ([40]). Les autres actes solennels n'ont qu'un préambule à peine esquissé ([41]): *in remissionem nostrorum peccaminum* (885); *piaculorum nostrorum cupientes expiari flagitia et peccatorum nostrorum oneris pregravationem orationum vestrarum desiderantes adjutorio sublevari* (29 janvier 895) ([42]).

b) *Actes semi-solennels.*— Les exemples qui pourraient être produits seraient empruntés à deux préceptes suspects et qui, de plus, se copient l'un l'autre ([43]).

EXPOSÉ.—Cette partie du discours diplomatique manque dans les actes solennels et, dans les actes semi-solennels, son emploi est fort douteux. Le 20 janvier 867, l'exposé commence par ces

préceptes suspects du 25 septembre 883: *in Domino salutem.*—Nombreux sont les préceptes léonais qui renferment un salut; nous n'en citerons qu'un exemple, emprunté à l'original d'une charte de Fruela II, 27 septembre 924, déjà mentionnée: *in Domino Deo eternam salutem.* Rappelons que cet acte de Fruela II s'ouvre par une invocation; donc, au début du xe siècle, sinon auparavant, un précepte avec invocation et salut, comme nos préceptes suspects du 25 septembre 883, n'avait en soi rien d'insolite.

([40]) Cf. acte interpolé du 28 août 886; quant au préambule de l'acte interpolé de 891, il est du type: *si beneficiis divinis nostra compensetur oblatio*, etc. (cf. *Formulae visigothicae*, n° 9).— Mêmes formules dans les donations solennelles des rois léonais.

([41]) Le préambule est même tout à fait absent du diplôme du 24 juin 886.

([42]) Même formule *(piaculorum nostrorum)*, dans *Formulae visigothicae*, n° 8.

([43]) Actes du 25 septembre 883: *Inter ceteras actiones quas pro regni nostri utilitatibus pia miseracione exponimus, illud ad remedium anime provenire confidimus, ut sanctis ecclesiis largicionis munera prelargimus.*— Les préceptes léonais sont eux aussi exempts de préambules.

mots: *secundum quod nobis suggessisti;* le 14 février 874, cette
proposition est à elle seule toute la *narratio.* Quant aux exposés
qu'annonce la formule: *non est dubium sed multis manet notissimum eo quod,* ils appartiennent tous à des chartes notoirement
interpolées ou suspectes (44).

DISPOSITIF.—*a) Actes solennels.*—La volonté du donateur s'exprime au moyen des verbes: *offerimus et donamus, offerimus atque
concedimus, litamus, donamus atque confirmamus,* etc. (45), termes
que suit communément une formule pieuse, servant à marquer
la destination des biens concédés; exemple: *pro victu fratrum in
loco vestro degentium et sustentatione pauperum seu peregrinorum
adveniencium vel ibi commorancium* (893) (46).

b) Préceptes.—Nous avons déjà mentionné le: *per hujus nostrae
praeceptionis jussionem donamus atque concedimus.* La teneur de
cette formule est à peu près immuable (47).

---

(44) Actes de 811, 852, 853, 17 août 883. Mais si les actes royaux dont
l'authenticité est certaine ne contiennent pas d'exposés, il y en a, et de
fort longs, dans certaines chartes privées (exemples: 21 février 897, 11
janvier 906, *Port. Mon. Hist. Dipl. et chartae,* n° XII, pp. 7-8 et n° XIII,
pp. 8-9); là encore nous retrouvons la formule: *non est dubium.*—A remarquer que dans certaines donations royales du X° siècle, très brèves
et non sans ressemblances avec les préceptes, le dispositif est précédé
d'un exposé (exemples: 19 février 958, 1er janvier 943, *Revue Hispanique,* X, 1903, pp. 369-370 et 379-380); dans telles autres chartes royales
léonaises (par exemple, actes des 6 janvier 935 et 12 mars 977, *ibidem,*
pp. 371-373 et 409-411), l'exposé est même devenu, tout comme dans le
précepte – interpolé, croyons-nous—du 17 août 883, la partie principale
du document.

(45) La conjonction *idco* relie au préambule le dispositif des diplômes
des 30 novembre 904 et 30 novembre 905.

(46) Cf. actes des 29 janvier 895, 25 novembre 895, 30 décembre 899,
30 novembre 904, 30 novembre 905, 907 (et acte interpolé de 891). Comparer *Formulae visigothicae,* n°s 8 et 9.

(47) Précepte authentique de 874: *per nostram iussionem concedimus;*
précepte interpolé du 9 août 883: *per huius serenitatis preceptionem con-*

c) *Autres actes semi-solennels.*—Quatre documents, quatre manières différentes d'amorcer le dispositif. Dans l'acte de 775 se trouvent réunis, en une même phrase, une sorte d'exposé et les premiers mots du dispositif: *Magnum adque preclarum est locum abitacionis propter mercedem anime mee facere donacionem ad fratres et servos Dei ... quia nobis pedes obsculaverunt ipsi servi Dei ut daremus eis,* etc. ([48]). Dans l'acte du 20 janvier 867, aussitôt après l'exposé *(secundum quod nobis suggesisti pro villa,* etc.), on lit: *nos tamen concedimus eam [villam] vobis* ([49]). Dans l'acte du 22 octobre 904, l'adresse terminée, le texte se poursuit de la sorte: *ordinamus vobis ad imperandum,* etc. ([49] a). Enfin, l'acte du 28 avril 909 contient la formule: *Placuit serenitati nostre atque convenit ut faceremus vobis scribtura commutationis sicuti et facimus,* formule très courante, à quelques variantes près, dans les chartes privées de donation ou de vente ([50]).

CLAUSES FINALES.—a) *Actes solennels.*—Presque tous les actes

---

cedimus; préceptes suspects du 25 septembre 883: *per huius serenitatis nostre preceptionem donamus atque concedimus.*—Dans les préceptes suspects de 853 et du 25 septembre 883, le *per huius* est rattaché à l'exposé (853), ou au préambule (883), par la double conjonction *et ideo.*

([48]) Certains actes privés du X° siècle portent: *Magnum est titulus donationis* (ou *venditionis) in qua nemo potest hoc factum largitatis irrumpere.*— A remarquer l'analogie de cette formule avec celle de l'acte archaïque de 775.

([49]) Comparer acte suspect de 811: *nos adjuti divina clementia affirmamus atque concedimus.*

([49] a) Comparer actes d'Alphonse IV, 16 août 929 *(Esp. Sagr.,* XVIII, n° xiv, p. 330); de Ramire II, 942 *(ibid.,* n° xv, pp. 330-331); d'Ordoño III, 19 mai 955 *(ibid.,* n° xvi, pp. 331-332); d'Ordoño IV, 16 juin 956 *(Esp. Sagr.,* XVI, n° vIII, p. 441).

([50]) Exemples: 18 octobre 796 *(Bol. de la R. Acad. de la Hist.,* XLVI, 1905, pp. 69-70), 1°° juin 826 *(ibid.,* XLVI, p. 72), 15 octobre 829 *(ibid.,* XLV, 1904, p. 416), 28 mars 847 *(ibid.,* XLVIII, 1906, pp. 135-136), 9 septembre 857 (Muñoz y Rivero, *Paleografía visigoda,* n° xvi, pp. 124-125), etc.

solennels présentent une double série de clauses finales (⁵¹), savoir:

1º Une formule de corroboration qui termine le dispositif, auquel elle est généralement rattachée par la conjonction *ita* ou *ita ut* (⁵²), et qui a pour objet de garantir la perpétuité de la donation, ainsi que la sécurité de la jouissance; accessoirement, le donateur y manifeste quelquefois l'espoir que sa générosité sera récompensée dans l'autre monde et recommande son âme aux prières des bénéficiaires. Exemple: *ita ut cultores vestre ecclesie de nostro iure in vestro commutantes sit illis adiumentum ad victum et ad indumentum corporis perhenni iure concessum, quatinus per vestrum suffragium criminum nostrorum veniam consequamur et in futuro nobis remuneracio eveniat copiosa* (25 novembre 895) (⁵³).

2º Des clauses comminatoires, banales comme toutes les clauses de ce genre, menaces d'anathème, d'excommunication, de damnation perpétuelle, de réparations pécuniaires, etc., et commençant par: *si quis, quisquis vero, quod qui,* etc. (⁵⁴). Exemple: *Quisquis vero, quod absit, ad disrumpendum hoc testamentum ausu temerario venire niterit, vivens suis a fronte careat lucernis post-*

(⁵¹) L'acte du 24 juin 886 ne renferme qu'une seule clause finale, et celle-ci fait corps avec le dispositif.

(⁵²) La conjonction peut être remplacée par un pronom relatif; cf. l'acte du 30 décembre 899: *quas supralaxatas ecclesias et villas sancte aule vestre subditas tradimus iure perhenni.*

(⁵³) Le diplôme du 30 novembre 905 paraît avoir deux clauses de corroboration: l'une, à la fin de la première partie du dispositif, est identique, sauf variantes de détail, à celles de l'acte solennel du 30 novembre 904 et de l'acte semi-solennel du 22 octobre de la même année *(ita amodo et deinceps omnis ipse populus,* etc.); l'autre *(et secure perenniter manere precipimus)* est mêlée aux recommandations et autorisations adressées et données par le roi à l'abbé et aux moines de Sahagun.

(⁵⁴) La formule *ratione servata ut* annonce la clause comminatoire de l'acte de 907. Comparer les mots *tali ratione posita* qui précèdent, dans l'acte de 893, le dernier membre de phrase de la formule de corroboration.

que picea non evadat baratri pena et supradicto monasterio vestro cogatur redere ducentas auri libras (30 novembre 904).

Il arrive qu'on ait intercalé: 1° entre la formule de corroboration et la clause comminatoire une sorte de prière: *Suscipe hoc munus, gloriose et pretiosissime confessor Christi* (29 janvier 895) [55]; 2° entre la clause comminatoire et la date, soit une demande de prières: *idem obsecramus... ut pro sospitate nostra vel incolumitate regni orare non desinant* (30 novembre 905) [56], soit une dernière corroboration: *stante ac permanente hac scriptura in omni robore et perpetua firmitate* (885; cf. 893 et 29 janvier 895).

b) Actes semi-solennels.—Abstraction faite du précepte de 860, le dispositif de tous ces actes s'achève, ainsi que celui des actes solennels, par une formule de corroboration [57]. Exemple: *ita ut habeatis ipsos villares de nostro dato firmiter et vos et posteritas vestra ad perhabendum* (10 juillet 875) [58].

Mais, à l'inverse de ce que l'on constate dans les actes solennels, il n'y a pas toujours ici une seconde clause [59]; d'ailleurs, quand il y en a une [60], on n'y trouve, sauf en 775, ni imprécations, ni anathèmes, ni menaces de l'enfer. Exemples: *neminem vero ordi-*

---

[55] Cf. *Formulae visigothicae*, n° 9: *Suscipe hoc munus, gloriose martir ill., meritisque tuis divinis cultibus offerre.*

[56] Les préceptes apocryphes des 18 juin 866 et 30 juin 880 ont également une formule de ce genre entre les clauses finales et la date.

[57] Il en est de même pour les actes suspects.

[58] Tout comme dans l'acte solennel du 30 novembre 905, la formule de corroboration peut être placée en plein milieu du dispositif; cf. acte de 869 et préceptes suspects de 853 et 856.

[59] Cf. acte du 20 janvier 867 et préceptes de 874 et du 3 avril 905; voir aussi le précepte suspect de 856 et le précepte interpolé du 9 août 883.

[60] Préceptes de 869 et de 875; actes du 22 octobre 904 et de 909; cf. les préceptes suspects de 852 et de 853 (où la clause prohibitive ne précède pas immédiatement la date). Voir également les préceptes apocryphes des 18 juin 866 et 30 juin 880.

namus qui vos inquietare presumat (10 juillet 875) (⁶¹); *et qui ad inrumpendum venerit, careat suam portionem quod per hanc accepto commutationem perpetim habiturum* (909).

Signalons encore les clauses où il est fait allusion à la possibilité d'une action en justice: *et qui tibi proinde aliquid apposuerit, in voce nostra vindica et require* (869); *si autem pro eamdem loca petitor quislibet evenerit tibi, ad nostram ocurrere presentiam, qualiter cum nostro adsertore par eorum inteudas judicio, et prout est proprium per omnia sit confirmatum tibi et monachis tuis perheniter abiturum* (860) (⁶²).

Après les clauses finales, mais avant la date, nous rencontrons deux fois les formules que voici, relatives à la remise des biens concédés: *praesente tamen Ostofredone quem ordinamus et mittimus ut eam [villam] vobis adsignet* (867); *Bonellum abbatem ordinamus qui tibi assignet* (869) (⁶³).

DATE.—La date est ordinairement annoncée: 1° dans les actes solennels par les mots: *facta scriptura* (⁶⁴); 2° dans les actes semi-solennels par: *notum* (ou *noto*) *die* (⁶⁵). Mais on trouve aussi: 1° dans les actes solennels, les locutions: *facta cartula* (30 novembre 904), *factum atque datum* (ou *et confirmatum) hunc testamentum* (886, 30 novembre 905) (⁶⁶), *sub die illo* (29 janvier 895);

(⁶¹) Comparer, dans l'acte du 22 octobre 904, la clause: *Tu vero Sanzo non te presumas eos inquietare pro nullaque actione.*

(⁶²) Voir aussi les préceptes apocryphes des 18 juin 866 et 30 juin 880.

(⁶³) Cf. le précepte apocryphe du 30 juin 880, où on lit après la date: *praesente Iuliano diacono in facie ordinamus qui vobis omnia adsignet.*

(⁶⁴) Actes de 885, 893, 25 novembre 895, 30 décembre 899, 907 (et acte interpolé de 891).

(⁶⁵) Préceptes de 860, 869, 874, 10 juillet 875 (cf. préceptes suspects de 853 et 856), et actes du 20 janvier 867 et du 22 octobre 904 (cf. acte suspect de 811).

(⁶⁶) Acte interpolé du 28 août 886: *factum atque restauratum* (sic) *hoc testamentum.*

2° dans les actes semi-solennels: *facta scriptura* (3 avril 905, 909) ([67]) et *facta carta* (775).

La date de tous les actes, solennels ou non, se compose régulièrement: 1° de l'indication du quantième d'après le calendrier romain ([68]); 2° de l'indication de l'ère d'Espagne. Rarement on a ajouté celle de l'an du règne ([69]); plus rarement, la date de lieu ([70]). Toute autre mention, anniversaire, quartier de la lune, etc., doit être tenue pour interpolée ([71]).

SOUSCRIPTION ROYALE.—Qu'il s'agisse d'actes solennels ou semi-solennels, la souscription du roi est toujours très simplement libellée. Exemples: *Hordonius* (860); *Adefonsus rex confirmo* (869); *Silo anc escritura donacionis manu mea* (775); *Adefonsus rex hoc testamentum a nobis factum rob.* (30 novembre 904).

La reine, quand elle souscrit,—elle ne souscrit, du reste, que des actes solennels ([72])—, le fait en ces termes: *Xemena regina*

([67]) Cf. préceptes suspects ou interpolés de 852, et des 9 et 17 août 883; on lit, dans les préceptes suspects du 25 septembre 883: *dato dono nostro.*

([68]) Le diplôme solennel de 885 est cependant dépourvu de date de jour.

([69]) Actes solennels du 29 janvier 895 et de 907 (cf. actes interpolés ou apocryphes des 28 août 886, 5 septembre 896, 20 janvier 905, 11 avril 906); précepte du 3 avril 905 et acte de 909 (cf. préceptes interpolés ou suspects du 9 août et du 25 septembre 883).

([70]) Actes solennels du 29 janvier 895 et de 907; acte semi-solennel de 909 (cf. acte interpolé du 28 août 886 et acte apocryphe du 5 septembre 897). Quand la date de lieu est exprimée, elle est suivie de la locution: *residentes troni solium in sedem Oveto* (29 janvier 895, 909), ou: *residentes troni solium in Dei nomine Oveto* (907). Voir aussi, quoique la date de lieu ne soit pas donnée, le précepte suspect du 9 août 883.

([71]) Voir la date des actes authentiques du 24 juin 886 et du 30 décembre 899; cf. celle des préceptes interpolés des 9 et 17 août 883.

([72]) Actes de 885, 24 juin 886, 893, 25 novembre 895, 30 novembre 904, 30 novembre 905; cf. les actes solennels interpolés du 28 août 886 et de 891; cf. aussi les préceptes interpolés et suspects des 17 août et 25

confirmo (30 novembre 904), ou: *Scemena regina hoc testamentum a nobis factum* (30 novembre 905).

SOUSCRIPTIONS DES TÉMOINS.—Presque tous les actes sont clos par une liste de témoins plus ou moins longue ([73]), sans que, d'ailleurs, le nombre des souscriptions corresponde à l'importance de la donation. Le nom des témoins, laïques ou ecclésiastiques, est habituellement suivi du mot *confirmo;* le vocable *testis,* la locution *ibi presens fui,* sont moins usités.

Les évêques font souvent précéder leur nom de la formule: *sub Christi nomine* ou *sub Christi clementia,* et souvent aussi disent de quel siège ils sont titulaires: *sub Christi nomine Teudemirus, Visense sedis episcopus, testis.*

Les grands officiers de la couronne, s'ils souscrivent les actes royaux, ne mentionnent pas leur titre ([74]).

De même, le notaire paraît ne souscrire que tout à fait exceptionnellement; les seuls noms de notaires que nous relevions sont ceux de Félix (874), Argimiro (878) et Possidonio (29 janvier 895, 30 novembre 904, 30 novembre 905) ([75]).

septembre 883.—Morales, *Coronica,* éd. Cano, VIII, p. 42, a remarqué que l'acte du 17 août 883 est le premier que souscrive la reine Chimène.

([73]) Les préceptes de 867 et du 3 avril 905 (cf. le précepte suspect de 856) n'en renferment point.

([74]) Une seule exception: l'acte de 875 est confirmé par un certain Quiliacus, *strator;* cf. les préceptes suspects des 17 août et 25 septembre 883, que confirment deux majordomes. Sarraceno (17 août) et Hermenegildo (25 septembre).

([75]) Possidonio souscrit également les actes interpolés du 17 août 883 et de 891. Il nous semble, en outre, que l'on peut identifier avec ce notaire royal: 1° le témoin de même nom qui souscrit les actes solennels du 24 juin 886 et de 893; 2° le diacre *Possidendus* que nous trouvons dans l'acte interpolé du 28 août 886: *Possidendus diaconus qui hunc testamentum scripsi, testis.*

II

LES ACTES INTERPOLÉS ET LES ACTES SUSPECTS ([76])

§ 1. LES ACTES INTERPOLÉS.

1° *Charte d'Alphonse III concernant le monastère de San Juan da Coba* (9 août 883).

Ce précepte, que nous a transmis le *Tumbo A* de Compostelle (XIIe siècle), renferme deux formules peut-être anormales (invocation: *in nomine Domini;* suscription: *gloriosus Adefonsus rex*). Il a, de plus, subi quelques interpolations.

a) Dans le dispositif a été insérée une glose relative au Monsagro ([77]): «...concedimus tibi monasterium... in caverna montis »quam dicunt Montem sacrum, *qui antiquitus vocabatur Yli-*»*cinus...*»

b) A la date, on a indiqué le quantième de la lune et, qui pis est, le nombre des années écoulées depuis l'origine du monde: «Facta scriptura concessionis... *luna currente secunda... computa-*»*tis ab exordio mundi sex millia octoginta et duobus*» ([78]).

c) Une clause additionnelle au dispositif a été intercalée entre la date et la souscription royale: «Adicimus etiam tibi et eccle-

---

([76]) Nous mentionnerons en temps et lieu les diplômes, très légèrement interpolés, de 885 et du 30 décembre 899; nous estimons inutile de leur consacrer un paragraphe spécial.

([77]) Le *Mons Ilicinus* ou Monsagro (aujourd'hui Picosagro) est, comme le dit M. López Ferreiro, *Historia de la iglesia de Santiago,* I, p. 254, «uno de los lugares más estrechamente unidos á los sucesos de la tras-»lación del Apóstol.» Cf. *op. cit.,* I, pp. 145-148 et 254-260; II, p. 219 et suiv. et p. 391.

([78]) L'ère mondiale adoptée ici est celle de saint Jérôme.

»sias que fuerunt conquistas post partem eiusdem sancti Ioan-
»nis», etc. (79).

2° *Charte d'Alphonse III pour l'église d'Orense* (28 août 886).

Les formules sont correctes; d'autre part, ni la teneur du dispositif, ni les souscriptions contemporaines de l'original, ni les
confirmations postérieures que le document a reçues (80), n'offrent de prise à la critique.

Mais au texte premier du diplôme on a joint, en manière d'exposé, une sorte de chronique des évêques d'Orense, et il est
difficile d'imaginer interpolation plus maladroite (81). D'abord,

- -

(79) Voir une addition analogue dans l'acte solennel du 30 décembre 899.

(80) Bien qu'il règne un grand désordre parmi les souscriptions, on
voit que le diplôme d'Alphonse III, primitivement souscrit par la reine
Chimène, l'infant Ordoño (le futur Ordoño II) et le notaire Possidonio
(?), a été successivement confirmé par Ordoño II *(Ordonius serenissimus
princeps hanc cartam)*, Ramire II *(Ranimirus serenissimus princeps confirmo)*, par Ramire III et sa tante, la reine Thérèse *(Ranimirus nutu divino
a Domino hunctus in sceptrum locatus. Tarasia regina et Christi ancilla
hoc signum indidi)*, enfin par Bermude II *(Veremundus princeps confirmo)*
et par l'infant Alphonse—le futur Alphonse V—fils de Bermude II *(Adefonsus princeps prolips Veremundi confirmo)*.

(81) M. Fernández Alonso, *El pontificado gallego*, p. 196, note, écrit à
propos de ce document: «Tiene... intercalados renglones de letra al pare-
»cer moderna.» Ces «renglones de letra al parecer moderna» correspon-
daient-ils à l'interpolation dont nous constatons la présence? Par une
lettre, en date du 24 septembre 1907, M. Andrés Martínez Salazar, le très
érudit conservateur honoraire de l'*Archivo general* de Galice, a bien
voulu nous fixer sur ce point: «Las intercalaciones, de letra del siglo XVII,
»no alteran el texto del documento; se han hecho debajo de los renglo-
»nes ocupados por las fórmulas finales y de algunas subscripciones, para
»facilitar la lección.»

il est question: 1° de l'évêque Censerico, mauvais pasteur qui aurait dilapidé le patrimoine de l'église; 2" de l'évêque Sumna (destinataire de la charte), sur les instances duquel Alphonse III aurait décidé de doter l'église appauvrie. Ensuite, on a, sans motif, rappelé qu'Ordoño Ier s'empara d'Orense, mais ne put repeupler le territoire d'alentour; qu'Alphonse III expulsa définitivement les Arabes de la région, peupla cette dernière et plaça sur le siège épiscopal d'Orense, en premier lieu, Sebastian, évêque d'Arcavica, chassé de Celtibérie par les «Barbares» (⁵²); en second lieu, Censerico, le dilapidateur déjà nommé; enfin Sumna, auquel on revient ainsi après un long détour.

Le parchemin qui nous a conservé ce diplôme est à *l'Archivo general* de Galice; l'écriture date du xᵉ ou du xiᵉ siècle.

3° *Charte d'Alphonse III pour le monastère de Santo Adriano de Tuñon* (24 janvier 891).

Plusieurs formules (invocation, suscription, préambule, annonce de la date) sont strictement correctes. En revanche, les suivantes paraissent remaniées ou ajoutées:

a) Adresse.—Après les noms des saints patrons et l'indication du lieu où reposent leurs restes, l'adresse continue ainsi: «sicut »et abbas Dei servo Samueli *loci ipsius in nomine Domini nostri* »*Iesu Christi amore et nostrae gloriae perpetuo honore*».

b) Salut.—Après la suscription, on trouve: *in Domino sempiternam salutem.*

c) Clauses finales.—A la suite de la formule: *stante et permanente*, etc., vient l'annonce des signes de validation: *quam subter*

(⁵²) L'évêque Sebastian est mentionné dans un autre endroit de la charte: *secundum quod eam [ecclesiam] empsimus de dato suprini mei Sebastiani episcopi.*

manibus nostris roboravimus et testibus pro firmitate roboranda tradimus.

D'autre part, le dispositif, qui est fort long, a été altéré; vraisemblablement, deux donations différentes ont été fondues en un seul document. En effet, aux termes de l'adresse, le destinataire serait un certain abbé Samuel *(sicut et abbas Dei servo Samueli)*, tandis que l'une des clauses du dispositif mentionne, précisément en qualité de destinataire, un certain abbé Pedro *(et cultoribus ejus atque Petro abbati obtestamur et confirmamus)*.

Enfin, après les souscriptions des témoins ([83]), on a reproduit une inscription commémorative de la consécration du monastère de Tuñon: *Consecratum est templum sanctorum Adriani et Nataliae a tribus pontificibus*, etc. ([84]).

C'est par un cartulaire du xive siècle—la *Regla colorada* de l'église d'Oviedo— que cet acte de 891 nous est parvenu.

([83]) L'acte est confirmé par Hermenegildo, évêque d'Oviedo, Sisnando, évêque d'Iria-Compostelle, Ranulfo, évêque d'Astorga, et par la reine Chimène, les infants Fruela, Ramire, Garcia, Gonzalve et Ordoño, ainsi que par le notaire Possidonio. Ces souscriptions n'ont rien qui puisse choquer, puisque, notamment, Hermenegildo occupa le siège d'Oviedo au moins à partir de 881 (Risco, *Esp. Sagr.*, XXXVII, pp. 225-227), que Sisnando fut évêque d'Iria-Compostelle de 876 ou 877 jusque vers mai 920 (López Ferreiro, *Historia de la iglesia de Santiago*, II, pp. 162, 165 et 276) et que Ranulfo le fut d'Astorga de 881 environ à 898 (Flórez, *Esp. Sagr.*, XVI, pp. 127-129).

([84]) Voir le texte de l'inscription dans Hübner, *Inscriptiones Hispaniae Christianae*, n° 261, p. 84, ou dans Vigil, *Asturias monumental*, I, p. 596.

§ 2. Les actes suspects ([85]).

1° *Chartes d'Alphonse II et d'Ordoño Ier concernant le monastère de Samos*

(11 juin 811, 17 avril 852, 13 juillet 853, 20 mai 856).

Isolées les unes des autres, ces chartes paraîtraient authentiques, ou peu s'en faut: groupées au contraire, comparées entre elles et rapprochées de certains documents de même provenance, elles deviennent fort suspectes ([86]).

a) D'après une tradition, consignée dans un long diplôme d'Ordoño II, les actes de Fruela, Alphonse II, Ordoño Ier et Alphonse III avaient disparu antérieurement au Ier août 922 ([87]). D'après une autre tradition, que nous fait connaître une notice fort curieuse, le chartrier du monastère de Samos aurait été transféré aux archives de la cathédrale d'Oviedo, et c'est là que se seraient retrouvés, peu avant le 4 octobre 934, les «testaments» d'Alphonse II, de Ramire Ier, d'Ordoño Ier et d'Alphonse III ([88]).

([85])   En plus des actes étudiés dans les pages qui suivent, nous considérons comme très suspects les n°s 33 et 59 de notre *Catalogue*. On voudra bien se reporter aux notes qui accompagnent l'analyse de ces documents.—Doit aussi être considéré comme douteux le n° 51.

([86])   Nous regrettons de n'avoir pu consulter l'ouvrage de Mgr. A. López Peláez: *El monasterio de Samos. estudio crítico.* Lugo, 1894.

([87])   Charte d'Ordoño II pour Samos, Ier août 922, dans Flórez, *Esp. Sagr.*, XIV, pp. 367-372. Ayant énuméré les actes de Fruela, Alphonse II, Ordoño Ier et Alphonse III, Ordoño II est censé dire: «Post obitum vero »ejus [Ophili abbatis], iterum vero fratres, qui usque nunc conmorantes »fuerunt ac si pertranseuntes, ob quod omnes ipsos testamentos, pactos »vel dotes monasterii eglesie ejusdem non invenerunt, eo quod, ut arbi- »tramus, deperierunt aut illi eos furaverunt», etc.

([88])   Notice du 4 octobre 934, dans Risco, *Esp. Sagr.*, XL. app. xxii, pp. 399-402. On lit, p. 401: «Non habebant illas firmitates de ipsa casa,

Comme on ne sait à quelle époque furent rédigés et ce diplôme
et cette notice ([89]), on se bornera à relever ici un simple détail:
la notice de 934—qui relate «l'invention» des chartes du ixe et.
du début du xe siècle— portait dans le Cartulaire de Samos,
aujourd'hui perdu, le n° 35; or, la charte d'Alphonse II (811) et
l'une des chartes d'Ordoño Ier (853)—apparemment deux des
actes retrouvés vers 934—étaient transcrites sous les nos 36 et
41 ([90]). S'agit-il là d'un voisinage fortuit?

b) Laissons provisoirement de côté la charte d'Alphonse II et
supposons que les chartes d'Ordoño Ier soient authentiques; en
ce cas, le monastère de Samos a été régi, dans le court espace de
quatre années environ, par trois abbés différents, savoir: X... (852),
Fatal (853), Ofilon (856) ([91]). Mais, d'une donation attribuée à

»quae fuerunt de prima populatione, quia in thesauro Sancti Salvatoris
»erant. Direxit dominus Berila [abbas monasterii Samonensis] ad Oveto
»suos fratres ad regem domino Froila [II], Sandina Sandiniz et Leoval-
»do; et suggesserunt ei omnia per ipsa, et petierunt ei ipso cartulario.
»Ille vero qui habebat multaque caritate in domino Berilali, una volun-
»tate cum domino Oveco episcopo, ordinaverunt ipso cartario de the-
»sauro domini Salvatoris, et direxerunt ad domino Berila cum illo libro
»moralio, et in illo cartario sedebant kartas lx, minus una: primo testa-
»mento domini Adefonsi cognomento Casti; secundo domini Ranimiri, et
»tertio domini Ordonii; quarto domini Adefonsi...»

([89]) Ni le pseudo-original du diplôme d'Ordoño II (Flórez l'avait vu;
cf. *Esp. Sagr.*, XIV, p. 367), ni le cartulaire du monastère de Samos (dénommé parfois *becerro gótico)* ne nous sont parvenus.

([90]) Bibl. Nat. de Paris, esp. 321 *(Monasticon Hispanicum)*, fol. 276 r.,
273 r. et 274 r.

([91]) Nous désignons par la lettre X le premier des deux destinataires
du précepte de 852 *(Ordonius rex... a* (sic) *presbitero et Audofrido)*. Ce
personnage, pas plus que son compagnon Audofredo, ne sont cités nulle
part ailleurs. Il n'en va pas de même de Fatal et d'Ofilon. Fatal, ou du
moins un des ses homonymes, souscrit en qualité d'évêque, non en qualité d'abbé de Samos, deux actes apocryphes, datés l'un de 849 (reproduit dans *Monasticon Hispanicum*, fol. 273 v.-274 r.; analysé dans Risco,
Esp. Sagr., XL, p. 213), l'autre de 914 (analysé dans *Monasticon Hispa-*

Ofilon lui-même (872), il résulte que le monastère de Samos était presque abandonné et désert au moment où ledit Ofilon s'y installa (⁹²). Entre ces deux légendes, laquelle choisirait-on?

c) Au témoignage des chartes de 852 et de 853, l'abbé X.... et l'évêque-abbé Fatal étaient des mozarabes immigrés en territoire galicien (⁹³). D'autre part, s'il faut en croire le diplôme d'Ordoño II, Argerico, qui fut abbé sous le règne de Fruela (757-768) et Ofilon, destinataire de l'acte de 856, étaient eux aussi des mozarabes (⁹⁴). Ainsi, pendant plus d'un siècle, le monastère de

---

nicum, fol. 274 v. et dans Risco, *loc. cit.,* p. 215). Quant à Ofilon, il concéderait le 25 juillet 872 divers biens au monastère de Samos (texte dans *Monasticon Hispanicum,* fol. 275 r.-276 r.; analysé dans Risco, *loc. cit.,* p. 216); mais cette charte est manifestement fausse, elle aussi.

(⁹²) *Monasticon Hispanicum,* fol. 275 v.: «... et quoniam monasterium »culmini vestri in locum istum ab antiquis patribus fundatum fuisse dig->noscitur, postea tamen per torporem negligentie clericorum a laicis est »violatum atque nihil ut pridem sanctae regulae exhibentes obsequium. »Nos itaque... venimus temporibus domni Ordonii principis... qui etiam »in sua servitia ob nostram fragilitatem tolerando concesit nobis loca et »monasteria de illius ratione qua dicunt Samanos», etc. La charte d'Ofilon a été datée par Sandoval du 8 des kalendes d'août 881 et analysée par lui dans les *Cinco Obispos,* pp. 141-142.

(⁹³) L'acte de 853 ne laisse subsister aucun doute sur l'origine de l'évêque Fatal: «... concessit tibi illud genitor meus dominus Ranemirus »rex, dum de ipsa Hispania in regione ista ingresus fuisti.» En revanche, l'acte de 852, qui est mutilé, est moins explicite; mais on devine très aisément le sens de l'exposé incomplet que voici: «Dubium quidem non est »sed multis cognitum manet... advenae Cordubenses ex qua patria pro-»perantes, temporibus nostris pervenientes ad urbem Galletiae...»

(⁹⁴) *Esp. Sagr.,* XIV, p. 369: «Modo vero cognoscimus eo quondam »sacerdos nomine Argerigus abba et soror ejus nomine Sarra venerunt »de finibus Spanie tempore dive memorie proabii mei domni Frollani »principis.» *Ibid.,* p. 369: «Ad multorum vero tempus venit Ophilus abba »cum Deo vota nomine Maria de Spania, et posiderunt ipso monasterio »ab integro per concessione abii mei domini Hordonii.» Cf. charte d'Ofilon, dans *Monasticon Hispanicum,* fol. 275 v.: «Nos itaque... ducti sumus

Samos eût été spécialement affecté à des évêques ou abbés exilés de l'Espagne musulmane; et par une coïncidence étrange, deux de ces abbés seraient venus en terre chrétienne accompagnés de leurs sœurs: Argerico avec sa sœur Sarah, Ofilon avec sa sœur Maria.

d) Les chartes de 811, 852 et 853 renferment chacune un exposé.—Autant qu'on en peut juger par les analyses de Sandoval ([95]) et de Risco ([96]), tous les diplômes postérieurs à celui d'Ordoño II auraient également contenu un exposé plus ou moins étendu.

e) Sur les quatre actes de 811, 852, 853 et 856, il n'en est pas un seul où l'on ne remarque une allusion précise à quelque document antérieur: en 811, on mentionne une charte du roi Fruela; en 852, une donation de Ramire Ier à l'évêque Fatal (?); en 853, on cite de façon explicite cette charte de Ramire Ier et une autre charte d'Alphonse II; enfin, tant en 853 qu'en 856, on rappelle le souvenir de l'abbé Argerico, c'est-à-dire que l'on se réfère implicitement à la donation que Fruela aurait concédée à cet abbé.—Et le 13 août 931, Ramire II mentionne, à son tour, les chartes de ses prédécesseurs, en particulier celles d'Ordoño II, son père; le 19 mars 951, Ordoño III énumère les actes de Fruela, Alphonse II, Ramire Ier, Ordoño Ier, Alphonse III, Ordoño II et Ramire II; le 17 juin 962, Sanche Ier fait un dénombrement analogue; de même, Bermude II, le 13 août 993 ([97]). Si bien que ces

---

»et pervenimus de regione in finibus Galecie, eo quod nos nationes fui-
»mus et cives Cordubae.»

([95]) Sandoval, *Cinco Obispos*, p. 143 (charte de Ramire II, 31 août 931); pp. 148-149 (charte d'Ordoño III, 19 mars 951) et p. 149 (charte de Sanche Ier, 17 juin 962).

([96]) Voy. *Esp. Sagr.*, XL, pp. 135-136 (charte de Ramire II); p. 143 (charte d'Ordoño III); p. 145 et pp. 219-220 (charte de Sanche Ier); p. 220 (charte de Bermude II, 13 août 993).

([97]) *Esp. Sagr.*, XL, p. 135: «... una copiosa donacion del Rey Don »Ramiro [II]... en que concedió, à imitacion de sus predecesores, y en

chartes royales du ixe et du xe siècles forment un ensemble singulièrement cohérent.

f) Dans l'acte de 811, il est question, à trois reprises, d'exactions que certains laïques auraient commises ou pourraient commettre au préjudice des moines de Samos; en outre, aux termes de cet acte, il est stipulé que l'espace compris dans un rayon d'un mille et demi autour du monastère appartiendra pour toujours à ce dernier (⁹⁸).—Le 13 juillet 853, le 25 juillet 872, le 31 août 931 et le 13 août 993, il est à nouveau question d'exactions commises par des laïques ou dont ils pourraient se rendre coupables (⁹⁹); et, quant à la donation d'un mille et demi

---

»especial de su padre Don Ordoño [II].» *Ibia.*, p. 143: «... Ordoño III...
»dice, que à todos era notorio, que en los tiempos de D. Fruela [I] y D.
»Alonso el Católico *[lire: Alphonse II]*, y de los sucesores D. Ramiro [I],
»y su hijo D. Ordoño [I]. D. Alonso [III] y D. Ordoño II, y despues de
»él D. Ramiro» [II], etc.—*Ibid.*, p. 145: «... Don Sancho el Gordo... expre
»sando los nombres de sus progenitores hasta su hermano D. Ordo
»ño III....» Cf.· pp. 219-220: «... Don Sancho... nombra en el principio à
»sus progenitores, Fruela [I], Alonso el Casto, à quien dá el nombre de
»Católico, Don Ramiro [I], y su hijo Don Ordoño [I], à Don Alonso [III],
»Don Ordoño [II], y últimamente à Don Ramiro [II], padre del mismo
»Don Sancho, y à Don Ordoño [III] su hermano». etc.—*Ibid.*, p. 220:
«... Don Bermudo II, despues de nombrar à sus predecesores», etc.

(⁹⁸) *Esp. Sagr.*, XL, pp. 368-369: «sed quia post mortem illius [domini
»Froilae] per intervalla temporum homines laici ibidem inquietationem
»fecerunt, sicut et modo faciunt;—ut amodo et deinceps nullus laicus vel
»cujuslibet gravis homo postea inquietationem faciat;— prae ceteris, ut
»supra diximus, nullus laicus reddita sua ibidem ad gubernandum ducere
»presumat aut nullam inquietationem ibi faciat; sed quantum continet
»milliarium et semis ex omni parte per gyrum idem ecclesiae sanctae
»illud perpetim habiturum obtineat.»

(⁹⁹) Acte de 853: «ad ipsum locum tamen S. Juliani in Samanos nullus
»laicus ibidem reddita sua ad gubernandum ducere presumat aut quam
»libet inquietationem ibidem faciat.»—Acte de 872, dans *Monasticon Hispanicum*, fol. 275 v.: «et quoniam monasterium... postea... a laicis est vio
»latum.»—Charte de 931, analysée dans Risco, *Esp. Sagr.*, XL, p. 136:

de terrain, elle reparaît le 13 juillet 853, le 19 mars 951, le 17 juin 962 et le 13 août 993 (¹).

D'un autre côté, loin d'avoir pour objet, comme il serait naturel, la donation banale de tels ou tels biens au monastère de Samos, les actes de 852, 853 et 856 ont pour objet l'attribution dudit monastère et de ses dépendances à tel ou tel abbé (²). Il est déjà étrange que seuls des documents de cette nature nous soient parvenus; mais, chose plus surprenante encore, les chartes d'Ordoño II, Ramire II, Ordoño III, Sanche I⁰ʳ et Bermude II ne sont, au demeurant, que de simples confirmations des actes d'Alphonse II et d'Ordoño Iᵉʳ (³).

«destinando [Ramiro II] para casa de oracion aquel lugar [de Samos], »donde dice se habian cometido grandes maldades.»—Charte de 993, *ibid.*, p. 220: «y por quanto algunos hombres malignos se atrevieron à »usurpar parte de los términos que sus progenitores habian señalado »*per funiculum distributionis.*»—Cf. la charte de l'abbé Adelfio, du 31 mai 834, analysée par Sandoval, *Cinco Obispos*, p. 147.

(¹) Acte de 853: «sed quantum continet milliarium et semis ex omni »parte per girum idem ecclesia illud perpetim habiturum obtineat.»— Charte de 951, dans Sandoval, *Cinco Obispos*, p. 148: «todo quanto ha »sido del dicho Monasterio de Samos que es milla y media, *ex omni* »*parte Monasterij.*»—Charte de 962, dans *Esp. Sagr.*, XL, p. 220: «dicien- »do [Sancho el Gordo], que todos ellos [sus predecessores] confirmaron »la milla y media que se habia señalado por término del Monasterio.» — Charte de 993, *ibid., loc. cit.*: «... Don Bermudo II... dice, que... compre- »hendiendo la referida milla y media», etc.

(²) Acte de 852: «damus atque concedimus vobis monasterium quod »est in Samanos.» Acte de 853: «donamus atque concedimus tibi ipsum »jam dictum monasterium.» Acte de 856: «donamus atque concedimus »tibi illas ecclesias quas Argericus abbas obtinuit in Samanos.»

(³) Charte de Ramire II, analysée dans Risco, *Esp. Sagr.*, XL, p. 135: «una copiosa donacion del Rey Don Ramiro... en que concedió, à imita- »cion de sus predecesores... el lugar del Monasterio con todos sus tér- »minos.»—Charte d'Ordoño III, *ibid.*, p. 143: «confirma el expresado Rey »esta concesion de sus progenitores», c'est-à-dire, «la posesion del terri- »torio de Samos.»—Charte de Sanche Iᵉʳ, *ibid.*, p. 145: «... el Rey Don

En vérité, les notaires de Samos ont développé un bien petit nombre de thèmes (4).

g) L'acte de 811 est souscrit, entre autres personnages, par l'évêque Flancentio; l'évêque Placentio souscrit la charte d'Ofilon de 872 (5).—L'acte de 852 est confirmé par divers témoins, Nepociano, l'abbé Bonello, Nuño, etc. Nepociano, Bonello, Nuño, etc., confirment également la susdite charte d'Ofilon (6). Pareilles rencontres sont-elles accidentelles? (7).

» Sancho... dice, que todos ellos [sus progenitores] confirmaron en favor »de los Monges el lugar del Monasterio con los fueros, villas è Iglesias »que le pertenecian por los testamentos antiguos de sus predecesores.» Cf. pp. 219-220.—Charte de Bermude III, *ibid.*, p. 220: «... Don Bermudo, »despues de nombrar à sus predecesores, dice, que, queriendo continuar »su devocion, venia en confirmar todas las posesiones del Monasterio.»

(4) Signalons encore un autre de ces «thèmes». Vers 872, 922 et 934, donc trois fois en soixante ans environ, il aurait fallu procéder au rétablissement de la discipline, fort compromise par suite du relâchement des moines.

(5) Acte de 811: «Sub Christi nomine Flancentius episcopus ibi pre-»sens fuit conf.» Acte de 872: «Sub Christi nomine Placentius episcopus »conf.» Noter qu'un prêtre appelé Flacentio confirme le précepte de 852 et qu'un abbé nommé Placentio valide la charte de l'infant Fruela relative au monastère de Samos, 29 août 975 (*Revue Hispanique*, X, pp. 406-409).

(6) Acte de 852: «Nebocianus presens fuit; Bonellus abba conf.; *Nu-*»*nus* conf.; Ovecus Didaci conf.; Flacentius presbiter; Censerigus testis; »Justus testis.» Acte de 872: «... Bonellus abbas presens fui... Nepocianus »presens fui; *Muma* Dona confirmo... Obecus Didaci confirmo; Cense-»rigus presbiter testis; Justus testis; Flacentius testis.»

(7) Autre rencontre, tout aussi peu fortuite. On lit, dans le précepte de 852, après la souscription d'Ordoño Ier: «Adefonsus *secundum quod* »*genitrix nostri fecit, ita et nos illum confirmamus*. Sub Christi nomine »Rodesindo episcopo quod vidi conf. Sub Christi nomine Gumillus »episcopus presens vidi.» Mais on lit, dans l'acte de 872: «Adefonsus »rex confirmo... Sub Christi nomine Gumelus episcopus presens vidi... »hunc testamentum confirmo. Besterla diaconus in hunc testamentum »*secundum quod abi mei fecerunt et ego confirmo.*» Il est hors de doute

h) Entre les chartes de 811 et de 853 on constate des rapports très étroits; de part et d'autre, les premiers mots de l'exposé sont les mêmes, sauf un (⁸); de plus, certaines expressions employées dans l'adresse de l'acte de 811 ont passé dans l'exposé de celui de 853, ou vice-versa (⁹); en outre, la formule qui termine la charte de 811 termine également celle de 853 (¹⁰); peut-être, enfin, y aurait-il lieu de comparer les dates de jour (¹¹).

i) Entre la charte de 852 et celle de 853 il existe des contradictions manifestes (¹²): le 17 avril 852, un prêtre—dont le nom finissait en *a*— et un certain Audofredo recevraient des mains d'Ordoño Iᵉʳ le monastère de Samos: *secundum quod dudum obtinuit... sive... lix* (sic) *episcopus per donationem genitoris nostri divae memoriae dominus Ranemirus*. Mais le 13 juillet 853, le même Ordoño Iᵉʳ confirmerait à l'évêque Fatal la possession de ce monastère, que Ramire Iᵉʳ avait antérieurement concédé au susdit évêque: *concessit tibi illud genitor meus dominus Ranemirus rex dum de ipsa Hispania in regione ista ingresus fuisti*. Or il est évi-

---

que ces derniers mots sont déplacés et doivent suivre la souscription du roi Alphonse; mais il n'est pas moins certain que les souscriptions des actes de 852 et de 872 sont copiées les unes sur les autres.

(⁸) Acte de 811: «Non est dubium, sed multis manet *notissimum*.» Acte de 853: «Non est dubium, sed multis manet *cognitum*.»

(⁹) Adresse de l'acte de 811: «Adefonsus ad omnes fratres in *locum* »Samanos *juxta fluvium* Sarriae ad basclicam Sancti Juliani in Dei servitio »consistentes.» Exposé de l'acte de 853: «Non est dubium... eo quod »*locum* quem dicunt Samanos, ubi monasterium est Sancti Juliani *juxta* »*fluvium* Sarriae.»

(¹⁰) Les variantes, de l'un à l'autre document, sont insignifiantes: seuls les premiers mots diffèrent; au lieu de: «prae ceteris, ut supra »diximus» (811), il y a dans l'acte de 853: «ad ipsum locum tamen S. Julia-»ni in Samanos.»

(¹¹) Acte de 811: «Notum die III mes *junii*.» Acte de 853: «Notum »die III mes *julii*.»

(¹²) Risco, qui a longuement analysé ces deux documents (*Esp. Sagr.*, XL, pp. 213-215), ne s'en est pas aperçu.

dent que l'évêque -*lix* cité en 852 et l'évêque Fatal *(Fatalis)* de 853 ne forment qu'un seul et même personnage.

Est-ce à dire cependant que les chartes étudiées ici aient été fabriquées de toutes pièces? Nous ne le pensons pas, et cela pour trois raisons.

D'abord, quoi qu'il ne soit pas toujours absolument correct, le formulaire employé diffère en somme très peu de celui des actes authentiques: si l'on excepte l'invocation et l'exposé, les actes de 852 et 853 sont des préceptes rédigés de façon normale;—les formules de l'acte de 856 sont rigoureusement impeccables;— l'acte de 811, abstraction faite de l'exposé, pourrait n'être suspect que parce qu'il ne ressemble à aucun autre; mais si la charte de 775, autre spécimen d'acte isolé, ne nous était point parvenue en original, garantirions-nous sans hésitation son authenticité?

En second lieu, bien qu'émaillés de souscriptions équivoques, les diplômes de 811, 852, 853 et 856 en renferment qui ne peuvent être incriminées: l'évêque Quendulfo, l'abbé Bonello et l'évêque Oveco, dont le nom figure au bas des chartes de 811, 852 et 853, apparaissent en d'autres actes d'Alphonse II et d'Ordoño Ier (13);—rien ne s'oppose à ce que l'acte de 852 ait

(13) Quendulfo—évêque de Salamanque d'après Flórez, *Esp. Sagr.*, XIV, p. 279; évêque d'Iria-Compostelle d'après López Ferreiro, *Historia de la iglesia de Santiago*, II, p. 19 (cf. Flórez, *Esp. Sagr.*, XIX, pp. 68-69) —souscrit deux chartes remaniées d'Alphonse II en faveur de l'église d'Oviedo, novembre 812 *(Cat.*, n°s 10 et 11); il souscrit aussi une donation du comte Alvito au monastère de San Vicente de Vilouchada, 1er septembre 813 (López Ferreiro, *op. cit.*, app. I, pp. 3-6).—L'abbé Bonello figure dans les actes suivants: diplôme remanié d'Ordoño Ier pour Oviedo, 20 avril 857 *(Cat.*, n° 24); charte fausse d'Alphonse III pour Compostelle, 862 *(Cat.*, n° 27); donation authentique d'Alphonse III au prêtre Sisnando, 15 avril 869 *(Cat.*, n° 31). Voir l'épitaphe d'un abbé Bonello († 876), dans Hübner, *Inscriptiones Hispaniae Christianae*, n° 266, p. 85;

été confirmé par Alphonse III et les évêques Rosendo et Gomelo ([14]).

Enfin, si l'on était tenté de suspecter la clause qui termine le
dispositif de l'acte de 856: *ordinamus tibi de calendis in calendas
facias collationes per omnia ipsa monasteria in territorio illo*, etc. ([15]),
il faudrait se souvenir que telle disposition de l'acte de 853 se
retrouve, à quelques variantes près, dans une donation d'Ordoño Ier et ne se retrouve que là; or, cette donation d'Ordoño Ier
(28 juin 860) est indubitablement authentique · nous en avons
l'original—et n'a pu être connue des scribes de Samos ([16]).

Un dernier mot: il serait utile de savoir quand et pourquoi
ces chartes ont été remaniées; mais, sur ce point, nous en sommes
réduit aux hypothèses.

cf. Vigil, *Asturias monumental*, I, p. 603.—L'évêque Oveco valide deux
chartes refaites d'Ordoño Ier pour Oviedo, 20 avril et mai 857 *(Cat.* n°
24 et 25) et une charte authentique d'Alphonse III, 10 juillet 875 *(Cat.*,
n° 34).

([14])   Rosendo aurait été évêque de Mondoñedo de 877 environ jusque
vers 907, d'après Flórez, *Esp. Sagr.*, XVIII, pp. 66-70; et d'après Risco,
Esp. Sagr., XXXVII, pp. 255-259, un certain Gomelo II aurait occupé le
siège épiscopal d'Oviedo sous Alphonse III.

([15])   Sur le sens de cette clause, voir Yepes, *Coronica general de la
orden de San Benito*, III, fol. 216 r. et v.; Sandoval, *Cinco Obispos*, p. 141.
Huerta, *Anales de Galicia*, II, p. 371; Risco, *Esp. Sagr.*, XL, pp. 215-216.

([16])   Voici les deux textes:

Acte de 853:	Acte de 860:
De cetero terras quas de ipsa su-pradicta loco monachi negligentes vendiderunt et de ecclesia extra-neaverunt post mortem Argerici abbatis, aprehendi omnia sigiliter post partem idem ecclesiae...	... tam quod odie ibi videtur per-manere, quam quod etiam quod homines laici inclite de ipsa ratio-ne optinent vel monachi neclegen-ter ex ipsa loca extraneaverunt, omnia sigiliter *(Risco:* rigiliter) ap-prehende et post partem ecclesie restitue...

2° *Chartes d'Alphonse III relatives à l'église de Compostelle*
(17 août 883, 25 septembre 883, 880-910).

1° *Acte du 17 août 883.*—Cet acte qui, dans le *Tumbo A* de
Compostelle, est placé (fol. 3) entre celui du 9 août 883 (fol. 2 v.)
et celui du 25 septembre 883 (fol. 3 v.), présente avec eux quelques coïncidences verbales, sans doute peu fortuites: comme eux,
il s'ouvre par une invocation; comme dans l'acte du 9 août, le
nom du roi est accompagné, à la suscription, d'une épithète et le
quantième de la lune est noté à la date; comme dans l'acte du
25 septembre, il y a une formule de salut.

Ces trois actes des 9 août, 17 août et 25 septembre 883 ont-ils
été rédigés par le même notaire ou retouchés par le même scribe?
Peu importe. Ce qui importe davantage, c'est l'allure générale de
l'acte du 17 août.

Ce document est caractérisé en quelque sorte par la présence
d'un exposé fort long, qui rappelle les *narrationes* de tels juge-
ments du x° et du xi° siècle; et tandis que l'exposé, très développé, forme l'essentiel du document, le dispositif, réduit au mi-
nimum, tient tout entier en quelques mots [17]. Semblable formulaire a-t-il été en usage dès la fin du ix° siècle? Nous l'ignorons,
faute de termes de comparaison.

A tout le moins, les souscriptions de cet acte du 17 août sont
parfaitement valables [18].

---

[17] «Hunc tamen adfuit iussio clementie nostre, ut pro id ante
»Deum remuneratio per intercessionem eiusdem sancti Iacobi apostoli
»nobis eveniat copiosa, ut, quod superius est adnotatum, per huius scrip-
»ture seriem sit perhenniter confirmatum.»

[18] L'acte est souscrit par Mauro, évêque de Léon (à partir de 878;
cf. Risco, *Esp. Sagr.*, XXXIV, pp. 151-155); Nausto, évêque de Coïmbre
de 867 à 912, d'après Flórez, *Esp. Sagr.*, XIV, pp. 78-82; Sebastian, évêque d'Orense (il l'était en 881; cf. Chronique d'Albelda, ch. xi, dans
Flórez, *Esp. Sagr.*, XIII, p. 437); enfin par le notaire Possidonio.

2° *Actes du 25 septembre 883.*—Ces deux actes, transcrits l'un dans le *Tumbo A* de Compostelle (*Cat.*, n° 42), l'autre dans le *Livro Preto* de Coïmbre (*Cat.*, n° 43), présentent les mêmes formules, la même date et les mêmes souscriptions.

Les souscriptions des deux évêques, Hermenegildo et Nausto, sont admissibles, car nous savons par la Chronique d'Albelda (ch. xi) que, dès 881, Hermenegildo était évêque d'Oviedo et Nausto évêque de Coïmbre.

Les éléments chronologiques de la date concordent; en effet, la dix-huitième année du règne d'Alphonse III *(anno gloriâ regni nostri feliciter octavo decimo)* commence le 27 ou 28 mai 883 [19] *(discurrente era DCCCXXI)*.

Par contre, diverses formules—invocation, suscription, adresse, salut, préambule— paraissent insolites.

Examinons maintenant le dispositif de ces deux actes de 883. Celui de la charte du *Tumbo A* de Compostelle est d'une banalité rassurante: Alphonse III concède à l'évêque Sisnando le domaine de Cerrito, à charge pour le bénéficiaire d'édifier en cet endroit une église dédiée à saint Jacques. On peut donc admettre que seules les formules ont été remaniées.—Il n'en va pas de même pour l'acte du *Livro Preto.* Aux termes de ce document, Alphonse III concéderait à l'église de Compostelle diverses terres situées dans les environs de Coïmbre. Sans doute, Coïmbre tomba au pouvoir des Chrétiens vers 877 ou 878 [20]; mais nous possédons d'un autre côté un diplôme du 30 décembre 899 (*Cat.*, n° 58), par lequel Alphonse III attribue à Compostelle précisément les domaines qu'énumère le précepte en litige de 883.

---

(19) Les années du règne d'Alphonse III sont comptées à partir du 26 ou du 27 mai 866.

(20) Voir *Chronicon Laurbanense* (dans *Port. Mon. Hist. Script.*, I. p. 20), qui date de 878 la prise de Coïmbre: «Era DCCCXVI prendita est »Conimbria ab Ermegildo comite.» Comparer Chronique d'Albelda, ch. 61, qui place avant l'année 877 la conquête et le repeuplement de la ville.

En dépit de quelques interpolations ou propositions douteuses ([21]), le diplôme de 899 semble authentique. Dès lors, comment Alphonse III aurait-il pu concéder à deux reprises, en 883 et en 899, les mêmes domaines? Ou bien le diplôme solennel de 899 n'est qu'une confirmation du précepte de 883, bien qu'il ne renferme aucune allusion à une donation antérieure; ou bien l'acte de 883 qui se trouve dans le *Livro Preto* est extrêmement suspect.

3° *Acte de 880-910.*—Serait-ce là un mandement, de beaucoup le plus ancien de tous les mandements hispaniques? Est-ce un précepte altéré ou une supercherie habile à force d'être naïve? Comme d'une part l'original fait défaut, comme d'autre part ce document ne peut être ramené à aucun des types connus, il y aurait quelque imprudence à prendre parti, surtout en faveur de l'authenticité. Au surplus, le texte que M. López Ferreiro a tiré du *Tumbo A* de Compostelle n'est pas seulement étrange: il est par surcroît assez inintelligible ([22]).

([21]) La date de ce diplôme est ainsi libellée: «Facta scriptura testa-
»menti *in die festivitatis supradicti patroni nostri sancti Iacobi.*» De plus,
entre la date et les souscriptions, est insérée une clause additionnelle
au dispositif: «Adicimus etiam atque confirmamus ecclesias quas Itila
»abba... concessit.»

([22]) C'est le début qui est inintelligible: «Adefonsus rex et Lucido et
«Aldroito. Dum istam nostram ordinationem acceperitis, secundum quod
»in faciem presenti Gutino hordinavimus adsignare post partem sancti
»Iacobi apostoli patronis nostri villam Cesari, sanctum Iulianum et Pala-
»tium cum habitatoribus earum et patri Sisnando episcopo», etc. M. López Ferreiro, *Historia de la iglesia de Santiago,* II, p. 175, écrit: «El *Tumbo
»A...* trae una carta de D. Alfonso III dirigida á Lucido y á Aldroito, en
»que les hace saber que había ordenado de palabra á Gutino, que entre-
»gase á la iglesia de Santiago y al Obispo Sisnando las villas de César»,
etc. Le même auteur, *op. cit.,* app., p. 26, donne une interprétation
différente: «Orden expedida por don Alonso III á Lucido y Aldroito
»para que entreguen y señalen á esta iglesia y al Obispo Sisnando la
»villa de César», etc.

III

REFAÇONS ET FALSIFICATIONS ANCIENNES

§ 1. Charte d'Alphonse II pour l'église de Valpuesta
(21 décembre 804).

Ce document est, à n'en pas douter, un acte apocryphe ou du
moins récrit (23).

Il existe une charte de Juan, évêque de Valpuesta, qui porte
la même date, soit 21 décembre 804 (24) et nous est parvenue
par un fragment de cartulaire de la fin du IXᵉ ou du début du
Xᵉ siècle (25). Cette charte, sur l'authenticité de laquelle nous
n'avons pas à nous prononcer, mentionne à trois reprises le roi
Alphonse II.

a) Ego Ihoannes episcopus... feci ibi fita *sub regimine domino Adefonso
principe Obetau.*

b) Et construxi ibi cenobium cum meos gasalianes et tenui cas [ecclesias]
iure quieto, *sub regimine iam dicto domino Adefonso rex in Obetau.*

c) Facta scriptura... *regnante rex Adefonsus in Obetau,* qui istas hereditates dedi[t] et confirmavi[t].

En s'autorisant de ces quelques passages, et surtout du dernier —lequel constitue peut-être une interpolation fort ancienne—

(23) Quand nous avons republié ce diplôme dans la *Revue Hispanique,* VII (1900), pp. 289-293, nous ne doutions pas de son authenticité.
Celle-ci a été contestée par M. Francisco Macho y Ortega, *La Iglesia de
Valpuesta en los siglos IX y X,* dans *Revista de Archivos,* 3ª época, XXXVI
(1917), pp. 378-385 (inachevé).

(24) *Revue Hispanique,* VII. pp. 282-288.--D'après Flórez, *Esp. Sagr.,*
XXVI, p. 84-88, Juan aurait été évêque de Valpuesta de 804 à 844.

(25) *Becerro gótico* de Valpuesta, fol. 73 v.-76 v. Cf. *Revue Hispanique,*
loc. cit., p. 276, texte et note.

un scribe a tenté de reconstituer le diplôme dudit Alphonse II; et, pour ce faire, il a plagié et retouché, comme nous allons le voir, la charte de l'évêque Juan.

a) Le faussaire a reproduit dans ses grandes lignes le dispositif de cet acte épiscopal; mais, d'une part, il en a séparé très nettement, en trois tronçons, les éléments constitutifs (délimitation du diocèse de Valpuesta, donation de biens sis à *Losa* ou *Losaciella*, donation d'églises situées à *Potancre)*; d'autre part, pour mieux isoler ces clauses les unes des autres, il a fait suivre chacune d'elles d'une concession de privilèges; enfin, il a procédé à certaines additions, suppressions ou compressions.

Charte de l'évêque Juan (20).	*Charte d'Alphonse II.*
Ego Ihoannes... feci ibi presuras cum meos gasalianes mecum comorantes: id [est] illorum terminum de Meuma usque collatu de Pineto, et per sum penna usque ad Villa Alta; et de alia parte, de illo moiare usque ad Cancellata, et exinde ad Sancti Emeteri et Celedoni, ista calzata qui pergit ad Valle de Gaubea et suos molinos in flumine Flumenzello, cum montibus et frutibus vel paludibus, ingressum vel regressum.	Dono etiam huic prefate ecclesie proprios terminos de Mioma usque ad collatum de Pineto, et per soma penna usque ad Villam Altam; et de alia parte, de illo molare usque ad Cancellatam, et exinde ad Sanctum Emeterium et Celedonium pro calçada que pergit ad Vallem de Govia usque in Penniellam... cum montibus et fontibus et paludibus et pascuis, cum exitu et regressu. *Si quis igitur infra hos terminos pro aliquo homicidio vel culpa confugerit,* etc.
Et exinde in alio loco que vocitant Lausa, nomine Fraxino, de Rranta usque ad eraza (?) Sancta Marie subtus carraria, usque ad val-	Super hec adicio in loco que vocitant Losaciella *Formale cum suos terminos et suos directos, et Villa Luminoso cum suos directos* (27), et

(20) Nous citons ces documents d'après l'édition que nous en avons donnée; mais nous corrigeons en plusieurs endroits soit des graphies défectueuses, soit la ponctuation.

(27) Additions propres à la charte d'Alphonse II.

lilio de fonte Carreizeto, et inde
usque ad calzata, cum suos montes
et suas fontes vel paludibus, totum
ad integrum; *et edificabi ibi eglesia
vocabulo Sanctorum Iusti et Pasto-*
ris (²⁸)

Et hic comorantes exibimus ad
populatione [*var.* exivimus ad Po-
tançre] ad Adtonne (?), et presimus
ibi pressuras de pena usque ad
flumine de Horone cum suos mo-
lindinos. Et inveni ibi eglesias an-
tiquas, id est Sanctorum Cosme et
Damiani et Sancti Stefani et Sancti
Cipriani et Sancti Ihoannes et
Sanctorum Petri et Pauli et Sancti
Caprasi, et adfirmabi eas in meo
iure. *Et construxi ibi cenobium cum*
meos gasalianes, et tenui eas iure
quieto sub regimine iam dicto domino
Adefonso rex in Obetau (²⁹).

Fresno cum terminis nominatis de
Reianta usque ad Sanctam Mariam
subtus karrera, usque ad vallilium
de fonte Karsiçedo, et deinde usque ad calçada, cum suis montibus
et fontibus vel paludibus, totum ad
integrum. *Habeantque insuper licen-*
ciam pascendi per omnes montes meos
hac pro illis locis pro quibus alii pas-
cuerint.

Tribuo etiam in loco qui vocatur
Potançar ecclesias Sanctorum Cosme et Damiani et Sancti Stefani et
Sancti Cipriani et Sancti Ihoannis
et Sanctorum Petri et Pauli et
Sancti Caprasii, cum suis heredita-
tibus et terminis de penna usque
ad flumen de Orone, cum molendi-
nis et ortis et pratis et cum exiti-
bus et regressibus adque cum omnibus sibi pertinentibus. *Precipio*
quoque ut abeatis plenariam liberta-
tem ad incidenda ligna in montibus
meis, ad construendas ecclesias sive ad
edificandas domos, aut cremandum,
vel ad quodcumque necesse fuerit...,
absque ullo montadgo adque portati-
co. Adicio autem huic prefate ville
seu monasteria vel ecclesias sive di-
visas que supprascripte sunt... [ut]
non habeant kastellaria, etc.

b) Le faussaire a transcrit diverses souscriptions de la charte
de l'évêque Juan; mais il n'a pas su distinguer les souscriptions
contemporaines de l'original des confirmations postérieures, si

---

(²⁸)   Détail supprimé dans l'acte d'Alphonse II.
(²⁹)   Même remarque.

bien qu'il en est résulté l'anomalie suivante: tels évêques ou abbés qui ont successivement validé la charte de l'évêque Juan sont censés avoir souscrit tous ensemble le diplôme d'Alphonse II ([30]).

Charte de l'évêque Juan.	*Charte d'Alphonse II.*
Didacus episcopus ([31]), qui in ista casa Valle Conposita comorabi et istum testamentum congnobi, manum meam roborabi.	Didacus episcopus testis.
Ego Felemirus episcopus ([32]), qui in ista casa Valle Conposita comorabi et istum testamentum congnobi, manum meam roborabi.	Felemirus episcopus testis.
Ego Fredulfus episcopus ([33]), qui in ista casa Valle Conposita comorabi et istum testamentum congnobi, manum meam roborabi.	Fredulfus episcopus testis.
Ego Albarus abba ([34]), qui in ista casa Valle Conposita comorabi et testamentum congnobi, manu mea roborabi.	Albaro abba testis.

A quelle époque cet acte a-t-il été forgé ou récrit? C'est par un fragment de cartulaire du XIe siècle qu'il nous a été conservé ([35]), et c'est évidemment au XIe siècle qu'il a vu le jour. Rien de plus caractéristique à cet égard que l'incipit du dispositif, les clauses d'immunité et la date.

(30) Voir à ce propos *Revue Hispanique*, VII, p. 287, n. 3.

(31) Diego, évêque de Valpuesta vers l'an 900. Cf. Flórez, *Esp. Sagr.*, XXVI, p. 96.

(32) Felmiro, évêque de Valpuesta de 852 à 855. Cf. *ibid.*, pp. 90-92.

(33) Fredulfo, évêque cité en 804 et en 844. Cf. *ibid.*, p. 94.

(34) Alvaro, abbé de Valpuesta de 957 à 975 environ. Cf. *Revue Hispanique*, VII, p. 287, n. 2.

(35) *Becerro gótico* de Valpuesta, fol. 70 r.-72 r. Cf. *Revue Hispanique*, VII, p. 276.

a) Suscription, préambule et exposé embryonnaires, enfin annonce de la donation sont réunis en une seule formule, comme cela se voit dans certains diplômes d'Alphonse VI (1065-1109) [36]:

Ego Adefonsus, gratia Dei rex Ovetensium, pro amore Dei et remissione peccatorum meorum et animabus parentum meorum, facio testamenti privilegium, cum consilio et consensu comitum et principum meorum, ad ecclesiam Sancte Marie de Valleposita et tibi Iohanni venerabili episcopo et magistro meo, etc.

b) Comme dans certains diplômes octroyés soit par Ferdinand Ier, soit par Alphonse VI, le donateur accorde au donataire le privilège de l'immunité [37]; mais ici la formule d'immunité, très complète et très complexe, a été scindée en deux fragments.

α) Le roi, après avoir déterminé les limites du diocèse de Valpuesta, dirait:

Si quis igitur infra hos terminos pro aliquo homicidio vel culpa confugerit, nullus eum inde audeat abstraere, sed salvetur ibi omnino, et ecclesie clerici nullo modo proinde respondeant. Si vero inter hos ter-

---

(36) Exemples: charte d'Alphonse VI pour Silos, 20 janv. 1096-1098 et 19 mai 1097, dans Férotin, *Recueil des chartes de l'abbaye de Silos* (Paris, 1897, gr. in-8), n°s 24 et 25, pp. 30-31 et 31-32.

(37) Le plus ancien exemple authentique d'immunité que je connaisse remonterait au 12 avril 920. Voy. Risco, *Esp. Sagr.*, XXXVII, p. 268, et *Revue Hispanique*, XVI (1907), p. 546; il s'agit du: «Testamen->tum quod fecit rex domnus Hordonius et Geloira regina ut non abuis->sent villas de Sanctorum Cosme et Damiani super se omicidium nec »fossataria nec rossum.» Au XIe siècle, la formule d'immunité est devenue très courante et presque banale. Exemples: chartes de Ferdinand Ier pour San Pedro de Arlanza, 31 mars 1039 (Bibl. Nat. de Madrid, ms. Q. 96, fol. 247-248); pour l'évêque Gómez, 1er juillet 1042 (Berganza, *Antigüedades de España*, II, Madrid, 1721, *escr.* 87, pp. 423-424), etc., etc. Chartes de Sanche II pour Silos, 16 avril 1067 (Férotin, *op. cit.*, n° 16, pp. 15-17); d'Alphonse VI pour Silos, 16 juillet 1073 (*ibid.*, n° 18, pp. 18-20), etc., etc.

minos aliquis fuerit interfectus, nec clerici ecclesie nec laici qui ibi fuerint populati respondeant pro ipso homicidio, neque pignus inde ullo modo abstraatur.

β) A la fin de l'acte, juste avant les clauses finales, on lit:

Adicio autem huic prefate ville seu monasteria vel ecclesias sive divisas que suprascripte sunt, vel que tu aut successores tui adquirere potueritis, [ut] non habeant kastellaria aut annubda vel fossadera, et non paciantur iniuriam saionis neque pro fossato neque pro furto neque pro homicidio neque pro fornicio neque pro calumpnia aliqua. Et nullus sit ausus inquietare eos pro fossato, annubda sive labore castelli vel pro aliquo fiscale vel regale servicio.

c) Comme dans divers actes de Ferdinand Ier et d'Alphonse VI, on mentionne à la date le règne du souverain qui octroie le diplôme: *regnante rex Adefonsus in Obetu* (38); mais ici ce simple détail trahit le faussaire de la façon la moins douteuse:

Charte de l'évêque Juan.	*Charte d'Alphonse II.*
Facta scriptura sub die quod erat xii kalendas ianuarias, era DCCCXII, *regnante rex Adefonsus in Obetau*, qui istas hereditates dedi[t] et confirmavi[t].	Facta testamenti cartula sub die quod erit xii kalendas ianuarias, era DCCCXII, *regnante rex Adefonsus in Obetu.*

On pourrait encore signaler les particularités suivantes:

a) L'invocation—*in nomine sancte et individue trinitatis, patris et filii et spiritus sancti*—se termine par le mot *amen.*

b) La souscription royale est accompagnée de l'annonce des

---

(38) Exemples: chartes de Ferdinand Ier pour Arlanza, 1er juillet 1037 *Arch. Hist. Nac.*, Doc. de Arlanza, 26 R., vidimus d'Alphonse X, 18 février 1255); pour Garcia Eneco, 22 mai 1038 *(Arch. Hist. Nac.*, Doc. de San Juan de la Peña, I, n° 42 R.), etc., etc. Charte d'Alphonse VI pour San Pedro de Eslonza, 14 mars 1099 (Vignau, *Cartulario del monasterio de Eslonza*, Madrid, 1884, gr. in-8, n° vi, pp. 10-13), etc.

signes de validation: «Ego memoratus rex Adefonsus, qui testa-
»menti privilegium facere iussi, coram Deo et coram testibus
»signum † inieci hac roboravi *et testibus ad roborandum tradidi.*»

c) Bon nombre de souscripteurs portent—évidemment par an-
ticipation—un double nom: «Comes Didaco Didaz testis... Comes
»Nunno Nunniz testis; Tello Telliz testis; Gudistio Pedriz testis;
»Severo Nunniz testis; Osoro Petriz testis; Petro Annaiaz testis;
»Didaco Pelaiz, armiger regis.»

d) Notons enfin, tant elle est insolite, la souscription du notaire: «Altemirus *pinxit*».

§ 2. CHARTES D'ALPHONSE II, ORDOÑO Ier ET ALPHONSE III POUR L'ÉGLISE D'OVIEDO (39).

Le célèbre évêque d'Oviedo, Pélage (1101-1129), ne s'est pas
contenté d'interpoler des documents narratifs; il s'est également
avisé de remanier les documents diplomatiques conservés dans
les archives de son église; et les actes ainsi revus et augmentés
par le trop imaginatif prélat ont pris place dans le cartulaire,
appelé *Libro gótico*, qu'il fit compiler au début du xiie siècle (40).
Sur neuf chartes émanées de rois asturiens et concernant l'église
d'Oviedo, cinq nous sont parvenues par ce cartulaire, tandis que
les quatre autres semblent n'être, au total, que des amplifications,
des résumés ou des imitations des cinq premières.

(39) Actes de 791-842, 16 ou 25 novembre 812 *(Cat.*, n° 10), 16 novembre 812 *(Cat.*, n° 11), 20 avril 857, mai 857, 5 septembre 896, 20 janvier 905, 11 avril 906 et 10 août 908.

(40) Ce cartulaire n'inspirait pas confiance à Ferreras, *Synopsis historica*, 2e éd., IV (Madrid, 1775), pp. 281-282, qui écrivait: «en mi juicio
»los principales privilegios Reales ó son supuestos ó estan viciados.»—
L'authenticité des documents d'Oviedo a été aussi mise en doute, mais
toujours incidemment, par M. J. Somoza García Sala, *Gijón en la historia
general de Asturias*, Oviedo, 1908, 2 vol. in-8.

1° DOCUMENTS DU *LIBRO GÓTICO*.

Les diplômes que Pélage a forgés ou falsifiés (791-842, 16 ou 25 novembre 812, 20 avril 857, mai 857 et 20 janvier 905), sont reconnaissables à première vue; ce qui les distingue, c'est d'abord la teneur du protocole initial et c'est ensuite la manière dont le préambule commence.

a) L'invocation habituelle—*in nomine sanctae et individuae trinitatis*—a été ou bien remplacée par une autre formule, ou bien développée contre toute vraisemblance (⁴¹). On aura:

In nomine patris et filii et spiritus sancti (791-842).

In nomine patris et filii et spiritus sancti, cujus regnum et imperium sine fine permanet in saecula saeculorum, amen (20 janvier 905).

In nomine sanctae et individuae trinitatis, *per infinita saeculorum saecula regnantis* (16 ou 25 novembre 812).

In nomine sanctae et individuae trinitatis, *patris et filii et spiritus sancti, cujus regnum permanet in saecula saeculorum, amen* (20 avril 857).

In nomine sanctae et individuae trinitatis, *patris et filii et spiritus sancti, cujus regnum et imperium sine fine permanet in saecula saeculorum, amen* (mai 857).

b) La suscription a été systématiquement remaniée de la façon suivante (⁴²):

(⁴¹) Comparer les invocations de divers diplômes léonais, également remaniés par Pélage: chartes de Fruela II, 24 octobre 912 *(Libro gótico,* fol. 32 v.; *Esp. Sagr.,* XXXVII, app. xiii, pp. 343-348); de Ramire II, 23 septembre 926 *(Libro gótico,* fol. 40; *Esp. Sagr.,* XXXVII, app. xiv, pp. 348-351); de Ramire III, 23 septembre 978 *(Libro gótico,* fol. 45; *Esp. Sagr.,* XXXVIII, app. iv, pp. 276-278), etc.

(⁴²) Il semble que les suscriptions des diplômes léonais du *Libro gótico* aient été moins interpolées que celles des diplômes asturiens. Exemples: «Ego Froyla rex, filius Adephonsi regis et Xemenae reginae; »Ego Ranimirus rex, filius Adephonsi regis et Xemenae» (chartes de 912 et de 926, déjà citées), etc.

Ego Adefonsus, *cognomine Castus*, Dei gratia *Hispaniae princeps catholicus* (791-842).

Ego rex Aldephonsus, *indigne cognominatus Castus, nepos Adephonsi Magni et Fruelani regis filius* (16 ou 25 novembre 812).

Ego Ordonius, Dei gratia rex *Hispaniae catholicus, Ranimiri regis filius, ab Abdephonso rege cognomine Casto princeps Hispaniae tertius* (20 avril 857).

Ego Christi famulus, Ordonius, Dei gratia rex *Hispaniae catholicus, Ranimiri regis filius, ab Adefonso rege cognomine Casto princeps Hispaniae tertius* (mai 857).

Ego Adefonsus rex, *filius Ordoni regis, quartus in successione regni Casto Adefonso* (20 janvier 905).

c) Ainsi que dans certains actes royaux du xie et du début du xiie siècle, la souscription, l'adresse et, à l'occasion, la formule indiquant le consentement des grands et des évêques ou les motifs pieux de la donation, enfin les premiers mots du dispositif ont été groupés en une seule phrase; bien plus, on a presque toujours inséré dans cette phrase, déjà fort encombrée, une clause portant confirmation générale des donations antérieurement faites à l'église destinataire (43).

Ego Adefonsus... ecclesiae Ovetensi, quam ego ipse fabricavi, cum consensu omnium episcoporum et optimatum mei regni, subscriptam diocesim iure hereditario concessi (791-842).

Ego rex Aldephonsus... tibi *(sic)* et ecclesiae tuae Ovetensi et salvatori meo Iesu Christo, qui regit simul coelestia et terrestia cum patre et spiritu sancto, cupiens ecclesiam tuam meis facultatibus dotari, considerans et credens pro parvis quae tibi possunt largiri mihi a te Deo meo magna et inefabilia perpetuitatis gaudia impendi... *confirmans et corroborans ec-*

(43)   Mêmes altérations dans les diplômes léonais. Exemples: «Ego Ranimirus rex... facio hoc testamentum Ovetensi ecclesiae S. Salvatoris, »confirmans et corroborans ea quae in testamentis regalibus antecesso- »res mei dedere et concessere: insuper de regno meo, pro animae meae »et parentum meorum et ipsorum antecessorum meorum remedio, mo- »nasteria, ecclesias, villas, haereditates et familias praefatae sedi tribuo »atque concedo» (charte de 926, déjà citée).

tera quae tibi et ecclesiae tuae Ovetensi prius concessi, etc. (16 ou 25 novembre 812).

Ego Ordonius... cum conjuge mea Mumaonna, tibi redemptori mundi domino et salvatori nostro Iesu Christo, quidquid in testamentis ipsius Abdephonsi Casti est concessum ecclesiae tuae Ovetensi, jure haereditario dono ac perpetua firmitate concedo (20 avril 857).

Ego... Ordonius... cum conjuge mea Mumadona regina, tibi redemptori mundi domino Deo nostro Iesu Christo et Serano pontifici facimus hanc cartulam testamenti in qua primum, pro remedio animarum nostrarum nostrorumque antecessorum, *concedimus et confirmamus ea quae Ovetensi ecclesiae ipsi antecessores nostri testamentis regalibus sive decretis concessere* (mai 857).

Ego Adefonsus rex... una cum conjuge mea Semena regina necnon filiis nostris Garsea, Ordonio, Gundisalvo, Ovetano archidiacono, Froila, Ranemiro, facimus cartam testamenti Ovetensi ecclesiae S. Salvatoris.... *confirmamus etiam privilegia testamenti, sicut sunt confirmata et concessa ab antecessoribus nostris regibus* (20 janvier 905).

* * *

L'intervention de Pélage ne s'est point bornée à ces remaniements de style; le dispositif en effet a été moins épargné encore que les formules initiales.

1° *Acte de 791-842.*—Dépourvu de clauses finales, de date et de souscriptions, cet acte—qui figure parmi les premières pièces du *Libro gótico* (fol. 2 v.)—est une simple délimitation du diocèse d'Oviedo [14]; et les limites qu'Alphonse II assignerait à ce diocèse coïncident exactement avec celles que le roi Wamba, dans la division des évêchés espagnols qu'on lui attribue, aurait assignées au diocèse de Lugo des Asturies. Mais on sait: 1° que cette division des évêchés espagnols est un texte apocryphe [15].

---

(14) Voir une autre délimitation au fol. 7 v. du même Cartulaire; transcrite par Vigil, *Asturias monumental*, I, p. 49.

(15) Cf. Flórez, *Esp. Sagr.*, IV, pp. 181-252. M. Antonio Blázquez a essayé de réhabiliter ce document dans un travail intitulé: *La Hitación de Wamba. Estudio histórico geográfico.* Madrid, 1907, in-8, 95 pp.

sinon fabriqué, du moins augmenté (en ce qui concerne l'évêché
de Lugo des Asturies) par l'évêque Pélage ([46]); 2" que l'établissement, au temps des Vandales, d'un évêché dans la ville asturienne de Lugo et que le transfert de cet évêché à Oviedo,
par les soins du roi Fruela (757-768), constituent deux légendes
que l'élage tenta d'accréditer ([47]). Dans ces conditions, comment
la charte d'Alphonse II, qui donne à Oviedo ce que la division
de Wamba donne à Lugo des Asturies, serait-elle tenue pour
authentique?

2" *Acte de 812.* — De ce diplôme ont été systématiquement
retranchés presque tous les détails caractéristiques qu'il devait
renfermer, si bien qu'on l'a partiellement réduit à l'état amor-
phe de «formule». En conséquence, il comporte aujourd'hui:
1° des clauses précises, mais étranges, telles que: «offero igitur,
»Domine, ob gloriam nominis tui sancto altario tuo in praefata
»ecclesia fundato *atrio quod est in circuitu domus tuae,* OMNEMQUE
»OVETI URBEM, quam muro circumdatam, te auxiliante, peregi-
»mus, sive omnia cum aquaeductibus intrinsecus domos, vel cunc-
»ta aedificia quae ibidem construximus ([48]»; 2" des clauses nor-

----

(46) D'après Flórez, *op. cit.,* pp. 209-210, l'auteur ne serait autre que
Pélage; mais Risco, *Esp. Sagr.,* XXXVIII, pp. 118-120, a combattu cette
opinion, tout en concédant que «este Prelado puso de suyo en el referi-
»do instrumento todo lo que pertenece á la fundacion del Obispado de
»la ciudad de Lugo en Asturias, y á la dotacion de la misma Iglesia.»

(47) Flórez, *Esp. Sagr.,* IV, pp. 216-227; cf. Risco, *op. cit.,* XXXVIII,
pp. 120-122.

(48) On ne saurait passer sous silence la donation faite par Alphonse II de la *ville* d'Oviedo à l'église San Salvador. Semblable concession
se retrouve dans un acte de la reine Urraca, en date du 27 mars 1112
ou 1114: «et insuper facimus cartulam testamenti suprafatae sedi de *toto*
»*Oveto cum suo castello et tota sua mandatione et cum suo sagione et cum*
»*toto suo foro et directo*» (*Libro gótico,* fol. 110; Risco, *Esp. Sagr.,* XXXVIII,
app. XXXII, pp. 347-349, à l'année 1114; cf. Vigil, *Asturias monumental,* I,

males, mais extrêmement vagues, dans le genre des suivantes:
«haereditates et familias utriusque sexus et ordinis benigne et
»humiliter in dote offero;—ad decorandam autem ipsius aulae
»tuae faciem, offero ornamenta aurea, argentea et aerea et Sa-
»crae Scripturae diversa volumina;—foris autem murum civita-
»tis, concedo exitus per circuitum, sernas multas et magnas,
»terras cultas vel incultas, fontes, montes, azoreras», etc.

Nous aurons l'occasion d'examiner plus bas une charte qui
n'est qu'une réplique de celle-ci.

3° *Acte du 20 avril 857* ([49]).—Tous les biens, fort nombreux,
que mentionne ce diplôme, ont-ils été réellement donnés par Ordoño Ier à l'église d'Oviedo? Il serait téméraire de le prétendre,
car une pareille énumération ne peut être contrôlée en toutes
ses parties ([50]). Cependant, deux observations s'imposent.

a) Par cet acte de 857, Ordoño Ier concéderait à l'église
d'Oviedo divers monastères ou églises sis en Galice, et notamment à Neira, Sárria, Flamoso et Abiancos. Or, les mêmes
localités et les mêmes établissements religieux sont cités dans

pp. 86-87, à l'année 1112). En outre, s'il faut en croire Risco, *Esp. Sagr.*,
XXXVII, p. 165,—lequel s'appuie sur Marañon de Espinosa, archidiacre
de Tineo,—Alphonse VII aurait donné lui aussi à l'église d'Oviedo la
ville même d'Oviedo; mais Risco n'a pas insisté sur ces faits; il se borne
à rapporter l'opinion de l'archidiacre de Tineo, lequel «advierte, que...
»jamás tuvo la Iglesia de Oviedo el dominio de la ciudad, y que si lo
»tuvo, duró muy poco, quedándole al Obispo y Cabildo la facultad sola
»de alternar en el nombramiento de un juez ordinario.»

([49]) Sur ce document, voir Somoza, *op. cit.*, II, pp. 433-434; cf. p. 591.

([50]) Plusieurs diplômes asturiens ou léonais, concernant l'église
d'Oviedo, renferment de très abondantes énumérations de domaines et
de biens de toute espèce. Aux actes étudiés ici, comparer les donations de Fruela, 24 octobre 912 *(Esp. Sagr.*, XXXVII, app. XIII, pp. 343-
348); d'Ordoño II, 8 août 921 *(Libro gótico*, fol. 26 v.; imprimée dans la
Cédula de Philippe V); de Ramire II, 23 septembre 926 *(Esp. Sagr.*,
XXXVII, app. XIV, pp. 348-351).

4

un autre texte, sorti lui aussi de l'officine de Pélage, c'est-à-dire dans les actes du deuxième concile d'Oviedo ([51]); et cela suffirait à éveiller les soupçons de la critique.

Charte d'Ordoño Ier.	*Actes du 2e Concile d'Oviedo.*
Esp. Sagr., xxxvii, pp. 325-326.	*Apud* Sampiro, ch. 13; *Esp. Sagr.*, xiv, p. 446.
In Galletia, monasterium S. Mariae in Valle Longa.	His peractis, jam dictus rex... subscriptam dioecesim jure perpetuo tradidit Ovetensi ecclesiae. In Gallaecia... Vallem Longam et possessionem Sanctae Mariae cum omnibus appenditiis.
In territorio Nera, monasterium S. *Petri* de Asperella (*var.* Esperella).	Neyram cum possessionibus Sancti *Martini* de Esperella.
In Sarria, monasterium S. Mariae de Corbelio.	Totam Sarriam et possessionem Sanctae Mariae de Corvella.
In Flomoso (*lire:* Flamoso) monasterium S. Martini de Perellinos cum decem villis et suis ecclesiis.	Layosam (*lire:* Flamosam) et possessionem Sancti Martini de Perellinos.
In Abiancos, monasterium S. Crucis de Sancto (*var.* Sauto) Senatore cum adjacentiis et apraestationibus suis.	Aviancos et possessiones ecclesiae Sanctae Crucis de Soto Senatori, cum omnibus suis appenditiis.

Mais il est facile de constater en outre que le passage des actes du deuxième concile d'Oviedo, auquel nous faisons allusion, est en rapports étroits avec la charte de délimitation du diocèse d'Oviedo, que nous venons d'étudier; en sorte que cette charte

---

([51]) Attaqués par Flórez, défendus par Risco, les actes du premier et du deuxième concile d'Oviedo ont été rejetés par Vicente de la Fuente, *Historia eclesiástica de España*, 2e éd., III, pp. 484-487, et par Gams, *Die Kirchengeschichte von Spanien*, II², pp. 347-349 et 398-399. On s'en tiendra pour le moment aux conclusions de ces auteurs.

·de délimitation, le diplôme du 20 avril 857 et les actes du deuxième concile d'Oviedo sont apparentés indéniablement.

Charte de délimitation du diocèse d'Oviedo (52).	*Actes du 2e Concile d'Oviedo.*
In Galletia, Vallis Longa, Suarna, Neira, tota Sarria usque ad flumen Mineum, cum Paramo;... tota Lemos cum Vinitia et Verosma et Saviniana et Froiare usque ad flumen Silum, Asma, Camba, Castella, Ensania, Barbantes, Aviancos, Avia et Avion; Limia cum ecclesiis de Petraio, quae aedificatae sunt vel fuerint inter Arnovium flumen et ·Silum, a termino montis Buron et per aquam Zorae usque in flumen Arnoiae, et per ipsum decursum usque in flumen Minium, in Veza, usque portellum de Venati, et ecclesias de Salas inter Arnoiam et Silum, cum ecclesiis de Barrosa.	In Gallaecia, Suarnam... Vallem Longam... Neyram... Paramum usque ad flumen Mineum; totam Lemos, cum Undio (var. Unicio, Vintio) et Verosino et Savinnano et Froiane usque ad flumen Silum; totam Limiam, cum ecclesiis de Petraio, quae aedificatae sunt vel fuerint inter Arnoium flumen et Silum, a termino montis Naron et per aquam Zorae usque in fundum Arnoiae, et per ipsum discursum usque in flumen Mineum; in Veza, usque in portellam de Banati, et ecclesias de Sallar inter Arnoiam et Silum, cum ecclesiis de Barrosa Castellani et possessiones Sancti Salvatoris de Ilbasmosas, Cusancam, Barbantes, Avia et Avion, Asma, Caniba (lire: Camba), Aviancos, etc.

On se demandera cependant quel but l'évêque Pélage visait
·ici. Nous n'ignorons pas que, pendant de longues années, l'église
de Lugo et celle d'Oviedo se disputèrent les localités qu'énumèrent les trois textes indiqués ci-dessus (53). Le débat ne prit fin

---

(52) D'après le ms. 6957 de la Bibliothèque Nationale de Madrid
(ancien T. 120), p. 160.

(53) Risco, *Esp. Sagr.*, XXXVIII, pp. 147-148 et 241; XLI, pp. 23-24;
F. Fita, *Concilios nacionales de Salamanca en 1154 y de Valladolid en 1155,*
dans *Bol. de la R. Acad. de la Hist.*, XXIV (1894), p. 449 et suiv. (Voir
aux pp. 449-466 ce qui a trait au concile de Salamanque).

qu'en janvier 1154, au concile de Salamanque, par l'attribution
définitive à l'église de Lugo des possessions galiciennes que re-
vendiquait Oviedo ([54]). A défaut d'autres mérites, les trois textes que nous avons relevés montrent quels étaient, du temps de
l'élage, les territoires galiciens que l'église d'Oviedo tentait de
soustraire à la juridiction de sa rivale ([55]).

b) L'acte du 20 avril 857 se termine par une assez longue
énumération de *fueros*, concernant les hommes qui, à un titre
quelconque, dépendaient de l'église d'Oviedo. Mais les mêmes
fueros auraient été de nouveau accordés aux mêmes hommes,
d'abord par le même souverain, à savoir Ordoño Ier, et cela
dans le mois qui aurait suivi l'expédition de l'acte qui nous
occupe (voir le diplôme de mai 857), ensuite par Ferdinand Ier,
le Ier mai 1036 ([56]).

---

(54)   L'accord intervenu entre l'évêque d'Oviedo Martin Ier (1143-
1156) et l'évêque de Lugo Juan (1152-1181), a été publié par Risco,
Esp. Sagr., XLI, app. x, pp. 312-315 et republié par le P. F. Fita, *loc. cit.*,
pp. 453-458, d'après la *Regla colorada* de l'église d'Oviedo, fol. 24 r.-25 v.
L'acte est daté de Salamanque, 19 janvier 1154 (Vigil, *Asturias monumental*, I, p. 89, A 134, la date du 29 du même mois). Voici le passage
essentiel: «et Lucensis ecclesia diocesim Gallecie, de qua inter utrasque
»sedes dudum erat contentio, per terminos statutos, scilicet Neiram su-
»periorem et inferiorem, Val Longa, Flamosum, Sarriam, Proianus, Le-
»mos, Verosino, Savinianos, Paramos, Asma [*Fita,* Asina], Camba, [*F.,*
»Canba], Dezon [*F.,* Deron] et Aviancos usque in mundi terminum
»irrefragabiliter potiatur.»

(55)   On étudiera plus loin un diplôme apocryphe d'Alphonse II pour
l'église de Lugo (27 mars 832), qui se rapporte aux mêmes affaires.

(56)   Sur l'authenticité du diplôme de Ferdinand Ier (texte dans Risco, *Esp. Sagr.*, XXXVIII, app. xv, pp. 300-304 et Vigil, *Asturias monumental*, I, pp. 66-68), voir notre *Note sur un diplôme de Ferdinand Ier oc-
troyé à l'Église d'Oviedo en mai 1036*, dans *Revue Hispanique*, IX (1902).
pp. 468-472. — On observera qu'un autre diplôme de Ferdinand Ier,
pour le monastère de San Andrés de Espinareda, 24 avril 1043 (Yepes,
Coronica general de la orden de San Benito, VI, escr. xii, fol. 457 r. et v.),
contient exactement les mêmes *fueros*.

4° *Acte de mai 857.*—Le dispositif de cette charte se compose de deux parties:

a) Les *fueros* dont il vient d'être question;

b) Un dénombrement de domaines, situés en grande partie, semble-t-il, dans les Asturies de Santillana. Or, le prédécesseur de Pélage sur le siège d'Oviedo, l'évêque Martin Ier (1094-1101), avait eu avec l'évêque de Burgos, Garcia (1095-1114), une grave querelle, précisément au sujet des Asturies de Santillana; et ce fut Pélage qui, tout au début de son pontificat, prit possession de ce territoire, adjugé à l'église d'Oviedo par une sentence de Bernard, archevêque de Tolède (³⁷).

Accessoirement, on notera encore un procédé de rédaction assez bizarre. Après chaque mention d'église ou de monastère concédé, le scribe aurait répété, avec une constance infatigable, une formule qui, sauf variantes minimes, est ainsi libellée:

cum omnibus suis appenditiis ab integro, cum calice argenteo et sacerdotali veste et cum libris de toto anni circulo, cum domibus, orreis, cubis torcularibus et cum... paribus boum, cum... vaccis et... inter oves et capras et... porcos, rozas felgarias, prata, pascua, montes, fontes, aquas aquarum cum eductibus earum, sedilia, molinaria sive et piscaria in praedicto flumine (*ou* in mari).

5° *Acte du 20 janvier 905.*—Les interpolations et les invraisemblances fourmillent dans le dispositif de ce très long diplôme. Voici les plus notoires:

a) Alphonse III, ou plus exactement Pélage, transcrit une inscription placée sur le château fort que le roi avait fait construire pour la défense d'Oviedo (³⁸).

(³⁷) Risco, *Esp. Sagr.*, XXXVIII, pp. 97-99 et 99-100. (Comparer Flórez, *Esp. Sagr.*, XXVI, p. 230.)

(³⁸) Sur cette inscription, aujourd'hui conservée à la cathédrale d'Oviedo, voir Risco, *Esp. Sagr.*, XXXVII, p. 216; Hübner, *Inscriptiones Hispaniae Christianae*, n° 259, p. 84, et surtout Vigil, *Asturias monu-*

b) Alphonse III donnerait à l'église d'Oviedo celle de Santa Maria de Lugo, «cum suos muros antiquos integros»,—donation qui ne peut avoir été portée au compte d'Alphonse III que par l'évêque Pélage (⁵⁹).

c) Le roi concéderait, outre la ville d'Aviles (*villam Abilies*), la *civitate Gegione*, concession dont l'énormité est manifeste (⁶⁰).

d) Alphonse III déclarerait que les corps du roi Silo et de la reine Adosinda reposent dans le monastère de San Juan de Pravia, — déclaration qui revient de droit à Pélage, lequel a,

---

mental, I (texte). pp. 7-8 et II (planches), n⁰ A 1. Le texte de l'inscription a été modifié sur un point (cf. Risco, *loc. cit.*, p. 217). L'inscription porte: *duobusque pigna natis*, et le diplôme: *quinque natis*, ce qui prouverait, dit-on, qu'Alphonse III aurait eu, entre temps, trois autres enfants.

(⁵⁹) En dehors de la fausse délimitation du diocèse d'Oviedo et de la présente charte, l'église Santa Maria de Lugo est citée dans trois autres textes, sur lesquels Pélage a également marqué son empreinte: 1⁰ Note placée au fol. 2 v. du *Libro gótico* (cf. Vigil, *op. cit.*, I, p. 49): «Guntamundus catholicus Euandalorum rex successit in regno... Rex »iste in Asturiis civitatem hedificavit era CCCLX'VIIII, quam Lugo id est »Luceo vocavit, in honore beate Marie semperque Virginis ecclesiam »fundavit», etc.—2⁰ Chronique dite d'Alphonse III (rédaction interpolée), ch. 16: «Rex iste [Froila] episcopatum in Ovetum transtulit a Lu- »censi civitate, quae est in Asturiis et ab Wandalis aedificata fuit.» Cf. Flórez, *Esp. Sagr.*, XIII, p. 483, note.— 3⁰ Acte de répartition des paroisses asturiennes (annexe aux faux conciles d'Oviedo), dans Flórez, *Esp. Sagr.*, XIV, p. 401: «Ad Bracharensem archiepiscopum et Dumien- »sem Episcopum et Tudensem episcopum, ecclesiam Sanctae Mariae »de Lugo.»—Rappelons encore, pour mémoire, la division de Wamba.

(⁶⁰) *Esp. Sagr.*, XXXVII, p. 331: «... et villam Abilies secus Oceani »maris, cum ecclesia S. Joannis Baptistae et ecclesiam S. Mariae in Abi- »lies... *Civitate Gegione* cum ecclesiis quae intus sunt cum omni integri- »tate sua, et foris muros ecclesiam S. Juliani et ecclesiam S. Thomae de »Vadones cum sua villa», etc. Voir, sur ce point, Somoza, *Gijón en la historia general de Asturias*, II, pp. 435-437, lequel, du reste, doute de l'authenticité de l'acte de 905 (cf. *op. cit.*, p. 606).

d'autre part, inséré ce détail dans la Chronique dite d'Alphonse III ([61]).

e) Alphonse III partagerait entre les églises d'Oviedo et de Leon un certain nombre de paroisses situées entre Astorga, le Carrion, le Pisuerga et Zamora, — allusion évidente à des faits qui, d'ailleurs, ne nous sont connus par aucun autre témoignage ([62]).

f) Alphonse III attribuerait à l'église d'Oviedo non seulement la ville, mais encore le diocèse de Palencia, — autre donation exorbitante, et d'autant plus étrange que, selon la tradition, Palencia ne fut restaurée qu'au début du xie siècle ([63]).

([61]) La charte dit, *loc. cit.:* «In territorio Praviae, monasterium S. Joan- »nis Evangelistae, ubi jacet Silus rex et uxor ejus Adosinda regina.» On lit dans la Chronique dite d'Alphonse III, éd. Flórez, ch. 18: «et sepultus »[Silus] cum uxore sua regina Adosinda in ecclesia S. Joannis Apostoli »et Evangelistae in Pravia fuit.» Nous avons montré ailleurs que presque toutes les mentions de sépultures royales consignées dans la Chronique dite d'Alphonse III sont des interpolations dues à Pélage d'Oviedo. Voir *Revue des Bibliothèques,* XXIV (1914), pp. 216-219; cf. *Crónica de Alfonso III,* éd. Z. García Villada (Madrid, 1918, in-8), pp. 15-16.

([62]) D'après Risco, *Esp. Sagr.,* XXXVII, pp. 266-267, un certain nombre d'églises, sises dans le périmètre indiqué, auraient été données par Ordoño II à l'église de Leon, le 16 avril 916 *(Esp. Sagr.,* XXXIV, app. vi, pp. 435-438). Il ne semble pas que Risco ait trouvé trace d'un différend survenu entre les églises d'Oviedo et Leon; Vigil non plus ne mentionne aucun texte qui puisse nous éclairer. Et cependant, ce n'est pas sans motif que l'on a inséré dans ce diplôme de 905 une phrase aussi tendancieuse.

([63]) Voy. Risco, *Esp. Sagr.,* XXXVII, p. 267 et XXXVIII, p. 46. Inutile de dire que Risco accepte aveuglément le témoignage du diplôme de 905. — Comme l'évêque d'Oviedo Ponce (1028-1035) paraît avoir pris une part active à la restauration de l'évêché de Palencia *(Esp. Sagr.,* XXVI, pp. 186-187; XXXVIII, pp. 42-50), on comprend que Pélage, faussaire éminemment soucieux de la gloire de son église, ait introduit dans l'acte de 905 la phrase concernant la ville et le diocèse de Palencia.

⁎ ⁎

Il serait aisé de démontrer que Pélage n'a pas mieux respecté les clauses finales des actes sur lesquels il opérait. Mais au lieu de s'attarder à l'examen de cette pure phraséologie, mieux vaut sans doute dire quelques mots des dates et des souscriptions.

En règle générale, il semble que Pélage ait fidèlement transcrit les dates: celles des actes des 16 ou 25 novembre 812, du 20 avril 857, de mai 857 sont correctes; celle de l'acte du 20 janvier 905 le serait également si, entre les mots *facta scriptura testamenti* et *die* xiii *kal. februarii*, on n'avait pas inséré le membre de phrase que voici: *et tradita ecclesiae S. Salvatoris sedis Oveto illius in praesentia episcoporum atque orthodoxorum, quorum subtus habentur signacula.*

Quant aux souscriptions, s'il en est parmi elles qui sont admissibles, il en est d'autres qui paraissent interpolées ou suspectes, et d'autres qui échappent à tout contrôle.

a) Souscriptions admissibles. Nous citerons, à titre d'exemples, celles de l'abbé Bonello (20 avril 857) [64], de « Theodegutus Biacencis archidiaconus » (20 janvier 905 [65], celles enfin de cinq prélats: Quendulfo (16 ou 25 novembre 812), Oveco (20 avril 857) [66], Nausto, évêque de Coimbre [67], Sisnando, évé-

---

(64)   Voir ci-dessus, II, § 2, n° 1, Chartes pour Samos.

(65)   Le même personnage souscrit les diplômes originaux des 30 novembre 904 et 30 novembre 905 (*Cat.*, n°ˢ 61 et 64); il souscrit aussi un acte de Garcia Iᵉʳ pour San Isidro de Dueñas, 15 février 911 (Yepes, *Coronica general de la orden de San Benito*, IV, escr. 23). Sur cet archidiacre énigmatique, voir Sandoval, *Cinco Obispos*, p. 249; Flórez, *Esp. Sagr.*, VII, p. 109 et XIV, p. 254; Escalona, *Historia del monasterio de Sahagun*, p. 19 et Risco, *Esp. Sagr.*, XXXVII, p. 259.

(66)   Sur Quendulfo et Oveco, voir ci-dessus II, § 2, n°1, Chartes pour Samos.

(67)   Nausto, rappelons-le, aurait occupé le siège de Coïmbre de 867 à 912.

que d'Iria ([68]) et Recaredo, évêque de Lugo (20 janvier 905 ([69]).

b) *Souscriptions interpolées.*—Il s'agit de souscriptions royales.

Ordonius servus Christi hunc testamentum quem confirmavi ex personis atavi nostri domini Abdefonsi et genitoris mei domini Ranimiri, et ego fieri elegi.—Mumaonna, vernula Christi, hunc testamentum confirmans (20 avril 857).

Ego iam dictus serenissimus rex Ordonius, simul cum coniuge mea Mumadona regina, hanc cartulam testamenti propriis manibus roboravimus (mai 857).

c) *Souscriptions suspectes.*—Quelques prélats, témoins des actes de 812 et de 857, auraient eu des homonymes parmi les évêques qui assistaient soit au premier, soit au deuxième concile d'Oviedo. Ce sont: deux évêques nommés Adulfo et cités l'un en 812, l'autre le 20 avril 857 ([70]); ce sont, en outre, un certain Argimundo et un certain Theodorindo, qui valident le diplôme du 20 avril 857 ([71]).

([68]) Sisnando 1, évêque d'Iria-Compostelle de 878 environ jusqu'en 920, d'après López Ferreiro, *Historia de la iglesia de Santiago*, II, pp. 165-166 et p. 252.

([69]) Recaredo, évêque de Lugo de 875 à 922, d'après Risco, *Esp. Sagr.*, XL, pp. 122-133.

([70]) Charte du 16 novembre 812: «Sub Xpti nomine Ada... episco-»pus.» (Morales, *Coronica*, éd. Cano, VII, p. 196, a lu: Adulfus, évêque »d'Iria).—Charte du 16 ou 25 novembre 812: «Sub Christi nomine Audul-»fus Ovetensis episcopus conf.»—Charte du 20 avril 857: «Adulfus epis-»copus testis.»—Actes du premier concile d'Oviedo, *Esp. Sagr.*, XXXVII, app. 1, p. 295 et p. 300: «gloriosissimi regis Adephonsi Casti et Adulphi »Ovetensis episcopi solerti consideratione... Adulfus Ovetensis episco-»pus conf.» Sur Adulfo, évêque d'Oviedo, voy. Risco, *Esp. Sagr.*, XXXVII, pp. 163 et suiv., lequel n'a d'ailleurs pas connu d'autres documents que ceux qui viennent d'être rapportés.

([71]) Charte du 20 avril 857: «Argimundus episcopus testis. Theodo-»rindus (*var.* Theodesindus) episcopus testis.»—Actes du premier con-

Signalons aussi, mais sous réserves, le notaire de l'acte de 905; il s'appellerait Adulfo, diacre. Or, le seul notaire que l'on rencontre dans les diplômes authentiques de cette époque aurait nom Possidonio.

d) Souscriptions qui ne peuvent être contrôlées.—D'assez nombreux personnages qui souscrivent ces actes d'Oviedo ne nous sont connus soit par aucun autre document, soit par aucun document de provenance autre que le *Libro gótico*. Tels sont: le diacre et notaire Sisnando (20 avril et mai 857) et les évêques dont voici la liste: Cintila ([72]), Ermigius ([73]), Recaredo, évêque de Calahorra ([74]) (16 ou 25 novembre 812); Serrano, évêque

---

cile d'Oviedo: «Super hoc convenimus Oveti negotio nos hic subscripti »pontifices... Argimundus Bracarensis... Theoderindus Iriensis... Argi- »mundus Bracarensis ecclesiae episcopus conf... Theoderindus Iriensis »ecclesiae episcopus conf.»—Comparer les actes du deuxième concile d'Oviedo dans Sampiro, ch. 9, *Esp. Sagr.*, XIV, p. 442: «Tunc constituit »[rex Adephonsus III]... concilium celebrandum apud Ovetum cum om- »nibus episcopis qui in illius erant regno: ... *Argimirus* Lamecensis. »*Theodoricus (var.* Theodemirus) Visensis... *Argimirus* Braccharensis... »*Theodesindus* Britoniensis», etc.

([72]) La charte du 16 ou 25 novembre 812 *(Cat.* nº 10) porte simplement: «Sub Christi nomine Cintila episcopus conf.» Mais Morales avait lu: Suintila, évêque de Leon. Aussi Risco, *Esp. Sagr.*, XXXIV, pp. 136-137, a-t-il admis ce Cintila ou Suintila dans l'épiscopologe léonais. On remarquera, mais sans insister autrement ici, que Risco, *op. cit.*, pp. 138-140, prétend qu'un certain Quintila, distinct de Cintila, aurait été évêque de Leon de 811 à 820. Mais Cintila, Suintila, Quintila, n'est-ce point trois formes différentes d'un même nom?

([73]) Personnage non identifié.

([74]) Voy. Risco, *Esp. Sagr.*, XXXIII, p. 177. En revanche, Vicente de la Fuente, *Esp. Sagr.*, XLIX, p. 118, n'admet pas la présence de cet évêque de Calahorra, pas plus que celle d'un évêque de Saragosse que nous rencontrerons plus loin: «Los embusteros de Oviedo, en los falsos docu- »mentos publicados por el fabulista Don Pelayo, á pesar de que hicieron »ir allá á los Obispos de Zaragoza, Calahorra y otros puntos inmedia- »tos», etc.

d'Oviedo ([75]) et Cixila, évêque de Leon ([76]) (20 avril et mai 857); Gudila (20 avril 857) ([77]); Oveco, «Oscensis episcopus» ([78]) (mai 857); enfin Gomelo (II), évêque d'Oviedo ([79]), et Froylan, évêque de Leon ([80]) (20 janvier 905).

2° DOCUMENTS DE PROVENANCES DIVERSES.

1° *Charte d'Alphonse II, 16 novembre 812* ([81]).—Cette charte n'est qu'une rédaction très emphatique de l'acte du 16 ou 25 no-

---

([75]) Risco, *Esp. Sagr.*, XXXVII, pp. 204-210. En dehors des diplômes du 20 avril et de mai 857, Risco n'a connu qu'un seul document mentionnant cet évêque; c'est la charte, fort suspecte, des évêques Severino et Ariulfo, 22 avril 853 (*Libro gótico*, fol. 15 v.; *Esp. Sagr.*, XXXVII, app. ix, pp. 319-322), où on lit: «Serranus Ovetensis testis.»

([76]) Cet évêque de Leon (Risco, *Esp. Sagr.*, XXXIV, pp. 141-145), ressemble singulièrement, quoiqu'en ait pensé Risco, au Suintila mentionné ci-dessus. Il souscrit la charte des évêques Severino et Ariulfo: «Cixila Legionensis testis.»

([77]) Personnage non identifié.

([78]) Un «episcopus Oscensis» (var. *Aucensis*) figure dans les actes des deux conciles d'Oviedo; ce serait un certain Juan. Mais s'agit-il d'un évêque de Huesca ou d'un évêque d'Oca?

([79]) D'après Risco. *Esp. Sagr.*, XXXVII, pp. 199-200 et pp. 255-259, il y aurait eu, à peu de distance l'un de l'autre, deux évêques d'Oviedo du nom de Gomelo: l'un, qui aurait occupé le siège d'Oviedo sous Ramire Ier, est cité dans la charte des évêques Severino et Ariulfo: «sicut »nobis concessit rex dominus Ranimirus, pater domini Ordonii regis, «similiter cum domino Gomelo Ovetensi episcopo»; l'autre, qui aurait été évêque d'Oviedo sous Alphonse III, n'est cité que dans le diplôme du 20 janvier 905.

([80]) Selon Risco, *Esp. Sagr.*, XXXIV, pp. 159-203, S. Froylan fut évêque de Leon de 900 à 905. Mais, outre la *Vie* de ce personnage, Risco n'a pas vu d'autre document que le diplôme du 20 janvier 905.

([81]) Sur cet acte, voir Somoza, *Gijón en la historia general de Asturias*, II, pp. 460-461.

vembre de la même année, transcrit au fol. 6 v. du *Libro gótico*, et le fait est si patent, qu'il nous paraît inutile d'établir les rapprochements d'usage ([82]).

Le style de la charte en question, vivement admiré par certain critique ([83]), dénonce un rhétoriqueur du XIᵉ siècle. En voici un spécimen:

Fons vitae ([84]), o lux, auctor luminis, alpha et omega, initium et finis, radix et genus David, stella splendida et matutina, Christe Jesu, qui cum Domino Patre et Spiritu Sancto es super omnia Dominus benedictus in secula. Adefonsus in omnibus et per omnia vernulus, famulus, immo servus tuus. Ad te loquor, quia et de te loquor, verbum Patris concurro ad te, occurre mici, etc.

Pour tenter de convaincre les incrédules, nous reproduirons encore le passage suivant, emprunté à l'exorde (on n'ose pas employer ici le terme technique d'*exposé*):

([82])   Cependant Risco, *Esp. Sagr.*, XXXVII. p. 164, a cru que la charte du fol. 6 v. du *Libro gótico* était non pas le prototype, mais une simple confirmation de la charte commençant par *Fons vitae*; ce qui a trompé Risco, c'est la phrase: «hereditates et familias utriusque sexus et ordinis »benigne et humiliter in dote offero, confirmans et corroborans cetera »quae tibi et ecclesiae tuae Ovetensi prius conccessi.» Par contre, il a bien vu que les deux actes renferment les mêmes concessions.

([83])   Tailhan, *Bibliothèques espagnoles du haut moyen âge*, dans Cahier et Martin, *Nouveaux mélanges d'archéologie*, IV, p. 279, note 3: «Voici »maintenant le fragment de sa donation [d'Alphonse II] à la basilique »de Saint-Sauveur qui fait autant d'honneur à sa science théologique »qu'à son goût littéraire.» En revanche, Vicente de la Fuente, *Historia eclesiástica de España*, 2ᵉ éd., III, p. 122, qui, après Ferreras, a rejeté ce document, dit au sujet du style: «El testamento de D. Alfonso es una »especie de prefacio en estilo altisonante y enfático, y por el estilo de »la *Angélica* que se canta el Sábado Santo.»

([84])   Comparer un incipit analogue dans deux chartes d'Ordoño II pour Leon, 9 janvier 916 et 8 janvier 917 *(Esp. Sagr.,* XXXIV, pp. 433-434 et 443-445).

Cujus dono inter diversarum gentium regna, non minus in terminis
Spaniae clara refulsit Gothorum victoria, sed quia te offendit eorum pre-
potens jactantia, in era DCC Xᵛ VIIII simul cum rege Roderico regni ami-
sit gloria; merito etenim arabicum sustinuit gladium; ex qua peste tua
dextera, Christe, famulum tuum eruisti Pelagium; qui in principis subli-
matus potentia, victorialiter dimicans, hostes perculit, et Christianorum
Asturumque gentem victor sublimando defendit; cujus ex filia filius cla-
rior, regni apicem Froila extitit decoratus. Ab illo etenim in hoc loco
qui nuncupatur Ovectao, duo fundata nitet ecclesia tuo nomine sacra
tuoque sacro nomini dedicata, etc.

L'«original» *(sic)* de cette charte est conservé aux archives de
la cathédrale d'Oviedo: c'est un cahier de sept feuillets de parchemin (⁸⁵), et l'écriture ne remonte pas au delà du xıᵉ siècle.

On notera que ce diplôme a été transcrit, d'autre part, à la fin
du recueil de chroniques dénommé *Liber chronicorum* (⁸⁶): l'évêque Pélage a ainsi contribué à le propager.

2° *Charte d'Alphonse III, 5 septembre 896.*—Ce diplôme, que
nous fait connaître un vidimus de Jean Iᵉʳ (15 août 1379), suscite
diverses remarques.

a) L'invocation, l'incipit du dispositif, et surtout les clauses
finales et la formule qui encadre la date sont manifestement
imités des formules parallèles du diplôme du 20 janvier 905.

b) Comme dans le diplôme de 905, le roi concéderait à
l'église d'Oviedo un château fort situé près de la cathédrale
*(damus etiam atque concedimus hic in Ovetum illud nostrum
castellum quod ad defensionem thesauri huius sancte ecclesie construximus)*; mais, en outre, il lui donnerait un grand palais, bâti
avec l'argent provenant de redevances que les Asturiens du ıxᵉ
siècle ignoraient certainement: *iuxta illud castellum, palacium*

(⁸⁵) Voir ci-dessous, *Cat.,* n° 11.

(⁸⁶) Bibl. Nat. de Madrid, n° 1513 (ancien F. 134, xıııᵉ siècle), fol.
116 r.-117 v.

magnum quod ibi fabricavimus cum nostras ADRIAS, *videlicet unum sestarium de cibaria de unoquo[que] iugo boum per totas Asturias, que a religiosis nostris predecessoribus fuerunt statute pro castellis et palaciis regalibus reparandis.* Il y a là, semble-t-il, comme un ressouvenir du fameux *privilegio de los Votos de Santiago* ([87]), dont nous ne tarderons pas à dire un mot.

c) A quelques exceptions près, les noms des évêques et comtes souscripteurs se retrouvent à la fois dans les actes aprocryphes du deuxième concile d'Oviedo ([88]) et dans un document, non moins apocryphe, daté de 899 et relatif à l'église de Compostelle ([89]).

3° *Charte d'Alphonse III, 11 avril 906.* — Ce diplôme (*Regla colorada*, fol. 8 v.) n'est qu'un simple extrait de l'acte de 905, à moins que ce dernier ne résulte de la fusion de plusieurs documents, parmi lesquels celui de 906. Cependant, entre ces deux actes on constate quelques divergences, sinon en ce qui concerne l'invocation, la suscription, le dispositif et les clauses finales, du moins en ce qui touche la date et les souscriptions.

a) La formule qui englobe la quadruple date de jour, d'année, de règne et de lieu est la même que dans le diplôme de 905, mais le quantième diffère ([90]); en outre, si la date de lieu n'a

---

([87]) On lit dans le *privilegio de los Votos:* «Statuimus ergo per totam Hispaniam... vovimus observandum quatinus *de unoquoque iugo boum* singule mensure de meliori fruge», etc.

([88]) Le diplôme de 897 est souscrit par un comte *(Cintila, comes in Asturias',* qui n'est pas mentionné dans les actes du deuxième concile d'Oviedo.

([89]) *Cat.,* n° 56. Comparer aussi les souscriptions de l'acte du 6 mai 899 (*Cat.,* n° 55), où nous retrouvons Nausto, évêque de Coïmbre, Sisnando, évêque d'Iria-Compostelle, Argimiro, évêque de Lamego, Recaredo, évêque de Lugo, ainsi que le comte Erus.

([90]) Acte de 905: «die XIII kal. februarii». Acte de 906: «die III idus aprilis».

pas été modifiée, par contre le chiffre de l'ère d'Espagne a été augmenté d'une unité ([91]).

b) A côté de personnages qui souscrivent et l'acte de 905 et celui de 906,—entre autres, Sisnando, évêque d'Iria; Rodolfo, abbé d'Oviedo; Flacino, prêtre; Frankila, prêtre; Theodegutus, archidiacre; Sabarico, diacre,—on rencontre en 906 trois évêques dont les noms n'apparaissaient pas en 905: Eleca, évêque de Saragosse; Fredulfo, «Auzense sedis [episcopus]» ([92]) et Froalengo, évêque de Porto ([93]). De plus, le notaire qui, en 905, est un diacre appelé Adulfo, serait en 906 le personnage nommé Possidonio, que nous avons rencontré dans plusieurs actes authentiques et dans quelques actes suspects.

4° *Acte d'Alphonse III, 10 août 908.*—Au diplôme du 20 janvier 905 nous serions tenté de rattacher également celui du 10 août 908, analysé par M. Vigil d'après deux copies, conservées à la cathédrale d'Oviedo «entre escrituras sueltas». En dehors de la donation d'une croix d'or,—laquelle fait songer à la fameuse «Croix des Anges», — le roi concéderait des «iglesias, »villas y lugares en Zamora, León, Coyanza, que es Valencia de »Don Juan, y en Asturias.» Or, des églises et des domaines situés à Zamora, Leon et Valencia de Don Juan sont mentionnés dans

---

([91]) Mais le chiffre de l'année du règne est resté le même, alors que le 11 avril 906 tombe non pas dans la trente-neuvième, mais dans la quarantième année du règne d'Alphonse III.

([92]) Au dire de Flórez, *Esp. Sagr.*, XXVI, p. 95, Fredulfo, évêque de *Osca* (Huesca? Oca?), serait le successeur probable de l'*episcopus Oecensis* appelé Juan, qui figure dans les actes du deuxième concile d'Oviedo (Sampiro, ch. 9) et dans l'acte de consécration de l'église de Compostelle (*Cat.*, n° 56).

([93]) Le diplôme du 30 novembre 905 est confirmé par un certain Froarengo, évêque de Coïmbre, que Flórez, *Esp. Sagr.*, XIV, pp. 85-86 a cru devoir attribuer à l'église de Porto.

l'acte de 905. Mais il va de soi que nous nous servons ici de renseignements trop vagues pour qu'il nous soit possible de formuler une opinion bien nette.

IV

REFAÇONS ET FALSIFICATIONS ANCIENNES (Suite)

§ I. CHARTES D'ALPHONSE II, RAMIRE Ier, ORDOÑO Ier ET ALPHONSE III POUR L'ÉGLISE D'IRIA-COMPOSTELLE ([94]).

1° *Privilegio de los Votos* (25 mai 844).

Le plus célèbre de tous les faux concernant l'église de Saint Jacques de Compostelle est assurément le *privilegio de los Votos*, attribué à Ramire Ier. Sur cet acte, il existe toute une littérature, fort abondante, assez curieuse, mais que l'on se contentera de rappeler d'un mot: si l'on voulait en effet dresser la bibliographie complète de ces productions tendancieuses, les analyser, les exposer, puis discuter les opinions émises depuis le XVIe siècle jusqu'à nos jours, et faire l'historique des procès auxquels a donné lieu le document incriminé ici, on écrirait sans peine un gros volume; ce qui n'empêcherait en aucune manière notre texte d'être une des supercheries les plus grossières qui soient ([95]).

La plus ancienne copie que l'on possède de ce prétendu diplôme de Ramire Ier date du XIIe ou du XIIIe siècle.

---

(94) Actes du 4 septembre 829, du 25 mai 844, de 854, de 862, du 6 mai 899 et de 899.

(95) M. López Ferreiro, le dernier historien de Compostelle, défend longuement l'authenticité de ce diplôme, dans son *Historia de la iglesia de Santiago*, II, pp. 83-146.

2° *Actes du 4 septembre 829, de 854 et de 862.*

Ces trois actes font partie d'un groupe de documents apocryphes, qui comprend en outre les diplômes des 29 janvier 915,
28 juin 924, 21 février 934 et 30 mars 1019 ([96]). Aux termes de
ces documents, que nous a conservés le *Tumbo A* de Compostelle, les rois asturiens Alphonse II et Alphonse III, les rois léonais Ordoño II, Fruela II, Ramire II et Alphonse V donnent ou
confirment à l'église de Saint Jacques trois, six, douze ou vingt-
quatre *millia* autour du tombeau de l'Apôtre.

Le moins qu'on puisse dire de la charte du 4 septembre 829,
c'est qu'elle a été écrite très postérieurement aux événements
qu'elle rapporte ([97]); et c'est qu'elle a été rédigée avec une insig-
ne maladresse. Les premiers mots *(Adefonsus rex. Per huius
nostre serenitatis iussionem, damus et concedimus huic beato Iacobo
apostolo et tibi patri nostro Teodomiro episcopo)* sont imités d'un
modèle correct; mais, aussitôt après avoir exprimé l'objet de la
donation *(tria milia in giro ecclesie beati Iacobi apostoli)*, le faussaire ouvre une parenthèse et commence le récit suivant: «Huius

---

([96]) López Ferreiro, *op. cit.*, app., nos xxxvii, pp. 82-85 *(Esp. Sagr.*,
XIX, pp. 349-352); xlvii, pp. 105-106 *(Esp. Sagr.*, XIX, p. 358); lv, pp. 119-
121 *(Esp. Sagr.*, XIX, pp. 362-364); lxxxvi, pp. 209-214.

([97]) Cf. Flórez, *Esp. Sagr.*, XIX, pp. 67-68 et López Ferreiro, *op. cit.*,
II, pp. 18-19. D'après Flórez, *loc. cit.*, p. 69, l'invention du corps de saint
Jacques serait antérieure à 814; d'après López Ferreiro, *op. cit.*, p. 19, cet
événement aurait eu lieu entre la fin de 812 et l'année 814. Mgr Duches-
ne, dans *Annales du Midi*, XII (1900), p. 178, place le fait vers 830 seulement; mais si l'on accepte cette dernière date—laquelle est d'ailleurs
aussi hypothétique que les autres—l'acte de 829 n'en est pas moins faux
pour cela et n'en a pas moins été rédigé de nombreuses années après
l'invention des restes de l'Apôtre.

»enim beatissimi apostoli pignora, videlicet sanctissimum corpus,
»revelatum est in nostro tempore», etc. (⁹⁸).

L'acte de 854, qui renferme une allusion précise à la donation
de 829 *(tria millia, que dive memorie predecessor meus dominus
Adefousus catolicus ad honorem eiusdem sanctissimi Apostoli con-
tulit)* et qui d'emblée porte à six milles l'espace concédé *(addo
alia tria milia ut sint sex milia integra)*, débute par une phrase
qui vaut qu'on la reproduise, même sans commentaire: «Mitti-
»mus tibi [Athaulpho episcopo] per hanc nostram preceptionem
»nostros pueros et familiares nuntios qui pro reverentia et ho-
»nore beatissimi Jacobi Apostoli, nostri et totius Hispaniae pa-
»troni», etc. (⁹⁹).

L'acte de 862 est une notice très courte (¹), où l'on se réfère,
non plus à la charte de 829 (c'était inutile, puisqu'elle avait déjà
été citée dans l'acte de 854), mais bien à ce dernier acte de 854
*(vidimus et pertractavimus et recoluimus ordinationem et cartam
eiusdem domini Ordonii gloriosissimi principis, per quam concessit
ad ipsum locum villas et in eis homines habitantes, de termino de
sex milibus ad infra).* Ajoutons que cette notice de 862 mention-

---

(⁹⁸) On signalera quelques ressemblances entre l'acte de 829 et le
Chronicon Iriense, lequel date du xiiᵉ siècle:

Charte de 829.	*Chronicon Iriense,* ch. 4. *Esp. Sagr.,* XX, p. 601.
Quod ego audiens, cum magna devocione et supplicatione ad adorandum... tam preciosum tesaurum... cucurrimus et eum... cum lacrimis et precibus multis adoravimus.	Et tota sponte cum summa reverentia venit causa orationis ad B. Jacobum Apostolum, et ibi cum lacrymis et assiduis orationibus, etc.

(⁹⁹) Comparer les mots *patronum et dominum totius Hyspaniae* de
l'acte de 829.

(¹) Et qui est passée inaperçue: on ne la cite ni dans le diplôme
de 915, ni dans celui de 934, ni dans celui de 1019.

ne la tenue d'une assemblée, d'un *concilium: (quam [cartam] Ade-fonsus rex... communi consilio tocius concilii confirmavit).* Or, la mention d'un *concilium* semble être un des clichés favoris des faussaires compostellans.

Dans les diplômes dont nous aurons désormais à nous occuper, il ne sera plus question des *tria* ou des *sex millia* ([2]) concédés à l'église de Saint Jacques. Au fait, que comportait cette concession? En 829, il est dit simplement: «damus et concedimus... »tria milia in giro ecclesie beati Iacobi Apostoli». En 854, on précise: «addo alia tria milia ut sint sex milia integra, ut *omnis »populus* qui ibi abitaverit serviat loco sancto.» En 862, nouveau ·détail: «vidimus... cartam... domini Ordonii... per quam concessit »ad ipsum locum *villas et in eis homines habitantes* de termino de »sex milibus ad infra.»—Les faussaires des diplômes de 915, 924, 934 et 1019 ont repris ou complété ces définitions ([3]).

([2]) Si les actes de Compostelle nous étaient tous parvenus, nous aurions peut-être à faire état d'une charte d'Alphonse III concédant *douze* milles à Saint Jacques. Cf. une charte d'Ordoño II du 29 janvier 915 (López Ferreiro, *Historia de la iglesia de Santiago*, II, app. xxxvii, pp. 82-85) et une autre charte d'Alphonse V, du 30 mars 1019 *(ibid.,* nº lxxxvi, pp. 209-214).

([3]) Cf. López Ferreiro. *Fueros municipales de Santiago y de su tierra,* I (Santiago, 1895, in-8), p. 53: «Dos cosas comprendía esta concesión [la de »las tres millas]: el régimen y señorío político de aquel territorio, y la »cesión de todos los censos y pechos que correspondían al Fisco, tanto »por razón de las personas, como por razón de las tierras. Además, de esta »manera la ciudad del Apóstol quedó como aislada y libre del contacto in-»mediato con otros señoríos.» Cf. du même, *Historia de la iglesia de San-tiago,* II, p. 30: «El Rey Casto no dió la propiedad de todo este territorio, »sino ciertos derechos jurisdiccionales que pueden reducirse á dos: 1.º, »el de percibir todos los tributos reales y personales, gravasen ora sobre »las personas, ora sobre las tierras, que se debían al fisco regio; y, 2.º, ad-»ministrar justicia, hacer efectivas las multas y ejecutar embargos sin »intervención alguna de toda persona extraña á la Iglesia.»

3° *Actes des 18 juin 866 et 30 juin 880.*

Ces deux documents, établis d'après un formulaire correct dans l'ensemble, sont étroitement apparentés entre eux; d'autre part, ils sont en relation avec tels actes portant des dates antérieures.

a) En 866, Alphonse III donne à l'évêque Adulfo II: 1° le «sanctissimum locum *patroni nostri sancti Iacobi Apostoli*»; 2° le siège épiscopal d'Iria; 3° le diocèse d'Iria.—En 880, Alphonse III donne à l'évêque Sisnando: 1° le siège d'Iria; 2° le diocèse d'Iria; 3° la «domum *sancti Iacobi Apostoli patroni nos- »tri.*» Donc, même dispositif de part et d'autre.

b) En 866, Alphonse III concède à Adulfo le siège d'Iria «quemadmodum illud habuerunt antecessores vestri Dominus Teodomirus et Dominus Athaulfus episcopus».—En 880, Alphonse III concède à Sisnando le diocèse d'Iria «sicut illud ob- »tinuerunt antecessores vestri dive memorie preteriti episcopi». Et comme, décidément, le vocable *concilium*,

c) En 866, il est question d'un *concilium* tenu à Compostelle peu avant la rédaction de l'acte; à propos du diocèse d'Iria, il est dit: «seu etiam diocesem quam hic in concilio notamus vel deli- »beramus».—En 880, il est à nouveau question d'une assemblée tenue peu auparavant: «secundum quod in concilio per collatio- »nem fuit deliberatum, concedimus vobis atque adfirmamus se- »dem Hiriensem». Et comme, décidément, le vocable *concilium*, qui apparaissait déjà dans l'acte de 862, semble familier aux scribes de Compostelle, les clauses finales de l'acte de 866 se termi- nent de la sorte: «ut qui adversarius de iusticia fuerit, illud acci- »piat quod *in concilio* dignus est accipere».

d) En 866, Alphonse III se recommande aux prières d'Adul- fo II et de son clergé: «pro nobis more solito orare non deficiatis »cum omni congregatione vestra».—En 880, même recomman- dation adressée à Sisnando: «sanctitatem vestram et omnium sa- »cerdotum ecclesiae Beati Iacobi precibus effragitamus, ut crebro »pro nobis orationi insistere non pigeatis».

e) En 866, tout au début de l'acte, allusion est faite au document de 862: «vel nos ipsi fecimus per ordinationem genitoris »nostri, que omnia scriptis firmavimus».—En 880, allusion est faite à l'acte de 866: «quod dudum per nostre praeceptionis »iussionem ibidem concessimus».

f) En 866, Compostelle est désignée en ces termes: «sanctissi-»mum locum patroni nostri», etc.—En 829, nous trouvons une expression analogue: «et Iriensem sedem cum eodem *loco sancto* »coniunximus».

On relèvera, pour finir, dans la charte de 880, un passage qui paraîtrait très tendancieux au critique le plus indulgent: «conce-»dimus vobis adque adfirmamus sedem Hiriensem, *ubi electus et* »*ordinatus estis pontifex*».

4° *Actes du 6 mai 899 et de 899.*

Les deux documents qui précèdent avaient peut-être pour objet d'établir les dates initiales du pontificat d'Adulfo II et de Sisnando Ier; les deux documents que nous allons examiner ont été forgés dans le but de commémorer le souvenir de la consé-cration de la basilique compostellane.

La charte du 6 mai 899, octroyée en présence des évêques et des comtes «in medio ecclesie Dei, die consecrationis templi», est intéressante à deux égards: d'abord, parce qu'elle résume plusieurs donations que les rois asturiens semblent avoir faites à l'église de Compostelle (4); ensuite, parce qu'elle contient une liste des évêques et des comtes qui auraient assisté à la cérémonie de la consécration (5). Mais il est clair que jamais pareil do-

---

(4) Voir les notes du n° 55 du *Catalogue d'actes.*

(5) Aucun des sept comtes nommés ici—à savoir, Pélage, Fruela, Lucidio, Nuño Núñez, Osorio, Erus et Gonzalve—ne saurait être identifié avec certitude, quoique les actes du deuxième concile d'Oviedo

cument n'a été rédigé sous le règne d'Alphonse III: il suffit de le lire pour acquérir, sur ce point précis, une conviction inébranlable.

L'acte de 899, sorte de procès-verbal, relate en un style étrange ([5]) la construction ainsi que la consécration du nouveau temple, bâti par Alphonse III, et il dénombre en outre les reliques déposées dans les divers autels. Alors que tous les documents étudiés jusqu'à maintenant (exception faite du *privilegio de los Votos*) proviennent du *Tumbo A* de Compostelle, celui-ci n'y figure point; c'est d'après un parchemin en écriture visigothique, conservé à la cathédrale d'Oviedo, qu'il a été publié pour la première fois par Castellá Ferrer. Mais pourquoi une copie de ce texte qui, au total, n'intéressait que Compostelle, avait-elle échoué aux archives de l'église d'Oviedo? Nous constatons le fait,

---

citent, parmi les comtes ayant assisté à la consécration de l'église de Compostelle, «Pelagius Breganciae Comes», et «Erus in Lugo comes». Quant aux évêques, il est plusieurs d'entre eux que nous avons déjà rencontrés (Nausto, évêque de Coïmbre; Sisnando, évêque d'Iria; Recaredo, évêque de Lugo), ou que nous rencontrons dans des documents certainement authentiques (Jacobo, évêque de Coria jusqu'en 905; cf. Flórez, *Esp. Sagr.*, XIV, pp. 59-60 et le diplôme d'Alphonse III pour Sahagun, 30 novembre 905). En revanche, nous ne connaissons que par cette charte du 6 mai 899 ou que par des textes suspects (notice de 899, *Cat.*, n° 56; diplôme d'Alphonse III du 30 juin 897, actes du deuxième concile d'Oviedo, etc.) les prélats dont les noms suivent: Teodomiro, évêque d'Idanha (ou de Vizeu; cf. Flórez, *Esp. Sagr.*, XIV, p. 151 et 318); Gomado, évêque de Vizeu (ou d'Idanha, d'après le *Chronicon Iriense*); Eleca, évêque de Saragosse (Risco, *Esp. Sagr.*, XXX, pp. 216-217); Argimiro, évêque de Lamego (Flórez, *Esp. Sagr.*, XIV, pp. 160-161).

([6]) V. de la Fuente, *Historia eclesiástica de España*, 2ª éd., III, p. 134 et pp. 135-136. Ayant constaté que certains passages sont écrits en vers, ou mieux en prose rimée, l'auteur pense, p. 136, que «de un poema sobre »la consagración de la Basílica Compostelana se hiciese un inofensivo »diploma para acreditar con la firma del Rey y de los Obispos lo que »no podía testificar el poeta».

sans pouvoir l'expliquer; et nous constatons aussi que Pélage a dû se servir de notre texte, d'abord pour rédiger un passage des actes du deuxième concile d'Oviedo (7), ensuite pour insérer dans le *Liber Chronicorum* une notice partiellement analogue à l'acte compostellan de 899 (8).

On notera, en outre, avec Vicente de la Fuente (9), que le nombre des évêques présents à Compostelle, le jour où le nouveau temple fut consacré, est, d'après cet acte de 899, double de celui que nous fournit le diplôme du 6 mai de la même année; inutile d'ajouter que, parmi ces nouveaux venus, plusieurs semblent assez problématiques (10); on notera enfin que, de l'un à

(7) Sampiro, ch. 9, *Esp. Sagr.*, XIV, pp. 442-443. L'ordre suivi pour l'énumération des évêques est notamment le même dans les deux textes.

(8) Cette notice est analysée par Risco, *Esp. Sagr.*, XXXVIII, p. 100 (texte, pp. 371-372). Aussitôt après sa nomination, Pélage d'Oviedo aurait procédé à la réfection partielle de son église; il aurait, entre autres choses, reconstruit les autels, lesquels furent « dedicados al »Salvador del mundo [899: *in altare sancti Salvatoris*], á los Apóstoles »Pedro y Pablo [899: *in altare quoque dextro... sunt reliquiae, id est sanc-»torum Petri et Pauli Apostolorum*], á San Juan Apóstol y Evangelista »[899: *in altare II sancti Ioannis Apostoli et Evangelistae*], á San Nico-»lás Obispo, etc. Concluyese esta relacion pidiendo á los fieles y Sacer-»dotes que hiciesen oracion en los referidos altares, y se empleasen en »cantar salmos y en celebrar los divinos misterios, no dexasen de hacer »memoria dia y noche del Obispo Don Pelayo... » [899: *Tu quoque, meus Sisnande, sedis apostolicae pontifex, preces iubeas fundere Christo ut post corpus depositum concedat mihi veniam et requiem aeternam, amen*].

(9) V. de la Fuente, *Historia eclesiástica de España*, 2ª éd., III, p. 135.

(10) Si l'on excepte Hermenegildo, évêque d'Oviedo (Risco, *Esp. Sagr.*, XXXVII, pp. 225-227), Teodomiro, évêque de Vizeu, et Teodesindo, ou mieux Rosendo, évêque de Mondoñedo, seul cet acte de 899 ou des textes non moins suspects, tels que le diplôme du 5 septembre 897 et le deuxième concile d'Oviedo, mentionnent: Juan, évêque de Huesca? (La Fuente, *op. cit.*, III, p. 135); Vicente, évêque de Leon (Risco, *Esp. Sagr.*, XXXIV, pp. 155-158); Gomelo, évêque d'Astorga (Flórez, *Esp. Sagr.*,

l'autre de ces deux actes de 899, tels évêques ont changé de siège (¹¹).

§ 2. CHARTES D'ALPHONSE II ET D'ALPHONSE III CONCERNANT LES ÉGLISES DE LUGO ET DE BRAGA (¹²).

Les sept actes qui concernent l'église de Lugo et, par incidence, celle de Braga, sont tous apocryphes, et cela n'a pas besoin d'être démontré, le fond étant aussi inacceptable que la forme. Il convient toutefois de donner quelques renseignements sur la teneur et l'origine de ces faux.

1° *Acte de 831.*

C'est un simple extrait, plus ou moins fidèle, du diplôme du 1ᵉʳ janvier 841, lequel sera étudié ultérieurement (¹³).

XVI, pp. 124-126); Dulcidio I, évêque de Salamanque (Flórez, *Esp. Sagr.*, XIV, pp. 279-280); Argimiro, évêque de Braga (La Fuente, *op. cit.*, III, p. 135); Diego, évêque de Tuy (Flórez, *Esp. Sagr.*, XXII, pp. 38-40); Egila, évêque d'Orense (Flórez, *Esp. Sagr.*, XVII, pp. 58-60).

(¹¹) Les «Teodemirus Egitaniensis episcopus», «Gomadus Viseensis »episcopus» et «Argimirus Lamecensis episcopus» du diplôme du 6 mai 899, deviennent ici: «Theodemirus Vesensis», «Gumaedus Portucalensis» et «Argimirus Bracharensis.»

(¹²) Actes de 831 (?) et des 27 mars 832, 27 avril 832, 28 janvier 835, 1ᵉʳ janvier 841, 30 juin 897, 6 juillet 899.– Noguera, *Ensayo cronológico*, dans Mariana, *Historia de España*, éd. de Valence, III, p. 422 et p. 430, a suspecté l'authenticité des actes du 27 avril 832 (qu'il date de 745), du 27 mars 832 et du 1ᵉʳ janvier 841.

(¹³) La notice de 831 n'a pas été servilement copiée sur le diplôme de 841, mais les variantes ne valent pas qu'on les relève.

2° *Charte du 27 mars 832.*

On sait, fort mal d'ailleurs, qu'à la fin du xie et au début du xiie siècle, deux évêques de Lugo, Amor (1088-1095) et Pedro II (1095-1113), refusèrent de reconnaître l'autorité du nouveau métropolitain de Braga et revendiquèrent hautement pour leur église la dignité de métropole [14]. En cela, ils n'imitaient guère l'exemple de leur prédécesseur, Vistrario (1060-1086), qui s'était activement employé, dit-on, à la restauration temporelle et spirituelle de Braga [15]. Après diverses péripéties, l'évêque de Lugo, Pedro II, fut contraint de se soumettre, lors du concile de Palencia, lequel se tint du 5 au 8 décembre 1100, sous la présidence du cardinal Richard, légat pontifical [16]. Mais cette soumission ne mit nullement fin au conflit: Calixte II (1119-1124) intervint à son tour, paraît-il [17]; et c'est seulement, affirme-t-on, sous le pontificat d'Alexandre III (1159-1181) que la querelle se termina de façon définitive [18].

On sait d'autre part, — et nous l'avons déjà dit, — que les églises

---

[14] Risco, *Esp. Sagr.*, XL, p. 190 et pp. 200-201. — Risco fait état d'une histoire manuscrite de l'église de Braga, écrite par Gerónymo Roman, — lequel fut un des plus intrépides faussaires espagnols du xvie siècle.

[15] Risco, *op. cit.*, pp. 180-181.

[16] Consulter F. Fita, *El concilio nacional de Palencia en el año 1100...*, dans *Bol. de la R. Acad. de la Hist.*, XXIV (1894), pp. 215-226. Dès le 28 décembre 1099, Pascal II avait expédié une bulle enjoignant à tous les évêques d'Espagne de reconnaître l'autorité du nouvel archevêque de Braga, saint Géraud (Fita, *loc. cit.*, pp. 216-217).

[17] Voy. une bulle singulière, et non datée, publiée par U. Robert, *Bullaire du pape Calixte II*, II (Paris, 1891, gr. in-8), n° 428, pp. 235-236; Jaffé-Loewenfeld, n° 7090.

[18] Risco, *Esp. Sagr.*, XL, p. 201.

de Lugo et d'Oviedo se disputèrent jusqu'au concile de Salamanque de 1154 la juridiction d'un certain nombre de paroisses
galiciennes.

Or, le dispositif de la charte du 27 mars 832 se compose de
deux parties: dans la première, le donateur, soit Alphonse II,
concéderait à l'église et à la ville de Lugo les villes et diocèses
de Braga et d'Orense, en d'autres termes ferait de Lugo la métropole de la Galice ([19]). Dans la seconde partie du dispositif, il
déclarerait, entre autres choses, que s'il donne à l'église et à la
ville de Lugo les villes et diocèses de Braga et d'Orense, que si,
par conséquent, il érige l'église de Lugo en métropole de Galice,
c'est pour dédommager ladite église de Lugo de la perte de diverses paroisses galiciennes, cédées au siège d'Oviedo ([20]).

Pareille supercherie n'a pu être commise qu'à l'époque où
l'évêque de Lugo contestait à celui de Braga le titre de métro-

---

([19]) *Esp. Sagr.*, XL, p. 371: «Huic ego jam supradictus Adefonsus
»ecclesiae S. Mariae seu urbi Lucensi caeteras dono et concedo civita-
»tes, Bracharam scilicet metropolitanam et Auriensem urbem, quae om-
»nino a paganis destructae esse videntur et populo et muro, et non
»valeo eas recuperare in pristino honore. Has itaque urbes seu sibi sub-
»ditas provincias, cum ecclesiis S. Reginae, concedo Virginis Mariae Lu-
»censis sedi, ut pontificalem ab ipsa accipiant ordinem seu benedictionem
»quam ipsae caruerant, peccato impediente, et reddant debitum censum
»secundum decreta canonum eidem ecclesiae, id est tertiam partem.»

([20]) *Ibid.*, pp. 371-372: «Ab ipsa vero Lucensi civitate necessitate
»compulsus, terras et provincias Sancti Salvatoris Ovetensis concedo
»ecclesiae, quae ante fuerant subditae Lucensi ecclesiae, per cuncta
»saeculorum tempora. Haec sunt autem nominatae proviciae, *etc.* Has
»itaque provincias, quae populatae sunt in diebus domini Adefonsi ma-
»joris et nostris et quae fuerant subditae civitati Lucensi, Sancti concedi-
»mus Salvatoris Ovetensis ecclesiae, *ex parte ecclesias, non quidem omnes...*
»Dantes et concedentes pro integratione Lucensi urbi pro istis ecclesiis
»praedictas civitates Bracharam et Auriensem cum suis provinciis et
»familiis», etc.

politain ([21]) et où, d'un autre côté, l'évêque de Lugo contestait à celui d'Oviedo la juridiction des paroisses galiciennes en litige, c'est-à-dire entre 1088 et 1154. Resterait à fixer avec plus de précision la date de ce faux.

On possède encore l'original supposé du document; il est en écriture visigothique et il semble bien qu'il émane d'un scribe de la fin du xiᵉ siècle. Si tel était certainement le cas, non seulement nous serions en droit de croire qu'il avait été forgé avant le concile de Palencia de 1100, mais encore nous serions sûr que, dès les dernières années du xiᵉ siècle, les églises de Lugo et d'Oviedo étaient entrées en conflit ([22]). Le malheur est qu'en matière de paléographie galicienne il importe d'être très prudent, car l'écriture visigothique n'a disparu de Galice que postérieurement à 1120 ([23]). Des caractères externes du pseudo-original on ne peut donc tirer aucune conclusion bien certaine; l'examen de la teneur de l'acte nous fournira-t-il des indices moins vagues?

Dans ce diplôme du 27 mars 832, nous voyons l'église de Lugo composer, du moins en apparence, avec celle d'Oviedo: il est stipulé, en effet, que les paroisses contestées dépendront au spirituel de l'église de Lugo, mais que c'est à l'église d'Oviedo qu'elles payeront, sinon toutes, du moins presque toutes, le cens

---

([21]) Il serait intéressant de savoir si quelque évêque de Lugo du ixᵉ siècle a réellement porté le titre d'archevêque. Voir les remarques très judicieuses de Flórez, *Esp. Sagr.*, XV, pp. 175-177.— Il faudrait savoir également pourquoi le faussaire accole au nom de Braga celui d'Orense. Nous n'avons pas connaissance du moindre litige où ce dernier évêché ait été en jeu.

([22]) Nous ignorons la date initiale de ce conflit.

([23]) Se reporter, notamment, aux exemples que nous avons cités dans la *Revue des Bibliothèques*, X (1900), p. 24 (charte de 1124), p. 25 (charte de 1120), p. 26 (chartes de 1123 et 1128).— M. A. Martínez Salazar a même signalé dans *Galicia histórica*, p. 791, n. 1, une donation de l'année 1234 «escrita en caracteres visigóticos con alguna influencia de la letra »francesa.»

ecclésiastique ([24]). Étant donné cette clause, ne pourrait-on pas supposer que l'évêque de Lugo, au cours de sa querelle avec le métropolitain de Braga, a désiré obtenir l'appui moral de l'évêque d'Oviedo et que, dans ce but, il lui a accordé les avantages, d'ailleurs restreints ([25]), que mentionne le diplôme de 832? Si cette hypothèse était recevable, notre acte serait antérieur à 1101, —date à laquelle Pélage prit possession du siège d'Oviedo ([26]),— car Pélage a toujours soutenu des théories absolument contraires à celles que le diplôme de 832 expose en termes si naïfs.

Au demeurant, la question qui se pose est celle-ci: les actes des conciles d'Oviedo sont-ils une sorte de réplique au diplôme de 832? Est-ce au contraire ce diplôme de 832 qui constitue une sorte de riposte aux actes desdits conciles? Sans essayer de conclure,—le problème ne nous parait pas comporter de solution absolument inattaquable ([27]),—nous allons signaler les contradictions flagrantes qui existent entre la charte attribuée à Alphonse II et les documents sortis de l'officine de Pélage.

a) Le faussaire de l'acte de 832 prétend qu'Alphonse II érigea l'église de Lugo en métropole. Or, d'après les canons du premier concile d'Oviedo, l'église d'Oviedo aurait été érigée en

---

([24]) *Esp. Sagr.*, XL, p. 372: «Et quia longe positae sunt ab Ovetensi »sede, ideo nobis visum est et rectum ut benedictionem et omnem epis- »copalem ordinem a sede recipiant Lucensi, dentque censum omnem »ecclesiasticum Sancto Salvatori, ex ipsis ecclesiis supra nominatis, *non »pene ex omnibus.*»

([25]) On n'aura pas manqué de remarquer les expressions: «ex parte »ecclesias, non quidem omnes» et «ex ipsis ecclesiis supra nominatis, non »pene ex omnibus».

([26]) Du 29 décembre 1098 à 1101, Pélage fut sans doute coadjuteur de l'évêque Martin Ier (Risco, *Esp. Sagr.*. XXXVIII, p. 99). Toutefois il est peu probable que, dès 1098, il ait manifesté ses opinions.

([27]) Nous serions néanmoins porté à croire que l'acte de 832 est postérieur aux élucubrations de Pélage; à ce point de vue, voir ci-dessous les alinéas *c* et *d*.

métropole précisément sous le règne d'Alphonse II ([28]). Pélage
ne conteste d'ailleurs pas que l'église de Lugo ait été jadis métropolitaine; mais il déclare très nettement, au canon 4, qu'elle
ne l'est plus; bien plus, il affirme qu'Oviedo l'est devenue à sa
place ([29]).

b) Le faussaire de l'acte de 832 stipule, répétons-le, que les
paroisses galiciennes en litige relèveront au spirituel de l'évêché
de Lugo, mais qu'elles payeront—non pas toutes cependant—le
cens ecclésiastique à l'église d'Oviedo; en outre, il prévoit le cas
où ces paroisses pourraient faire retour à l'église de Lugo ([30]): il
y a là une restriction et une allusion très clairement exprimées ([31]).
—Pélage, tant dans les actes du deuxième concile d'Oviedo que
dans les chartes de 791-842 et du 20 avril 857, attribue résolument ces paroisses à l'église d'Oviedo, sans faire la moindre allu-

---

([28]) Risco, *Esp. Sagr.*, XXXVII, pp. 295-296: «... nos hic subscripti
»pontifices... rege [Adephonso Casto] praesente et universali Hispanien-
»sium concilio nobis favente, Ovetensem urbem metropolitanam eligimus
»sedem.»

([29]) *Esp. Sagr.*, XXXVII, p. 297: «... quae quidem sedes metropoli-
»tana [sedes Ovetensis] ex Lucensi sede archiepiscopali est translata.
»Lucensis namque sedes, prius metropolitana, Bracarae fuit deinde
»subdita: Bracara vero a genti[li]bus destructa, Lucensis sedes in conci-
»lio sancto Ovetensi archiepiscopo pio est subdita.»

([30]) *Esp. Sagr.*, XL, p. 372: «tali tenore scripturae firmitatis, ut si,
»auxiliante Deo, post nos civitates supradictae, quae destructae esse vi-
»dentur, a Christianis fuerint possessae et ad proprium redierent decus,
»ut Lucensi ecclesiae suae provinciae supra nominatae restituantur et
»unicuique civitati similiter, quia dedecus est, quod nunc pro animarum
»salute necessitate compulsi facimus, ut post nos ecclesiae divaricatae
»inter se litigent.»

([31]) On dirait que le rédacteur de cette phrase pressentait le règle-
ment de 1154 qui,—Braga et Orense ayant été repeuplées depuis longtemps et, depuis longtemps aussi, respectivement dotées d'un archevêque et d'un évêque,—attribua à l'église de Lugo les paroisses galiciennes
contestées.

sion ni à l'autorité spirituelle de l'évêque de Lugo, ni à une restriction quelconque ([32]).

c) Le faussaire de l'acte de 832 écrit, sans motif apparent,
tout à la fin du dispositif: «et ipsam sedem Ovetensem feci
»mus eam et confirmamus pro sede Britoniensi, quae ab His
»maelitis est destructa et inhabitabilis facta» ([33]). — Pélage a
tenté d'établir que l'évêché transféré au ixe siècle à Oviedo était,
non point celui de Bretoña, mais bien celui de Lugo des Asturies.

d) Le faussaire de l'acte de 832 écrit, immédiatement avant la
date: «et haec scriptura, quam *in concilio* edimus et deliberavi
»mus», etc. ([34]) S'il n'a pas connu et voulu réfuter les actes du
deuxième concile d'Oviedo, quelle raison avait-il de mentionner
ici la tenue d'un concile?

Trois remarques, pour finir.

a) Tout ce qui, dans l'exposé, concerne l'usurpation de Mauregato, les victoires d'Alphonse Ier, l'établissement à Oviedo de
la capitale du royaume asturien, la construction par Alphonse II
de l'église cathédrale d'Oviedo, enfin la révolte de Mahmoud de
Mérida (laquelle se place d'ailleurs, non pas vers 832, mais au

---

(32)   A remarquer, incidemment, que la charte de 832 et les actes du
deuxième concile d'Oviedo énumèrent les susdites paroisses galiciennes
sensiblement dans le même ordre.

(33)   Ces mots ont fourni à Flórez, *Esp. Sagr.*, XVIII, pp. 21-26, le sujet
d'une courte dissertation. L'auteur a voulu prouver que si la ville de
Bretoña était devenue inhabitable, il y eut cependant des évêques de
Britonia.

(34)   V. de la Fuente, *Historia eclesiástica de España*, 2e éd., III,
pp. 127-129, s'est servi de ce diplôme de 832 et de celui de 841 pour
démontrer la fausseté du concile d'Oviedo de 812; p. 128, à propos des
quelques mots que nous venons de reproduire, il va même jusqu'à
formuler cette hypothèse: «¿Sería que hubiese entónces algún concilio
»en 832, y sobre las actas de este verdadero se fraguára el apócrifo
»de 812?»

mois de mai 840) (³⁵), tout cela est sinon copié dans la Chronique dite d'Alphonse III, du moins inspiré d'elle. Exemples:

Charte de 832.	*Chronique a'Alphonse III.*
Esp. Sagr., XL, p. 369.	Éd. Z. García Villada.

Postquam... regni totius Galle-ciae et seu Hispaniae suscepi culmen, quod *fraude* Mauregati *calide* amiseram.	Ch. 19. Sed pracuentus *fraude* Maurecati [Adefonsus]... a regno deiectus... Maurecatus autem regnum, quod *callide* inuasit, etc.

Ibid., p. 370.

Placuit animo meo ut *solium regni Oueto firmarem* et ibi ecclesiam *construerem* in honorem S a n c t i Salvatoris.	ch. 21. Iste p r i u s *solium regni Oueto firmauit.* Basilicam quoque in nomine Redemptoris nostri, Salvatoris Iesu Christi, miro *construxit* opere.

Ibid., p. 370.

Accidit ut *quidam* rebellis *fugiens* ante *faciem* Abderrahman regis ab Emerita civitate, nomine Mahamut, veniret ad me, et pietate regia *susceptus est* a me, ut in eadem provincia Galleciae *commoraretur,* etc.	ch. 22. Subsequente itaque huius regni tempore, adueniens *quidam* uir nomine Mahmuth *fugitiuus* a *facie* regis spaniensis Abderrahman, cui rebellionem diuturnam iniecerat, ciuis quondam emeritensis, *susceptus est* clementia regia in Gallecia; ibique per septem annos *moratus est,* etc.

b) L'acte est souscrit par trois évêques: Adulfo, Deoderedo et
Leolalio, qu'il serait téméraire de tenter d'identifier (³⁶).

(³⁵) Dozy, *Recherches,* 3ᵉ éd., I, p. 140. Notons que Dozy écrivait:
l'authenticité «de ce document [de 832] me parait fort contestable.»

(³⁶) D'après Risco, *Esp. Sagr.,* XL, p. 114, Adulfo ne serait autre que
l'évêque qui aurait occupé le siège de Lugo de 811 environ à 832 (voy.
op. cit., pp. 111-115). Mais cette assertion ne peut être contrôlée.

c) Ajoutons que ce faux a été utilisé par le rédacteur du Catalogue ancien des évêques de Lugo (xii⁰ siècle) (³⁷).

3° *Chartes d'Alphonse II, 27 avril 832 et 28 janvier 835.*

Par cet acte du 27 avril 832, Alphonse II déciderait le repeuplement de la ville et déterminerait les limites du diocèse de Braga (³⁸). Mais un mois auparavant, jour pour jour, le susdit Alphonse II était censé dire: «et concedo civitates Bracharam sci->licet metropolitanam et Auriensem urbem, quae omnino a pa->ganis destructae esse videntur, et populo et muro, *et non valeo* >*cas recuperare in pristino honore.*» Notons encore que non seulement cet acte, ou mieux cette notice, du 27 avril 832 est rédigé

(³⁷) Le Catalogue ancien des évêques de Lugo, publié par Risco, *Esp. Sagr.*, XL, app. xxx, pp. 426-427, s'arrête à Pedro II (1095-1113). Il est donc vraisemblable qu'il fut rédigé sous l'épiscopat dudit Pedro, et cela est d'autant plus intéressant que le diplôme du 27 avril 832 a peut-être été forgé sur l'ordre de ce personnage. On lit, *loc. cit.*, p. 426: «Adaulfus vero, suscepta vice prelationis, facta commutatione inter Ove->tensem et Lucensem ecclesiam ex quibusdam parrochiis pro Auriensi >et Bracharensi ecclesiis, quae tunc temporis destructae erant, interve->niente rege A., pro tributis parrochiarum more pacifico benedictionem >et earumdem parrochias obtinuit; quin etiam tributa per manum sui >vicarii, quantum inter eos de commutatione facta ita legitur, >quod eodem confirmavit; ita tamen ut si quando Auriensis seu Bracha->rensis ecclesiae ad pristinum honorem revocarentur, Lucensis ecclesia >jura comitatu suae potestati vindicaret.» On observera qu'il est fait allusion ici à un accord passé entre les églises de Lugo et d'Oviedo.

(³⁸) Le peuplement de Braga n'a été opéré que par Alphonse III, antérieurement à 877. Cf. Chronique d'Albelda, ch. 62: «Ejus tempore >ecclesia crescit et regnum ampliatur. Urbes quoque Bracharensis, Por->tucalensis... a Christianis populantur... Parvoque procedente tempore, >era DCCCCXV...»

en un style singulier (³⁹), mais que, de plus, il est confirmé à la fois par des évêques imaginaires, tels que Jubario et Fredosindo (⁴⁰), et des prélats, tels que Sisnando de Compostelle et Justo de Porto (⁴¹), qui n'ont vécu que sous le règne d'Alphonse III.

S'il faut en croire la charte hybride du 28 janvier 835,—nous disons hybride, car elle est formée de deux morceaux, mal soudés entre eux, une notice et un acte semi-solennel de donation (⁴²),—ce n'est qu'en 835 qu'Alphonse II aurait fait procé-

---

(³⁹) Exemples: «Sed plurimorum manet notissimum eo quod tem-»poribus persecutionis in partibus Hispaniae atque Gallaetiae fuerunt »multas urbes atque provincias destructas a paganis esse videntur: dum »venit elegans imperator sanctissimus Adefonsus, *etc.*—Haec vero con-»sumptum, intervenit ad civitas Brachara, quae prius metropolita nos-»cuntur, sicut in libris antiquitas Patris Sancti praestaverunt.»

(⁴⁰) Flórez, *Esp. Sagr.*, XV, pp. 168-169, cite un évêque de Braga nommé Fredosindo et il le place en 745. Sur ce personnage, Flórez n'a connu qu'un seul document, et c'est la charte qui nous occupe. Mais cette charte, il ne l'a connue que par une analyse due à Gerónymo Roman, dans son histoire, restée manuscrite, de l'église de Braga: or Roman, qui n'avait pas pu lire la date «por estar muy comida», avait très inexactement analysé l'acte. Qu'on en juge: «... *el Rey D. Alfonso el Ca-*»*tholico en el año septimo de su reynado* trató volver à poblar las Ciudades »que estaban destruidas: y... dió este cargo à Fridesindo, Arzobispo de »Braga», etc., etc. Ainsi s'explique l'erreur de Flórez, autrement dit la date de 745.

(⁴¹) Sur Justo, voir Chronique d'Albelda, ch. XI; cf. Flórez, *Esp. Sagr.*, XXI, pp. 35-36.

(⁴²) Dans Argote, l'acte débute ainsi: «Adefonsus rex vobis patri »Froilano episcopo secundum quod Deo auxiliante temporibus nostris »plurimas etiam civitates in partibus occidentis. In aera DCCCᵃLXXᵃIIIᵃ, »vᵒ kls. februarii», etc. Suit le texte de la notice, qui se termine par: «et hoc termino ei constitutum est quod ei non praeteriri non potest.» Après quoi, viendrait la donation proprement dite, laquelle commence-rait par la phrase qui se trouve déjà en tête de l'acte, soit: «Adefonsus »rex vobis patri Froilano episcopo», etc. Le texte a été sans doute mal imprimé, et l'acte doit débuter par la date.

6

der à la délimitation du diocèse de Braga ([43]); de plus, Alphonse II aurait, en 835, confirmé à l'évêque de Lugo Froylan ([44])
la donation du diocèse de Braga ([45]). Il nous paraît inutile de relever les contradictions que notre document présente avec l'acte
du 27 avril 832; mais nous remarquerons qu'il est souscrit,
comme ce dernier, par des contemporains d'Alphonse III, à
savoir, Nausto et Froarengo ([46]).

A quelle époque a-t-on forgé ces pièces, qui du reste semblent anciennes? On l'ignore, car Argote, qui seul nous les fait
connaître, ne donne aucun renseignement sur leur provenance.

---

(43) Les limites que fixe le document de 835 ne seraient-elles pas
plus étendues que celles qu'indique la notice de 832? Ce serait là un
point à vérifier; en tout cas, une simple lecture montre qu'il y a divergence entre les deux textes.

(44) Froylan, évêque de Lugo à partir de 835 (c'est-à-dire à partir de
la date de notre charte), s'il faut en croire Risco, *Esp. Sagr.*, XL,
pp. 115-118.

(45) L'acte de 835 contient une phrase qui est amphibologique: «Ipsa
»civitas metropolitane sedis Braccare, quam non dudum concessimus
»per seriem scriptura *ad antecessori vestro patri Froylani episcopi et ad
»ipsa sedis Lucense*, ita et nos modo concedimus ipsam sedem jam supra
»nominatam ubi jam prius caput fuit, ad locum Sanctae Mariae Lucensi
»sedis et ad vos pontifex Froylanus episcopus», etc. Les mots imprimés
en italique signifient-ils: «à votre prédécesseur, l'évêque Froylan, et à
»l'église de Lugo», ou bien: «à votre prédécesseur, ô évêque Froylan, et
»à l'église de Lugo»? Si l'on adopte la première version, Alphonse II
aurait concédé une première fois cette ville de Braga à un évêque de
Lugo nommé Froylan; puis le même Alphonse II aurait confirmé la possession de la même ville à un autre évêque de Lugo, successeur du
susdit Froylan, mais appelé Froylan lui aussi. Cela est simplement
absurde. Si l'on préfère la seconde version, l'acte contient alors une
allusion très claire au diplôme du 27 mars 832.

(46) Noter, en outre, que les souscriptions de cet acte de 835, ou du
moins une bonne partie d'entre elles, sont empruntées à une notice
du 28 septembre 911 *(Port. Mon. Hist. Dipl. et chartae,* I, n° XVII,
pp. 11-12), laquelle était conservée également aux archives de l'église
de Braga.

4° *Charte d'Alphonse II, 1er janvier 841.*

Le dispositif de ce diplôme comporte une longue énumération de domaines soi-disant donnés par Alphonse II à l'église de Lugo. Ce dispositif présente quelques analogies avec celui d'une charte apocryphe que l'on attribue à l'évêque Odoario et que l'on date du 15 mai 747 (⁴⁷): c'est ainsi, par exemple, que plusieurs noms de lieu se retrouvent de part et d'autre (⁴⁸) et que l'on prend soin d'indiquer, dans l'acte de 841, que tel ou tel domaine a appartenu audit évêque Odoario (⁴⁹). Mais, pour peu que l'on y regarde de près, ces ressemblances ne sont guère intéressantes, car le faussaire écrit, sans ambages, au nom du roi Alphonse II: «ac restitui quod fuerat ante possessum a rectoribus »ejusdem ecclesiae... similiter etiam et a glorioso viro Odoario, »ejusdem sedis archiepiscopo».

Il est une autre catégorie d'emprunts mieux dissimulés, mais cependant très visibles: ce sont ceux que l'on a faits au diplôme du 27 mars 832 (⁵⁰).

(⁴⁷) Publiée par Risco, *Esp. Sagr.*, XL, app. x, pp. 356-361. Odoario aurait été évêque — ou archevêque — de Lugo de 740 à 786. Cf. Risco, *op. cit.*, pp. 89-105.

(⁴⁸) Alphonse II concéderait notamment, après Odoario, le monastère de San Esteban de Atan, avec ses dépendances (San Pedro de *Corvasia*, Santa Maria — ou Marina — de Villaquinte, San Julian de *Ageredo*, Santa Cecilia et Santa Eolalia de Licin), ainsi que le monastère de Santa Maria de Amandi.

(⁴⁹) *Esp. Sagr.*, XL, p. 375: «quod monasterium [S. Stephani] in pri- »mis de escalido rure venerabilis Odoarius sedis praefate episcopus »apprehendit ac propria familia radicavit.» *Ibid.*, p. 376: «ecclesia S. Pe- »tri de Corvasia vobis restituimus... cum ipsa villa de Corvasia... et eam »obtinuit imprimis dominus Odoarius episcopus et est modo destructa.» *Ibid.*, p. 377: «vobis confirmo ecclesias omnes in eodem territorio Savi- »niano, quas prehendit dominus Odoarius episcopus imprimis.»

(⁵⁰) En dehors de ces emprunts, nous signalerons le détail suivant: dans cette charte du 1er janvier 841, nous voyons Alphonse II concéder

a) L'exposé du diplôme de 832 contient, entre autres choses, une brève mention relative à l'usurpation de Mauregato et à l'établissement de la cour à Oviedo, ainsi qu'un long récit de la révolte de Mahmoud de Mérida.—Ici, on a cru bon de rappeler ces événements: «post peractam victoriam de inimicis, Mahamut »videlicet interempto ac regni mei solio Oveto firmato».

b) Le diplôme de 832 renferme, tout au début de l'exposé, une allusion transparente au concile apocryphe de Lugo de 569 ([51]): «et placuit mihi ut principatum totius Galleciae ipsa »Luco obtineret civitas, in qua ecclesia sancta Dei genitrix ob-»tinuerat principatum ab antiquo ante ingressum Sarracenorum »in Hispania, *tempore pacis*».—Le diplôme de 841 insiste sur ce que le diplôme de 832 indique simplement; d'abord, il est dit: «sequens principum priorum vestigia, pristinam restituo funtio-»nem ab antiquis principibus eidem ecclesiae Lucensi condona-»tam»; puis l'on évoque de la façon la plus claire le souvenir du concile de 569: «ac restitui quod fuerat ante possessum a recto-»ribus ejusdem ecclesiae, id est, a venerabilissimo Nitigio ([52]), »*qui archiepiscopatum primus in eadem tenuit urbe* plurimis annis, »*temporibus Theodomiri regis;* similiter etiam et a glorioso viro »Odoario... et a ceteris videlicet episcopis sunt possessae tricenis »et centenis annis». Enfin, dans les dernières phrases du disposi-

---

à l'église de Lugo diverses églises sises au territoire de Asma, de Sabiñan et *in litore Sardinaria*. Or Asma, Sabiñan et Sardinaria sont cités, le 27 mars 832, parmi les «provinciae» attribuées à l'église d'Oviedo.

([51]) Sur les actes des conciles de Lugo, et spécialement sur ceux du concile de 569, voir Flórez, *Esp. Sagr.,* IV, pp. 130-176, qui combat leur authenticité, et Risco, *op. cit.,* XL, pp. 229-284, qui tente de les défendre; jusqu'à nouvel ordre, on doit s'en tenir à l'argumentation de Flórez. Ajouter d'ailleurs que ces conciles de Lugo ont pour objet de démontrer, —tout comme les diplômes de 832 et de 841,—que l'église de Lugo fut, à un moment déterminé, érigée en métropole.

([52]) Sur Nitigio, ou mieux Nitigisio, évêque — ou archevêque — de Lugo, de 561 environ à 585, cf. Risco, *Esp. Sagr.,* XL, pp. 66-76.

tif, le faussaire, perdant toute prudence, s'exprime ainsi: «ut
»honorem et omnem ecclesiastici ordinis decus, quem ipsa ca-
»ruerat Brachara, ad Lucensem transferre[m] ecclesiam, quae
»illibata steterat tempore persecutionis, et sicut *in tempore pa-*
»*cis*, in diebus videlicet Theudamiri seu Ranemiri, jam electione
»omnium magnatum ejusdem provintiae praesulatum acceperat
»summum».

c) Signalons enfin quelques rapports de texte indéniables entre
ces deux diplômes de 832 et de 841.

<table>
<tr><td align="center">841</td><td align="center">832</td></tr>
</table>

α) *Esp. Sagr.*, XL, pp. 377-378.

α) *Esp. Sagr.*, XL, p. 371.

Ajicimus vero in hoc nostro privilegio scripturae, *auctoritate* etiam
sedis apostolicae sancti Petri communitus, necnon sacrorum canonum *fretus* auxilio, ubi nobis permittitur, ut *sedes* seu ecclesias ab
incredulis *destructas ad tutiora* seu
utiliora *loca* transmutari debeamus,
ne deleatur omnino christianitatis
nomen.

Haec nempe facio pro salute animarum omnium, *auctoritate* cano-
nicali *sedis apostolicae fretus*, ut
ecclesiae aut *sedes destructae* a paganis aut a persecutoribus auctoritate regali seu pontificali *ad alia tutiora* transferantur *loca, ne* christiani *nominis* decus devacuetur.

β) *Esp. Sagr.*, XL, p. 378.

β) *Esp. Sagr.*, XL, p. 371.

...quia, peccato impediente, sedis metropolitana Brachara *a paganis* est *destructa,* et ad nihilum omnino redacta, *et populo et muro* solo
tenus prostrata.

...dono et concedo civitates Bracharam scilicet metropolitanam et
Auriensem urbem, que omnino *a
paganis destructae* esse videntur *et
populo et muro.*

γ) *Esp. Sagr.*, XL, p. 378.

γ) *Esp. Sagr.*, XL, p. 371.

...*visum est* etiam rectum mihi
et omnibus pontificibus seu *magnatis* totius Galletiae ut, *etc.*

...placuit mihi ex animo, Deo inspirante, ac omnibus *magnatis visum est,* tam nobilium personarum
quam etiam infirmarum ut, *etc.*

Le diplôme de 841 est confirmé par un évêque nommé Adulfo, qui nous est absolument inconnu ([53]), et par deux autres prélats, Suario, évêque de Mondoñedo, et Fortis, évêque d'Astorga. Or, sans tenir compte d'un Sabarico Ier assez problématique, il y a eu à Mondoñedo,—mais de 907 environ à 922, —un évêque appelé Sabarico, lequel est, selon toute vraisemblance, le prototype de notre Suario ([54]); d'autre part, il y a bien eu à Astorga un évêque du nom de Fortis, mais seulement entre 920 et 929 ([55]). — Il serait d'ailleurs possible de relever d'autres souscriptions formant anachronisme ([56]).

Il est évident que ce diplôme de 841 a été fabriqué très peu de temps après celui du 27 mars 832 et partiellement pour les mêmes motifs, car, à la fin du dispositif, Alphonse II est censé confirmer à l'église de Lugo la dignité de métropole ([57]).

---

(53) Au sujet de ce personnage, Risco, *Esp. Sag.*, XL, p. 118, écrit: ‹Si es el que precedió à Froylán, à quien se dirige el privilegio, se colige ›que se habia retirado de su ministerio pastoral›. La remarque est, sans nul doute, superflue.

(54) Sur Sabarico [II], voir ¡Flórez, *Esp. Sagr.*, XVIII, pp. 70-74. Risco pense, au contraire de nous, *Esp. Sagr.*, XL, p. 118, que le nom de Suario doit être rétabli dans la liste des évêques de Mondoñedo et placé avant celui de Sabarico I.

(55) Sur Fortis, évêque d'Astorga en 920 et 929, voir Flórez, *Esp. Sagr.*, XVI, pp. 148-150. Bien entendu, d'après Risco, *Esp. Sagr.*, XL, p. 118, ‹el nombre de Fortis debe ponerse en el Catálogo de Astorga, antes de ›Novidio, cuya presidencia se establece en el año de 842.›

(56) Exemples: le comte Hermenegildo, qui souscrit l'acte de 841, est évidemment le personnage qui, en 878, reprit Coïmbre, d'après le *Chron. Laurbanense;* de même, le comte Odoario paraît être le personnage qui, en 872, reçut d'Alphonse III mission de repeupler une partie de la Galice (cf. un acte du 1er oct. 982, dans López Ferreiro, *Historia de la iglesia de Santiago*, II, app. LXXV, p. 176).

(57) Risco, qui croyait très fermement à l'authenticité des actes du premier concile d'Oviedo, et qui croyait aussi à l'authenticité du diplôme de 841, a été visiblement embarrassé par cette confirmation; aussi dit-il, *Esp. Sagr.*, XL, p. 117: «En el Concilio de Oviedo se habia deter-

5° *Charte d'Alphonse III, 30 juin 897.*

Il n'est plus question ici des prérogatives de l'église de Lugo; il est question des biens que possédait ladite église,—et non pas au IXe siècle, mais sans doute au XIIe ou au XIIIe. Devant une telle surabondance de noms de lieu, la critique (nous l'avons déjà remarqué) se trouve désarmée: comment déterminer en effet l'époque à laquelle ces innombrables terres, églises, etc., ont été réellement incorporées au domaine de l'établissement bénéficiaire?

Que ce diplôme de 897 offre, par endroits, des ressemblances frappantes avec la charte d'Odoario de 747 et le diplôme de 841, cela ne surprendra guère, puisque ces actes de 747 et de 841 dénombrent les possessions de l'église cathédrale de Lugo. En revanche, ce qui est plus curieux, c'est que le rédacteur du diplôme de 897 pour Lugo paraît avoir eu sous les yeux la donation soi-disant faite par Alphonse III, le 6 mai 899, à l'église de Compostelle.

a) L'adresse de l'acte de 899 et la formule qui suit la suscription royale rappellent, de tous points, les formules correspondantes du diplôme de 897.

30 juin 897,	6 mai 899.
Coelicole, gloriose domine ac patrone vernule, Virgini Sancte Ma-	*Celicolo, glorioso domino ac patrono* sancto Jacobo apostolo, *cuius*

»minado que la Sede Metropolitana de Lugo se trasladase à aquella »Ciudad, que entonces era Corte de los Reyes, y que la misma Iglesia »Lucense fuese sufraganea de la de Oviedo. Sin embargo de esta deter- »minacion, vemos que los Reyes continuaron despues en honrar à la »Iglesia de Lugo con la dignidad de Metropoli, y esto con la autoridad »de la Silla Apostolica, y de lo establecido por los sagrados Cánones.» Cf. *ibid.,* p. 124.

rie, *cujus venerabiles reliquiae* sunt recondite in ecclesia Lucensi *in provincia Gallecie.*

venerabile sepulchrum est sub arcis marmoricis *in provincia Gallecie.*

Nos famuli tui Adephonsus princeps, filius Ordonii regis, et Exemena regina, una cum domino Recaredo Lucensi episcopo, per *cujus instinctum studuimus* ecclesie tue statum *reparare et ampliare,* et quod [pre]decessores nostri Lucensi sedi dederunt, confirmare *pro Christi amore et in tuo perpetuo honore.*

Nos Adefonsus rex et Exemena regina, una cum patre nostro Sisnando episcopo, *cuius instinctu studuimus* aulam tumuli tui *instaurare et ampliare, et in Christi amore et in tuo perpetuali honore.*

b) La conclusion du dispositif et les clauses finales,—depuis *has vero suprataxatas ecclesias, hereditates et familias* jusqu'à *et instanter strenueque complexuit,*—sont identiques dans les deux documents.

c) Presque toutes les souscriptions seraient communes aux deux actes de 897 et de 899. Tel est le cas pour les infants Garcia, Ordoño, Gonzalve le diacre, Fruela et Ramire; pour la plupart des évêques, savoir Nausto (Coïmbre), Sisnando (Iria-Compostelle), Eleca (Saragosse), Recaredo (Lugo), Argimiro (Braga), Jacobo (Coria) ([58]); enfin pour les comtes, abstraction faite du patronymique et du titre de la majorité d'entre eux: Nuño Núñez, Osorio, Pélage, Fruela ([59]).

([58]) On observera que l'évêque Recaredo souscrit en ces termes: «Recaredus, Lucensis *metropolitanus,* conf.» le diplôme de 897, tandis qu'il souscrit celui de 899 de la manière suivante: «Recaredus, Lucensis »episcopus, conf.». Ajoutons que, en 897, nous trouvons un évêque de Vizeu appelé Teodomiro et un évêque d'Idanha appelé Toniando, alors qu'en 899 les titulaires de ces deux églises portent respectivement les noms de Gomado (Vizeu) et de Teodomiro (Idanha).

([59]) Acte de 897: «Nunno Munionis, comes Castellae, conf. Osorius, »Suarii filius, conf. Pelagius comes, filius Petri, conf. Froila comes, filius »Suarii, conf.»—Acte de 899: «Pelagius comes, conf. Froila comes, conf. »Munio Muniz comes, conf. Osorius comes, conf.»

6° *Charte d'Alphonse III, 6 juillet 899.*

Il est avéré qu'Alphonse III repeupla les villes de Braga et d'Orense avant 877. Dès lors, comment ce roi aurait-il pu écrire, le 6 juillet 899, au sujet de ces deux villes, «quae nunc destruc- »tae esse videntur»? Bien plus, nous savons qu'en 881 il y avait à Braga un évêque nommé Flaiano et à Orense un évêque appe- lé Sebastian ([60]); nous savons même qu'en 886 le siège épiscopal d'Orense était occupé par l'évêque Sumna ([61]); dans ces condi- tions, comment Alphonse III aurait-il pu, en 899, donner ou re- donner à l'église de Lugo les villes et diocèses de Braga et d'Orense? Il faudrait admettre une seconde destruction de Braga, survenue entre 881 et 889, et une seconde destruction d'Orense, survenue postérieurement à 886; mais le rédacteur de l'acte de 899 ne fait allusion à aucun événement de ce genre: il suppose les deux villes détruites depuis longtemps, depuis l'époque de l'invasion arabe ([62]).

([60]) Chronique d'Albelda, ch. xi: «Flaianus Bracarae... Sebastia- »nus quidem sedem Auriensem [tenens].» Consulter sur Sebastian, Fló- rez, *Esp. Sagr.*, XVII, pp. 53-56, et sur Flaiano, évêque de Braga, Flórez, *op. cit.*, XV, pp. 174-175.— Risco n'a pas constaté sans quelque déplaisir l'existence de ce Flaiano, évêque de Braga, et il avertit, *Esp. Sagr.*, XL, p. 122, qu'il ne faut pas confondre ce personnage avec un autre, nommé Flaviano, qui aurait été évêque de Lugo aux environs de 867 et dont il s'occupe, *ibid.*, pp. 120-122. Puis, revenant sur Flaiano, évêque de Braga, il prétend, *ibid.*, p. 125, qu'il était «solo Obispo titular de Braga, sin »exercicio de la jurisdiccion Episcopal. el qual tocaba à los Obispos de »Lugo... Los titulares de Braga hacian su residencia en Oviedo», etc.

([61]) Cf. le diplôme d'Alphonse III en faveur de l'église d'Orense, 28 août 886.

([62]) Non sans habileté, mais inutilement, Flórez (voy. Risco, *Esp. Sagr.*, XL, pp. 127-128), a essayé de concilier cet acte du 6 juillet avec celui du 28 août 886: «Este privilegio [de 899] se reduce à confirmar el de Don »Alonso el Casto... Por tanto dice de Braga y de Orense: *quae nunc des-*

Pareils anachronismes s'expliquent aisément, si l'on observe
que notre acte de 899 n'est qu'une imitation servile du diplôme
du 27 mars 832; au surplus, ce diplôme de 832 est mentionné
dans notre acte, et le roi est censé déclarer qu'on le lui a présenté à Compostelle, le jour de la consécration du temple (63).
Mais pourquoi le faussaire mentionne-t-il le «concilio episcopo-
»rum et nobilium virorum congregato in apostolica ecclesia
»sancti Jacobi, die ejus consecrationis?» Peut-être avait-il lu les
actes du deuxième concile d'Oviedo, où se trouvent, au § 9, un
récit de la consécration dudit temple de Compostelle, et au
§ 13, des clauses très précises relatives aux paroisses galiciennes rattachées au siège d'Oviedo (64).

»*tructae esse videntur*, y esto se verificaba y se expresa en la escritura
»de D. Alfonso el Casto, pero no en tiempo de D. Alfonso el III, sino
»precisamente en quanto à la de Braga: pues la de Orense estaba resta-
»blecida por el mismo Rey, dotada de bienes, y ennoblecida con Obispo.
»Por tanto, la expresion de que yacia arruinada, y su aplicacion à Lugo,
»denotan el estado de D. Alonso el Casto, cuyo privilegio confirma D.
»Alonso III. por medio del que hablamos», etc. Mais on se souviendra
que, le 1er septembre 915, Ordoño II confirmerait encore à l'église de
Lugo la possession des diocèses de Braga et d'Orense (Risco, *Esp. Sagr.*,
XL, app. xxi, pp. 396-399). On a donc fabriqué toute une série de textes
relatifs à Lugo métropole.

(63) *Esp. Sagr.*, XL, p. 395: «in quo videlicet loco, in presentia pene
»omnium qui aderant tantae dedicationi, a vobis mihi presentatam pre-
»[de]cessoris mei domini Adephonsi regis seriem testamenti manu valida
»confirmavi et magnum vobis scriptum tribui, ut si post discessum meum
»aut vestrum e seculo supradictae ecclesiae et provinciae, Deo propi-
»tiante, ad canonicalem redierint gradum et ecclesiae omnes sua reci-
»pient charitative diocesalia jura, et ditioni vestrae ecclesiae Lucensis,
»quas substraximus, restituantur ecclesiae et provinciae, sicut in pre-
»[de]cessoris mei gloriosissimi regis Adephonsi continetur scriptura tes-
»tamenti», etc.

(64) *Esp. Sagr.*, XIV, pp. 442-443 et 446.

§ 3. Chartes d'Alphonse III pour l'église de Mondoñedo.

1° *Charte du 28 août 866 ou 867.*

a) La suscription est ainsi rédigée: «Ego Adefonsus totius »Hispaniae imperator, qui licet indigne vocitor Catholicus».—Le titre de *Hispaniae imperator* n'apparaît dans les actes authentiques que sous le règne d'Alphonse VI, vers 1073-1080 (⁶⁵); en outre, l'épithète *catholicus* s'applique, en réalité, non pas à Alphonse III, mais à Alphonse Iᵉʳ (⁶⁶).

b) La formule initiale de l'exposé n'est pas moins étrange. A l'exemple de ses successeurs du xıᵉ et du xııᵉ siècle, Alphonse III dirait: «mihi et omnibus Hispaniae principibus satis notum est.»

c) Le roi concéderait à l'évèque Sabarico — lequel avait dû abandonner l'évêché qu'il gouvernait antérieurement et s'installer à Mondoñedo (⁶⁷)—le «diocèse» de Trasancos, *Besancos*, Pruzos et les églises de Seaya. Or, dans les premières années du xııᵉ siècle, l'évêque de Mondoñedo Gonzalvo et l'évêque de Compostelle Diego Gelmírez se disputèrent ce «diocèse». L'*Historia Compostellana* et diverses bulles nous font connaître les phases du procès qui, commencé en 1102 ou 1103, réglé provisoirement en 1110, ne se termina qu'en 1122, soit dix ans après la mort de l'évêque Gonzalvo (⁶⁸).

(⁶⁵) Cf. Delaville Le Roulx, dans *Nouvelles Archives des Missions*, IV (1893), p. 235.

(⁶⁶) Dans d'autres documents apocryphes, on a confondu comme ici Alphonse Iᵉʳ et Alphonse III.

(⁶⁷) Sur cet évêque Sabarico [1], voy. Flórez, *Esp. Sagr.*, XVIII, pp. 62-66, qui le place «despues del 866. y antes del 877».

(⁶⁸) *Historia Compostellana,* I, ch. 34-36 et II, ch. 56, dans *Esp. Sagr.,* XX, pp. 74-86 et 374-378; Flórez, *Esp. Sagr.*, XVIII, pp. 120-122 et 130,

Le diplôme de 866 ou 867 n'aurait-il pas été remanié ou fabriqué au cours des débats ([69])?

d) Le roi donnerait à l'église de Mondoñedo le «diocèse» indiqué ci-dessus «propter diœcesim de Asturias, quam *Ovetensi* »sedi praebuimus». Mais le texte de cette phrase obscure n'est même pas établi avec certitude: toutes les copies portaient, paraît-il, «quam *Lucensi* sedi praebuimus», à l'exception d'une seule, qui fournissait la variante *Ovetensi*, adoptée par Flórez ([70]). Au demeurant, qu'il s'agisse d'Oviedo ou de Lugo, la phrase n'en est pas moins tendancieuse; et si nous ignorons à quels faits précis elle se rapporte, on se souvient, en la lisant, que le diplôme du 27 mars 832, délivré en faveur de l'église de Lugo, mentionne, lui aussi, des compensations de même genre.

e) A côté du notaire (Argimiro) figure un scribe (Félix).

Cet acte a-t-il été forgé de toutes pièces, ou simplement récrit? ([71])

---

et XIX, pp. 236 et 280-281; F. Fita, *Concilios nacionales de Carrión en 1103 y de León en 1107*, dans *Bol. de la R. Acad. de la Hist.*, XXIV (1894), pp. 299-342; López Ferreiro, *Historia de la iglesia de Santiago*, III, pp. 258-267 et IV, pp. 58-59.

([69])   L'acte qui établissait les droits de l'église de Compostelle n'est guère moins suspect: il s'agit d'un inventaire des biens appartenant à ladite église qu'aurait dressé, en 830, sur l'ordre d'Alphonse II, un certain «Tructinus». Voir le texte dans López Ferreiro, *Historia de la iglesia de Santiago*, II, app. II, pp. 6-8.

([70])   Flórez, *Esp. Sagr.*, XVIII, pp. 64-65 (cf. p. 8 et 25). Les raisons par lesquelles Flórez, p. 65, justifie son choix sont très faibles. En voici une: «estando ya erigido el Obispado de Oviedo, à éste y no à Lugo, tocaban »las Iglesias de Asturias.» Voici l'autre: «... la Escritura de D. Alfonso II »[27 mars 832] dice que hizo à Oviedo Sede en lugar de la Britoniense »destruida, y por tanto aplicaria à Oviedo las Iglesias que Britonia, y »no Lugo, tenia en Asturias. Llegando pues el tiempo de erigir Obispa- »do en el territorio de Britonia, se debia resarcir lo aplicado à Ovie- »do», etc.

([71])   M. López Ferreiro, *Historia de la iglesia de Santiago*, II, p. 155, note, estime que ce diplôme «parece de los *renovados* en el siglo XII».

Il est souscrit par trois évêques, Felmiro, Nausto et Adulfo, qui furent, à n'en pas douter, des contemporains d'Alphonse III et occupèrent respectivement les sièges d'Osma, de Coïmbre et d'Iria-Compostelle ([72]). Les noms du notaire Argimiro et du scribe Félix ont également été portés par des personnages de l'époque, occupant mêmes fonctions ([73]).

2° Charte du 10 février 877.

Le diplôme de 877 offre de grandes ressemblances avec celui de 866 ou 867. D'abord, il a même structure, c'est-à-dire qu'il est rédigé en forme d'acte semi-solennel, mais avec invocation, salut et exposé adventices; ensuite, il renferme par endroits soit les mêmes expressions, soit des locutions similaires; enfin, tels faits à peine indiqués dans l'acte de 866 ou 867 sont ici complaisamment développés.

a) La suscription porte: «Adefonsus Hispaniae imperator». (867: «Ego Adefonsus totius Hispaniae imperator»).

b) Au début de l'exposé, on lit: «cognitum quod propter per-»secutionem Sarracenorum». (867: «notum est propter Sarrace-»norum persecutionem»).

c) En 867, l'exposé notait la fuite de l'évêque Sabarico et son installation à Mondoñedo; mais, par un singulier oubli, on ne spécifiait pas de quelle ville Sabarico avait été contraint de s'enfuir: «notum est... te a sede tua discessisse, et sedem in loco qui »Mindunietum vocatur fundasse, me concedente et corroborante».

([72]) Sur Felmiro, cf. Chronique d'Albelda, ch. xi.

([73]) Un notaire, nommé Argimiro, souscrit le jugement authentique du 6 juin 878 (Cat., n° 37); un notaire ou scribe, appelé Félix, souscrit l'acte, également authentique, du 14 février 874 (Cat., n° 32). Ce qui est choquant ici, ce n'est pas le nom de ces personnages; c'est le fait qu'ils souscrivent ensemble.

—En 877, on rappelle ces événements, mais on se garde de commettre la même inadvertance, et l'on précise avec soin: «unde »civitatem vel villam quam dicunt Dumio, ubi ipsa sedes anti- »quitus noscitur esse fundata, a qua jam Sabaricus episcopus ob »eorumdem persecutionem Sarracenorum secesserat, et nostri »jussione confiniumque episcoporum laudatione alias, id est in »villa Mindunieto, sibi locum elegerat» ([74]).—Ajoutons que, pour légitimer en quelque sorte ce transfert, on invoque l'autorité des conciles et de l'Ecriture sainte ([75]), de même que, dans tels diplômes concernant l'église de Lugo, on invoquait en des circonstances analogues l'autorité des conciles et du Saint-Siège ([76]).

d) En 867 et en 877, les clauses finales, la formule qui encadre la date et la souscription royale sont identiques.

e) L'acte de 877 est validé, entre autres prélats, par les évêques Felmiro, Nausto et Adulfo, que nous avons déjà rencontrés dans

---

([74]) Les mêmes faits sont également rapportés dans une charte de l'évêque Sabarico en faveur de l'évêque de Lugo Flaviano, 1er mai 867. Mais l'authenticité de cet acte, analysé longuement par Risco, *Esp. Sagr.*, XL, pp. 121-122, a été justement mise en doute par M. J. Villaamil y Castro, *Iglesias gallegas de la edad media* (Madrid, 1904, in-8), pp. 27-28.

([75]) *Esp. Sagr.*, XVIII, p. 313: «sicut canonum auctoritas edocet, quod »si quis episcopus in sua persecutus fuerit ecclesia fugiat ex illa ad »alteram, dicente Domino: *Si vos persecuti fuerint in una civitate, fugite »in aliam.*» La même citation, médiocrement exacte, de Mathieu, x, 23, se retrouve avec la même faute *(fuerint)* dans la charte de Sabarico mentionnée à la note ci-dessus.

([76]) Charte du 27 mars 832: «Haec nempe facio... auctoritate canonica- »li sedis apostolicae fretus ut ecclesiae aut sedes destructae a paganis »aut a persecutoribus, auctoritate regali seu pontificali ad alia tutiora »transferentur loca, ne christiani nominis decus devacuetur» *(Esp. Sagr., XL, p. 371)*. Charte du 1er janvier 841: «... auctoritate etiam sedis Apostoli- »cae Sancti Petri communitus, necnon sacrorum canonum fretus auxilio, »ubi nobis permittitur ut sedes seu ecclesias ab incredulis destructas ad »tutiora seu utiliora loca transmutari debeamus, ne deleatur omnino »christianitatis nomen» *(Esp. Sagr., XL, pp. 377-378)*.

l'acte précédent; entre autres témoins, par le notaire Argimiro et le scribe Félix, dont les souscriptions ont été d'ailleurs complétées et allongées de la façon la plus maladroite (77).

En faveur de ce diplôme, on présentera les observations que voici.

a) Le roi déclarerait, au début de l'exposé, qu'il vient de reconquérir et de repeupler le territoire de Braga: il est certain que cette opération eut lieu avant 877.

b) Les noms de tous les évêques souscripteurs, sauf ceux de Adulfo et de Fralasio, se retrouvent dans le catalogue épiscopal que contient la Chronique d'Albelda (881) (78).

c) Les éléments chronologiques concordent: l'acte est daté du 4 des ides de février 877, et le scribe Félix déclare l'avoir écrit «die prima feria»; le 10 février 877 est bien tombé un dimanche (79).

On se demandera donc, ici encore: l'acte est-il intégralement apocryphe ou partiellement remanié? Dans une notice du 28 septembre 911, laquelle n'est pas à priori suspecte et porte délimitation du territoire dépendant du monastère-évêché de Dumium (80), on remarque la phrase suivante: «Fecit sagessionem

---

(77) «Felix nomine, cognomento Busianus, qui hanc cartam scripsi ›die prima feria *et praesens fui quando eam tradidit dominus Adefonsus ›rex domino Rudesindo episcopo roboratam in illo pulpito de palatio majore, ›qui est in Oveto, testis*... Argimirus notarius, *filius Didaci*, testis.»

(78) Ce sont les évêques Alvaro *(Alvarus Velegiae)*, Felmiro (Osma), Nausto (Coïmbre). Sebastian (Orense), Branderico (Lamego). Nous avons déjà cité ces différents personnages sauf Alvaro, duquel A. Fernández Guerra *(Cantabria,* Madrid, 1878, in-8°, p. 55) avait voulu faire un évêque de Cantabrie, et Branderico, au sujet duquel on pourra voir Flórez, *Esp. Sagr.,* XIV, p. 160.

(79) Cf. Flórez, *Esp. Sagr.,* XVIII, p. 315, note.—La mention de la première férie se trouve dans la souscription du scribe Félix.

(80) *Port. Mon. Hist. Dipl. et chartae,* I, n° XVII, pp. 11-12, sous la date 911; antérieurement publiée par Argote, *Memorias para a historia*

»D. Savaricus ([81]) episcopus pro locum sancti Martini, episcopi
»Dumiense sedis, territorio Bracarense, et hostendit testamentum
»ipsius loci, quo dudum fecerat dive (?) memorie domnissimus
»Adefonsus princeps ([82]), pater ipsius Hordoni princeps, tempore
»D. Rudessindi episcopi, per omnes suos antiquiores terminos».
Le diplôme que nous étudions pourrait n'être qu'un remaniement
ou une reconstitution de cet acte aujourd'hui perdu, concédé par
Alphonse III à l'évêque Rosendo ([83]).

Mais si le diplôme de 877 a été fabriqué, dans quel but l'a-t-il
été? Il s'agissait très manifestement d'accréditer la tradition concernant le transfert à Mondoñedo de l'évêché de Dumium; peut-
être aussi les archevêques de Braga auront-ils, à un moment donné,
revendiqué la possession du monastère-évêché de Dumium, très
voisin de leur ville. N'oublions pas que le fougueux évêque de
Mondoñedo, Gonzalvo, que nous avons déjà vu lutter contre
l'évêque de Compostelle, batailla également contre son métropolitain, l'archevêque de Braga, saint Géraud, dont il ne voulait
pas reconnaître l'autorité ([84]).

---

de Braga, III, doc. v. pp. 408-410, avec la date: «era DCCCCXVIIII», et par
Flórez, *Esp. Sagr.*, XVIII, pp. 320-322, avec la date: «era DCCCCLVIIII.»

([81])   Il s'agit ici de Sabarico II.

([82])   Nous suivons le texte des *Port. Mon. Hist.* et non pas celui de
Flórez. Ce dernier, *loc. cit.*, p. 320, imprime: «quod dudum fecerat *eidem*...
»memoriae domnissimus Adefonsus princeps».

([83])   D'après Flórez, *Esp. Sagr.*, XVIII, pp. 66-70, Rosendo aurait été
évêque de Mondoñedo «desde antes del 877. hasta cerca del 907». On
notera, en passant, que le prédécesseur et le successeur de ce Rosendo
se nomment tous deux Sabarico, et que le cinquième évêque de Mondoñedo se nomme également Rosendo (S. Rosendo, 928-942; † 1er mars 977
cf. Flórez, *loc. cit.*, pp. 75-108); peut-être sera-t-on frappé de l'alternance
des vocables Sabarico et Rosendo.

([84])   Flórez, *Esp. Sagr.*, XVIII, pp. 122-123. Selon Flórez, qui utilise
l'histoire de Braga (ms.) de Gerónimo Roman, ce différend avec saint
Géraud serait antérieur, mais de peu, au différend avec l'évêque de Compostelle. Il n'est pas impossible que les deux affaires se soient simulta-
nément poursuivies.

3° *Charte du 27 février (ou 29 avril) 877.*

Ainsi que les précédents, ce diplôme est un acte semi-solennel, auquel sont joints une invocation et un exposé (le salut fait défaut).

Dans l'exposé, on mentionne, pour la seconde fois, le nom de Dumium (voy. 877) et pour la troisième, la création de l'évêché de Mondoñedo (voy. 867 et 877) ([84 *a*]). Ce simple détail montre que le rédacteur avait sous les yeux les documents étudiés ci-dessus; au reste, notons encore, à ce point de vue, que le diplôme en question est souscrit lui aussi par les évêques Alvaro, Felmiro, Nausto, Adulfo et Sebastian, déjà rencontrés soit en 867 soit en 877 ([85]).

Mais le rédacteur a commis quelques bévues, qui lui sont propres: tandis que les évêques souscripteurs sont tous des personnages de la fin du ixe siècle, dans l'exposé le donateur s'exprimerait ainsi: «Barbaris autem insurgentibus... iussit *avus meus Adephon-*»*sus* dominus ac *catholicus*...» Seul, Alphonse IV, qui a régné, non pas à la fin du ixe siècle, mais au début du xe,—de 924 ou 925 à 931,—et qui était, en effet, petit-fils d'Alphonse III, aurait pu parler de la sorte,—bien qu'il n'eût sans doute pas appliqué l'épithète *catholicus* à son aïeul.

([84 *a*]) «Notum omnibus est eo quod in peccatis pravis coeperunt »vi Sarraceni terram ac provinciam Gallecie cum eius capite, que est »Bragara, etiam vicinam eius nomine Dumio, in qua antecessores vestri, »Domino annuente, pontificatu functi fuerunt in pace. Barbaris autem »insurgentibus ac provincias capientibus, necnon et episcopis fugam »petentibus, iussit avus meus Adephonsus dominus ac catholicus locum »sancti Martini edificare Menduniensis in loco episcopali, ad cuius nomen »et honorem meam oblationem et vestre securitati offerre volo.»

([85]) Les témoins autres que les évêques, à savoir «Quiriacus strator, »Didacus presbyter, Ermenegildus, Puricellus, Argiricus», se retrouvent également dans les actes de 866 ou 867 et du 10 février 877.

Autre inadvertance. Un peu plus loin, on prête au donateur cette déclaration: «idcirco, quia restituit Dominus regnum». Quel est donc le souverain qu'on a voulu mettre en scène? Est-ce Alphonse III qui, au début de son règne, fut détrôné par l'usurpateur Fruela? Est-ce Alphonse IV qui, à la mort de son père Ordoño II, fut évincé par son oncle Fruela II? Si c'est Alphonse III, les mots «avus meus Adephonsus» constituent une erreur bien grosse, car le grand'père d'Alphonse III fut Ramire Ier; et si c'est Alphonse IV, les souscriptions des évêques précités deviennent inadmissibles.

L'objet de cet acte est fort modeste: il s'agit d'établir que les évêques de Mondoñedo ont possédé la villa de Arenas; mais on se rend compte que, par ses formules, ce diplôme est apparenté à ceux de 867 et du 10 février 877 ([86]).

V

QUELQUES SUPERCHERIES MODERNES

1° *Charte de Pélage en faveur du monastère de Santillana (26 ou 27 février, 718-737).*

Ego Don Pelayo... trado mea haereditate Deo et a Sancta Juliana in Planes et ad abbate Don Pero et ad seniores qui in eodem loco die noctuque serviunt...

---

(86) Il conviendrait de rapprocher de ces trois actes les diplômes royaux léonais de même provenance, et en particulier les deux donations d'Ordoño II, du 18 juin 922 *(Esp. Sagr.,* XVIII, app. x et xi, pp. 322-323 et 323-325). Il n'est pas impossible que l'on ait procédé en bloc à la réfection de tous ces documents.

Sans insister sur l'emploi des termes *don* et *seniores*, observons que l'abbé «Don Pero» est un personnage fictif, inventé par le Pseudo-Hauberto, soit par Gerónimo de Argaiz ([87]).

Sic trado et affirmo stabile per semper omne firmamentum, quod do in censum in meas harmanas (*sic*) Dosinda et Anna et pos (*sic*) obitum suum.

Les noms des sœurs de Pélage ne sont mentionnés nulle part ailleurs, à moins qu'ils ne se retrouvent—ce que nous n'avons pas vérifié — dans quelque fausse chronique ([88]). Quant à la phrase elle-même, elle signifierait, d'après Sota qui, le premier, publia ce document, que les sœurs de Pélage percevront jusqu'à leur mort les revenus du domaine à elles concédé par leur frère ([89]).

De nunc si habuerit aver vivo, non det maneria, nin det anuba de heredad, nin albrero, nin cuxhu, non intret in praestamo, non det conduchu, non intre merino, nin sayon, nisi prior de Santa Juliana.

Sota a commenté longuement, et non sans fantaisie, cette formule étrange ([90]); toutefois il a passé sous silence l'expression *non intret in praestamo*. Ignorait-il cependant qu'un acte de septem-

---

([87]) Pseudo-Hauberto, à l'année 736, dans Argaiz, *Poblacion eclesiastica de España*, II, 2ᵉ partie, p. 530 (cf. Sota, *Chronica de los principes de Asturias*, p. 417): «Florebant per hoc tempus... Petrus Abbas in Monaste->rio Sanctae Julianae, viri doctissimi.»

([88]) Cf. Huerta, *Anales de Galicia*, II, p. 213: «Por este Privilegio te->nèmos noticia de las dos Hermanas de Don Pelayo Adosinda, y Ana, »de las quales no ay memoria en otra alguna de las antiguas.»

([89]) Sota, *op. cit.*, p. 415 et p. 417, où il écrit: «Dize tambien [el rey >Don Pelayo], que dà la dicha hazienda para que reditue a sus hermanas »Dosinda, y Ana, y que despues de ellas difuntas, quede al Monasterio.»

([90]) Sota, *op. cit.*, p. 416.—Pour une autre formule,—non moins étrange, mais fort à propos mutilée,—laquelle termine l'acte, voir Sota, *loc. cit.*

bre 1238 énumère les prébendes *(préstamos)* susceptibles d'être répartis entre les chanoines de la collégiale de Santillana (⁹¹).

Cette charte a dû être fabriquée postérieurement à l'année 1668, date de la publication du Pseudo-Hauberto, auquel est emprunté, nous venons de le dire, le nom de l'abbé «Don »Pero» (⁹²).

2° *Chartes d'Alphonse Ier en faveur du monastère de Covadonga (31 octobre 740, 11 novembre 741).*

L'authenticité de ces deux actes a été justement mise en doute par Risco (⁹³).

L'acte de 740 renferme une sorte d'exposé où sont accumulés, comme à plaisir, les détails les plus inattendus et les plus précis. Il y est parlé de la fondation du monastère de Covadonga, du trésor du Monsagro (⁹⁴), de la consécration dudit monastère par douze évêques et douze abbés, de la victoire remportée par Pélage sur les Arabes, le 1er mai 718. Risco s'est contenté d'analyser cette charte, mais une simple analyse suffit.

En rapports étroits avec le précédent, l'acte de 741 ne mérite

---

(⁹¹)   Cf. Flórez, *Esp. Sagr.*, XXVII, pp. 30-31.

(⁹²)   Le faussaire, qui n'était peut-être autre que Sota lui-même, a-t-il voulu légitimer le droit de patronage que la couronne d'Espagne avait ou prétendait avoir sur la collégiale de Santillana? Voici à ce sujet un passage assez curieux tiré de Sota, *op. cit.*, p. 417: «El Rey nuestro Señor, »es, y ha sido siempre Patron de la Iglesia Colegial de Santillana, y como »tal presenta su Abad; y el libro de su Real Patronato, dize, que le toca »este derecho por ser fundacion de dos hermanas del Rey Don Pelayo»·

(⁹³)   *Esp. Sagr.*, XXXVII, pp. 94-96. Voir aussi Somoza. *Gijón en la historia general de Asturias*, II, pp. 483-485.

(⁹⁴)   C'est sur le Monsagro, montagne voisine d'Oviedo, que, d'après une légende, auraient été transportés, dans les premiers temps de la monarchie asturienne, les reliques provenant de Tolède.

pas un examen approfondi. Pour le juger, il suffirait de signaler quelques-uns des anachronismes qu'il contient: Risco y relève notamment l'emploi insolite des vocables *Covadefonga*, *Guixo*, *Sauso*, *Benavente* et la mention, non moins surprenante, du monastère de San Vicente de Leon, lequel ne fut fondé qu'au début du XIᵉ siècle (⁹⁵).

Ces deux chartes de 740 et de 741 semblent avoir été forgées à une époque récente. En 1572, Morales écrivait: «En el monas->terio [de Covadonga] no hay una sola letra de privilegios, por->que los que había los llevó un abad á Castilla para confirmarlos, >y murió presto, sin que dejase dicho donde estaban, y asi no han >parecido» (⁹⁶). Malgré cela, en 1778, un abbé de la collégiale, Nicolas Antonio Campomanes, imprimait les deux actes dans une brochure de circonstance dont le titre seul est fort suggestif: «No->ticia de la antiguedad y situacion del Santuario de Santa Maria >de Covadonga, en el principado de Asturias, con las del cronis->ta Ambrosio de Morales en su Viage santo: se expresa el incen->dio acaecido en el mismo Santuario à el amanecer del dia 17. de »Octubre de 1777, y el permiso de pedir limosna en estos Reynos, >y los de las Indias para su reedificio, que se ha dignado conce->der S. M., que Dios guarde, à tan justo fin, concurriendo su >Real munificencia, y catholico zelo à el auxilio de la obra». *En Barcelona*, por Francisco Suriá y Burgada, s. d., pet. in-4, 26 pp. (⁹⁷).

(⁹⁵)   Sur ce monastère, qui était situé tout près de la Cathédrale, voir Risco, *Esp. Sagr.*, XXXV, p. 15 et, du même, *Iglesia de Leon*, p. 126.

(⁹⁶)   Morales, *Viage á los reynos de Leon y Galicia*, éd. Flórez (Madrid, 1765, in-fol.), p. 66; cf. *Coronica*, éd. Cano, VII, p. 35; cf. aussi Risco, *Esp. Sagr.*, XXXVII, pp. 94-95.

(⁹⁷)   Il serait téméraire de soutenir que Campomanes est l'auteur de ces deux actes de 740 et de 741; mais on rapprochera des indications bibliographiques que donne l'abbé de Covadonga (voy. ci-dessous, *Cat.*, n° 2), ce que dit Risco, *op. cit.*, p. 96 au sujet de la provenance de ces

3° *Charte d'Alphonse Ier pour le monastère de San Pedro de Villanueva (21 février 746).*

On lit dans le *Viage* de Morales, écrit peu après 1572 ([98]): «Villanueva. Monasterio de Benitos... No tienen una sola letra »de privilegios, y dicen que lo fundó el rey D. Alonso el Cató- »lico.» Mais, en 1615, Sandoval analysait la charte d'Alphonse Ier dans les termes que nous rappellerons plus loin *(Cat.,* n° 4) ([99]). La fabrication de ce faux se place donc, vraisemblablement, entre 1572 et 1615 ([1]).

---

chartes: «hallandose *como testifican los que las han comunicado* en solo un papel, aunque viejo y estropeado».—D'après Vigil, *Asturias monumental,* I, p. 311, il y aurait à la Bibliothèque Nationale de Madrid, dans un ouvrage ms. de la fin du xvie siècle (Tirso de Avilés, *Historia de Asturias y Sumario de linages de este Principado),* une copie des deux actes de 740 et 741; le fait est exact, mais le ms. de Madrid (n° 6261; ancien R 106) est une copie du xviiie siècle, et il est aisé de voir que les prétendues chartes d'Alphonse Ier ont été ajoutées à l'ouvrage de Tirso; le ms. a 377 pages et nos chartes occupent les pp. 374-377, sans qu'elles se rattachent en quoi que ce soit à ce qui précède. Quant aux copies que l'on rencontre aux fol. 296 r., 297 r. et v. et 298 r. et v. du *Tumbo nuevo* de Lugo, il n'est pas impossible qu'elles dérivent, directement ou non, des textes publiés en 1778 par Campomanes; en tout cas, on notera bien qu'elles ne sont point dans la partie du *Tumbo nuevo* de Lugo qui fut achevée en 1763.

([98]) Morales, *Viage,* éd. Flórez, p. 69.

([99]) Risco, *Esp. Sagr.,* XXXVII, pp. 102-103, a relevé la contradiction qui existe entre les affirmations de Morales et celles de Sandoval.

([1]) Sur ce document, voir Noguera, *Ensayo cronologico,* pp. 422-423, et Somoza, *Gijon,* II, p. 485.

4° *Charte d'Alphonse II (?) pour le monastère de Calogo (791-842).*

Cet acte, soi-disant émané d'Alphonse II, à moins que ce ne soit d'Alphonse Ier ou d'Alphonse IV ([2]), est très manifestement l'œuvre d'un faussaire moderne; il ne supporte pas un seul instant l'examen, et ce serait perdre sa peine que d'en discuter les détails ([2ᵃ]). Nous ignorons d'ailleurs pourquoi il a été forgé.

5° *Charte de Ramire Ier pour le monastère de Lorvão (mars 848).*

Il n'y a pas lieu non plus de démontrer la fausseté de ce diplôme, si bizarrement rédigé ([3]) et si bizarrement souscrit par

---

([2]) La souscription porte: «Nos gloriosissimus et *catholicus* princeps »dominus Adefonsus», ce qui pourrait faire songer à Alphonse Ier, surnommé *le Catholique* (il est vrai que dans d'autres actes apocryphes cette épithète s'applique à Alphonse III). La souscription est ainsi libellée: «Ego rex *Adephonsus Castus*», ce qui désigne très clairement Alphonse II. Mais au nombre des témoins est un certain *Hermegildus sedis Yriensis ephiscopus (sic);* or, Hermenegildo occupa le siège épiscopal de Compostelle de 923 ou 924 à 951 ou 952 (López Ferreiro, *Historia de la Iglesia de Santiago,* II, p. 285 et 316), c'est-à-dire sous le règne d'Alphonse IV, lequel fut roi de Leon de 924 ou 925 à 951.

([2ᵃ]) Cet acte commence ainsi: «In nomine Genitoris, Geniti filiique, »ex ambobus procedens Spiritus Sanctus, qui est terminus *(sic)* in uni- »tate et unus in deitate, quem unum esse columus *(sic)* creatu[ra]rum, »cui famulantur coelestia, deserviunt et terrigena, ob cuius imperio obe- »diunt maria, a quo cuncta creata sunt, qui ante mundi confessionem »constitutionem redemit, et mittens sanctos apostolos suos predicari »Evangelium in universum mundum et confirmare in fide credentes »Christo, ex quibus unus Zebedei filius Hispanie sortitus», etc.

([3]) Voici un échantillon du style de cette charte: «Donationis et tes- »tamenti carta haec est, eam facere statui ego Rex Ramirus... vobis

plusieurs rois maures, prétendus vassaux de Ramire Ier (4). On se
contentera de rappeler: 1° que le destinataire n'est autre que le
légendaire abbé Juan de Montemayor (5); 2° que cette charte
fait pendant à une fausse donation du susdit abbé, datée du 27
décembre 850 (6); 3° que l'acte de 848 n'a pas été transcrit — et
pour cause — sur le cartulaire du monastère de Lorvão appelé
Liber Testamentorum (7); 4° enfin, que Brito, qui le premier
édita ce document, se garde bien de dire où était conservée la
copie dont il prétend avoir fait usage.

VI

FAUSSES ATTRIBUTIONS

Nous n'avons point le désir de cataloguer à cette place tous les
actes qui, en dehors des textes apocryphes, ont pu être portés
par erreur au compte de tel ou tel roi asturien. Voici toutefois
quelques exemples, notés au cours de nos lectures.

1° On trouve dans les *Portugaliae Monumenta Historica. Diplomata et chartae*, I, n°s II et III, deux actes attribués à Ordoño Ier
(850-866). Mais l'acte n° II est souscrit par Oveco, lequel fut

»Joanni Abbati... de possessionibus illis totis, quas tul ego de manibus
»Albamath Dominus Colimb., prope Monte Magiore, dum currit fluvius
»Mondeco, et reliquiae de reliquis Mauris», etc.

(4) «Mahomat Cid Atauf dominus Cale, domini Regis vasallus, contra
»hoc non veniam. Haluf Iben Mahomat contra hoc non ibit. Abdala Iben
»Zebi contra hoc non ibit. Zuleim Iben Muça dominus Lameta, Regis
»Ramiri vasallus, contra hoc non veniam», etc., etc.

(5) Sur ce personnage, consulter R. Menéndez Pidal, *La leyenda del
abad Don Juan de Montemayor*. Dresden, 1903, in-8 *(Gesellschaft f. roman.
Liter.*, n° 2).

(6) Cf. Menéndez Pidal, *op. cit.*, pp. LVIII-LX.

(7) Voir l'inventaire sommaire que nous avons donné de ce cartulaire dans la *Revue des Bibliothèques*, XII (1902), pp. 478-481.

évêque de Leon de 928 à 950 (⁸) et par Dulcidio, lequel occupa le siège de Vizeu de 937 à 950 environ (⁹); quant à l'acte n° III, il est confirmé, en plus d'un certain prélat nommé Jubario, par Nausto, évêque de Coïmbre de 867 à 912, par Froarengo, évêque de Coïmbre ou de Porto de 905 ou 906 à 911, par Recaredo, évêque de Lugo de 875 à 922 et par Sabarico [II], évêque de Mondoñedo de 907 environ à 922. L'acte n° II émane peut-être d'Ordoño III (roi de Leon de 950 ou 951 à 956 ou 957); l'acte n° III émane peut-être d'Ordoño II (roi de Leon de 914 à 924 ou 925)—toutes réserves étant faites d'ailleurs sur la souscription de l'évêque Froarengo, et sur celle de l'évêque Nausto, personnage qui mourut le 21 novembre 912 (¹⁰). En tout cas, ni l'un ni l'autre ne sont d'Ordoño Iᵉʳ (¹¹).

2° On lit dans Sandoval, *Cinco obispos*, p. 160: «y quien mas »hizo [pour le monastère de San Juan del Poyo] fue el Rey don »Vermudo el Diacono [789-791] tio del Rey don Alonso el »Casto, que le acotò la juridiction de los vassallos, y tierra que »esta en contorno del Monasterio casi dos leguas, y le diò otros »cotos, de los quales la Rey[na] doña Vrraca hija de don Alonso »el Sexto le tomò gran parte; aunque despues en el año 1116, »a primero de Abril siendo Abad deste Monasterio don Froma-»rico le boluiò la villa de Simis, como la auia tenido en tiempo »del Rey don Vermudo su aguelo, que assi le llama, y añade las »villas, y Iglesias, que en el testamento del Rey le auian sido »dadas quando se restaurò el Monasterio.» Sandoval publie, *ibid.*, pp. 161-162, la charte d'Urraca: cette charte ne contient pas la moindre allusion au diplôme de Bermude Iᵉʳ.

3° Autre méprise. Vicente de la Fuente, *Historia eclesiástica*

(⁸) Risco, *Esp. Sagr*, XXXIV, pp. 237-256.

(⁹) Flórez, *Esp. Sagr.*, XIV, p. 320.

(¹⁰) Cf. López Ferreiro, *Historia de la iglesia de Santiago*, II, p. 179.

(¹¹) Cf. Tailhan, *Bibliothèques espagnoles du haut moyen âge*, dans Cahier et Martin, *Nouveaux mélanges d'archéologie*, IV, p. 342, n. 3.

de España, 2ᵉ éd., III, pp. 121-122, écrit: «Concluída la iglesia
»de San Salvador á principios del siglo xi, y adornada con riquí-
»simas alhajas, don Alfonso el Casto dotóla liberal y generosa-
»mente en escritura de donacion, que llamó testamento, segun
»la costumbre de aquel tiempo (802). Cinco Obispos firman la
»carta dotal (¹) y entre ellos no está el de Oviedo, de donde se
»infiere que no lo había; pero firma en otro documento diez años
»despues, de modo que viene á fijarse el orígen del episcopado
»en los años 802-811. El Rey expresa que la silla de Oviedo no
»es de nueva creacion, y que tampoco es la de Lugo, sino la de
»Britonia, que estaba desierta (²).»

　　»(¹) El bueno del P. Risco no dió este documento en el tomo XXXVII,
»de Oviedo, escrito con mucho descuido y con ánimo de no romper
»lanzas.»

　　»(²) *Et ipsam civitatem Ovetensem facimus eam, et confirmamus pro*
»*Sede Britoniensi, quae ab Ismaelitis est destructa et inhabitabilis facta.*
»Y ¿por qué había de ser inhabitable? Quería decir *inhabitada*.»

«El bueno del P. Risco» a eu singulièrement raison de ne pas
admettre l'acte dont parle V. de la Fuente, car si cet acte renferme
les mots «et ipsam civitatem Ovetensem facimus eam», etc., ce
ne peut être qu'un très vulgaire succédané du faux diplôme du
27 mars 832. V. de la Fuente a confondu les deux chartes du
16 ou 25 novembre 812 et du 27 mars 832, et, prenant ici et là,
forgé inconsciemment un acte nouveau.

4° Berganza, *Antigüedades de España*, I, p. 175, écrit: «Reno-
»vó... [Alfonso III] el Monasterio [de Cardeña], y le señaló por
»hazienda, y jurisdicion, el Lugar de Villafria con sus terminos;
»como consta de la Confirmacion del Rey D. Alonso el Quarto,
»de que à su tiempo darèmos quenta.» Berganza a publié, *ibid.*,
p. 197, cette charte, laquelle est datée du 27 juin 931 (¹²), et ne

---

(¹²) Ce document a été republié par L. Serrano, *Becerro gótico de
Cardeña* (Silos, 1910, in-8. *Fuentes para la historia de Castilla*, III),
pp. 209-210.

renferme aucun détail rappelant une donation antérieure d'Alphonse III.

5° Morales, *Coronica*, éd. Cano, VIII, p. 8: «En este año ocho-»cientos y setenta y dos en principio de Agosto dió el Rey Don »Alonso, por su privilegio, mucho á la Iglesia de Santiago y á »su Obispo Hermenegildo, confirmándole tambien todo lo que »sus pasados le habian dado, como se ve en privilegio del tumbo »de aquella Santa Iglesia.» Hermenegildo a été évêque de Compostelle de 923 ou 924 à 951 ou 952. L'acte auquel se réfère Morales est publié dans López Ferreiro, *Historia de la iglesia de Santiago*, II, app. LII, pp. 114-115; il émane d'Alphonse IV (8 août 929 ?), mais l'éditeur nous apprend que «en el *Tumbo*, »este Privilegio se halla por equivocación entre los de D. Alfon-»so III». On comprend dès lors l'erreur de Morales.

6° M. J. Eloy Díaz Jiménez analyse de la façon suivante *(Bol. de la R. Acad. de la Hist.*, XX, 1892, p. 124) un diplôme d'Alphonse III: «En 25 de Julio de 910, el mismo D. Alfonso »confirmó en la posesión del monasterio de Samos (Galicia) y »sus propiedades al abad Ofilón, el cual, acompañado de varios »religiosos, entre ellos el presbítero Vicencio y la monja María, »todos procedentes de Córdoba, había restaurado y poblado de »nuevo, en el año 860, el citado monasterio.» M. Díaz Jiménez renvoie à Morales, mais l'acte analysé par Morales dans les passages allégués (éd. Cano, VII, p. 406, et VIII, p. 8) n'est pas un diplôme d'Alphonse III; c'est la charte d'Ofilon, Vicente et Maria, datée du 25 juillet 872, *ère 910*. «La data desta escritura... »es á los veinte y cinco de Julio en la Era novecientos y diez, »año de nuestro Redentor ochocientos y setenta y dos», dit Morales, VII, p. 406.

7° Nous empruntons la citation que voici à Dom M. Férotin, *Recueil des chartes de l'abbaye de Silos*, p. 23, note 2: «Lorenzo »Calvete *(Historia de San Frutos patrono de Segovia*, 1610, fol. 118) »prétend que le roi Alphonse III (866-909) *[sic]* donna aux moi-»nes de Silos le monastère de San Frutos, donation qui aurait

»été confirmée au xie siècle par Alphonse VI.—Castro *([El glo-*
»*rioso thaumaturgo español... Santo Domingo de Silos*, 1688],
»p. 362) ajoute foi à l'affirmation de Calvete, tout en confessant
»qu'il n'a pas vu le diplôme d'Alphonse III. Il suffit de lire les
»quelques mots que l'historien de San Frutos nous a fait con-
»naître du prétendu document du ixe siècle, pour s'apercevoir
»qu'il attribue à Alphonse III la charte d'Alphonse VI [Férotin,
»nº 20] et à ce dernier la confirmation d'Alphonse le Savant›
[*ibid.*, nº 226].

DEUXIEME PARTIE
CATALOGUE D'ACTES

1.—718-737, 26 ou 27 février ([1]).—*Faux.*

«Don Pélage» offre au monastère de Santillana ([2]), sis à *Planes* ([3]), à l'abbé «Don Pero» et aux *seniores* de la communauté un domaine à Camplengo ([4]), au lieu dit *El Valengo;* ce domaine étant donné *in censum* aux sœurs du roi, Adosinda et Anna, et exempté des droits de *mañeria, anubda, heredad, obrero, cuxhu,* etc.—«Facta charta instius testamenti sub era ... CC ... »quarto kalendas martias.»

a. Sota, *Chronica de los principes de Asturias y Cantabria* (Madrid, 1681, in-fol.), p. 415, d'après un «pergamino suelto» des archives de la collégiale de Santillana, lequel était, paraît-il, en «letra Gotica muy dificultosa de leer» et «por su mucha antiguedad... despintada en algunas partes».—*b.* Huerta, *Anales de Galicia,* II (Santiago, [1736], in-fol.), *escr.* VII, p. 390, sous l'année 736, d'après *a* (cf. p. 212).

TRAD. Huerta, *loc. cit.,* pp. 212-213.

---

(1) Sota, *Chronica de los principes de Asturias,* p. 417, place l'acte en 736, «poco mas o menos», simplement parce que l'abbé de Santillana «Don Pero» est cité dans le Pseudo-Hauberto à l'année 736.

(2) Santillana del Mar, prov. de Santander, *part. jud.* de Torrelavega.

(3) Localité aujourd'hui disparue, qui était située près de Santillana. Cf. Flórez, *Esp. Sagr.,* XXVII, p. 29 et p. 401.

(4) Camplengo, prov. de Santander, *part. jud.* de Torrelavega, *ayunt.* de Santillana.

2.—740, 31 octobre. —*Faux*.

Ayant édifié dans les Asturies le monastère de Santa Maria de Covadonga (⁵), et transféré en ce lieu la statue de la Vierge du Monsagro (⁶); ayant fait consacrer ladite basilique par douze évêques et douze abbés, en présence des palatins et des grands du royaume, et cela pour commémorer la victoire remportée par Pélage en cette caverne le 1ᵉʳ avril 718; ayant installé à Covadonga une communauté de douze moines et d'un abbé, soumise à la règle de saint Benoît, et bâti dans l'église trois autels dédiés à la Vierge, à saint Jean Baptiste et à saint André;—Alphonse III et sa femme Hermesenda donnent au monastère de Covadonga et à l'abbé Adulfo des ornements d'église, des vêtements sacerdotaux, du bétail, le terrain sur lequel s'élève le monastère, ainsi que le monastère lui-même; ils leur cèdent en outre leurs droits sur la montagne de Covadonga.— «Facta carta in ipso capitulo »pridie kalendas novembris era DCCLXXVIII. Avitus presbyter, »qui notavit, † feci.»

a. Noticia de la antiguedad ... de Santa Maria de Cobadonga, [1778], pp. 12-14, d'après les «traslados que todavia se conservan en el archivo [de San Benito] ..., confrontados con los que ha sacado el Abad actual Don Nicolás Antonio Campomanes.» Cf. p. 1, note.—*b*. Risco, *Esp. Sagr.*, XXXVII, app. III, pp. 303-304.—*c*. Escandon, *Historia monumental del heróico rey Pelayo* (Madrid, 1862, in-8), nº III, pp. 443-444, d'après *b*.

IND. Vigil, *Asturias monumental*, I (Oviedo, 1887, in-4), p. 311, J. 1ª, avec la date: 3 octobre.

(⁵) Covadonga, prov. d'Oviedo, *part. jud.* et *ayunt.* de Cangas de Onis.

(⁶) Monsagro, «monte dos leguas distante de Oviedo á la parte me-»ridional entre los rios Lena, y Quiros, que no lejos de allí entran en el »Nalon». Risco, *Esp. Sagr.*, XXXVII, p. 283.

3.—741, 11 novembre.—*Faux*.

Alphonse Ier et sa femme Hermesenda donnent au monastère de
Covadonga et à leur oncle, l'abbé Adulfo, diverses églises à *Pon-*
teferrato, Benavente, Ponte Reginae, Onis, etc., et toutes les églises,
avec leurs dépendances, sises entre Covadonga, Gijon (⁷), Gozon (⁸)
te la mer Cantabrique; ils confèrent audit monastère le privilège
de l'immunité, et lui accordent en outre toutes les églises compri-
ses dans un rayon de douze mille pas, ainsi que le monastère de
San Vicente à Leon, et les pêcheries situées sur la mer Cantabrique.— «Facta charta ... III idus novembris era DCCLXXIX.—
»Abbas Adulfus praefati monasterii, qui notavit, † feci.»

  a. Noticia de la antiguedad ... de ... Cobadonga, pp. 15-16.—*b.* Risco,
Esp. Sagr., XXXVII, app. IV, pp. 304-305.—*c.* Escandon, *Historia ... del ...*
rey Pelayo, n° IV, pp. 445-446, d'après *b.*
  IND. Vigil, *Asturias monumental,* I, p. 311, J. 2ª.

4.—746, 21 février.— *Faux*.

Alphonse Ier et sa femme Hermesenda dotent le monastère de
San Pedro de Villanueva (⁹).

Analysé par Sandoval, *Cinco Obispos* (Pamplona, 1615, in-fol.), p. 96:
«Dotaron los Reyes don Alonso, y doña Hermesenda, este Monasterio, y
»dieronle todo el termino, que dizen de Villanueva, que parte desde la
»peña de la Morca, a la peña de Vermeja ... y buelue a la dicha peña de la

---

(⁷) Gijon, prov. d'Oviedo, ch.-l. de *part. jud.*
(⁸) Gozon, prov. d'Oviedo, *part. jud.* de Avilés.
(⁹) L'ancien monastère de San Pedro de Villanueva est situé sur
les bords du Sella, à deux kilomètres au sud de Cangas de Onis. Cf. Vigil, *Asturias monumental,* I, p. 309.

»Morca. Dentro de los quales terminos esta incluso el Monasterio. Es la
»data del priuilegio desta dotacion año de Christo 746. a veinte y uno de
»Hebrero... Dieron los Reyes demas desto el patronazgo de la Iglesia de
»santa Cruz, que el Rey Don Fauila auia edificado.»

Ind. Vigil, *Asturias monumental*, I, p. 312, J. 3ª.

5.—775, 23 août.

Silo, à la requête de plusieurs religieux, leur donne, pour qu'ils
y fondent un monastère ([10]), le lieu de *Lucis* ([11]), situé entre l'Eo
et le Masma ([12]).—«Facta karta donacionis sub die x kalendas
»setenberes era DCCCXIIIª.»

A. Original aux archives de l'église cathédrale de Leon. Dimensions
approximatives: 0ᵐ 140 (hauteur) × 0ᵐ 490 (largeur). Écriture fine et
pointue, avec un assez grand nombre de ligatures ([13]). Parchemin bien
conservé, quoique très froissé et légèrement déchiré dans le bas. Au dos
de l'acte, traces de confirmations dues à Ramire Iᵉʳ, Alphonse III et Ordoño II; on lit, non sans peine, l'encre étant très effacée: *Ranimirus confirmans. Adefonsus confirmans. Hordonius confirmans* (cf. Flórez, *Esp. Sagr.*,
XVIII, p. 10).

a. Flórez, *Esp. Sagr.*, XVIII, pp. 306-307, d'après *A.—b*. A. M[artínez]
S[alazar], dans *Galicia histórica*, II (Santiago, 1903, in-8), pp. 784-785,
d'après *A*.

Fac-sim. *Galicia histórica*, loc. cit.

([10]) Ce fut le monastère de San Martin de Esperautano, lequel dé-
pendit pendant un certain temps de l'église de Leon avant d'être rattaché au monastère de San Salvador de Lorenzana. Voy. Flórez, *Esp.
Sagr.*, XVIII, pp. 9-11, et les chartes de Ramire II (3 juillet 935) et d'Ordoño IV (11 novembre 958) publiées *ibid.*, pp. 308-309 et 310-311.

([11]) Sur l'emplacement donné par Silo, consulter A. Martínez Salazar, dans *Galicia histórica*, p. 786.

([12]) L'Eo et le Masma, petits fleuves de Galice qui se jettent dans la
mer Cantabrique.

([13]) Au sujet des particularités graphiques de ce parchemin, consulter Martínez Salazar, *loc. cit.*, p. 787.

6.—791-842.—*Faux*.

Alphonse II donne au monastère de San Cipriano de Calogo ([14])
divers domaines, confirme ses possessions et lui concède en outre
les salines sises à *Ulla* ([15]).—«Facta series testamenti ac dona-
»tionis sub die iv idus maii era DX^eX^eX^eX^eVII et series dena»
(sic).

B. Copie du xviiie siècle: Madrid, Bibliothèque particulière du Roi
Coleccion de Privilegios, V, fol. 281 v.-282 v.

7.—791-842.—*Faux*.

Alphonse II, dit le Chaste, prince catholique d'Espagne, dé-
termine les limites du diocèse d'Oviedo.

B. Copie du xiie siècle: *Libro gótico* de l'église d'Oviedo, fol. 2.
Ind. Vigil, *Asturias monumental*, I, p. 57, A. 10, sous l'année 822.

8.—804, 21 décembre.—*Faux*.

Alphonse II confirme à l'église de Valpuesta ([16]) et à l'évêque
Juan la possession de tous ses biens présents et à venir; il déter-
mine les limites du diocèse et fixe les privilèges dont les habitants jouiront en matière criminelle; il donne, à Losa, les domai-

([14])   Calogo, prov. de Pontevedra, *part. jud.* de Cambados, *ayunt.* de
Villanueva de Arosa.
([15])   Ou, peut-être, sur les bords de l'Ulla, petit fleuve de Galice qui
se jette dans la baie de Arosa.
([16])   Valpuesta, prov. de Burgos, *part. jud.* de Villarcayo, *ayunt.* de
Berberana.

nes de *Formal*, Villalumnos ([17]) et Fresno de Losa ([18]), avec le droit de pacage sur toutes les terres royales; il donne diverses églises situées à *Potancre* ([19]); il accorde le droit de couper du bois sur tous les monts appartenant à la couronne, avec exemption du *montazgo* et du *portazgo;* enfin, il confère à Valpuesta et à ses dépendances le privilège de l'immunité.—«Facta testa-»menti cartula sub die quod erit XII kalendas ianuarias era »DCCCªXⁱIIª, regnante rex Adefonsus in Obetu.—Altemirus »pinxit.»

B. Copie du XIᵉ siècle: *Becerro gótico* de Valpuesta, fol. 70 r.-72 r.— *C. Ibidem,* autre copie de même époque, fol. 26 r.-28 r.—*D.* Copie du XIIIᵉ siècle: second cartulaire de Valpuesta, fol. 1 r.—2 v., d'après *C.*

a. Flórez, *Esp. Sagr..* XXVI, app. I, pp. 442-444, d'après *B* et *D.*— *b.* Llorente, *Noticias históricas de las tres provincias vascongadas,* III (Madrid, 1807, pet. in-4), nº IV, pp. 18-20, d'après *D.*—*c.* González, *Coleccion de privilegios, franquezas, exenciones y fueros concedidos á varios pueblos de la Corona de Castilla* (continuation de la *Coleccion de documentos concernientes á las provincias vascongadas),* VI (Madrid, 1833. pet. in-4), pp. 1-5, avec une confirmation de saint Ferdinand et diverses autres, d'après le *Libro de privilegios y confirmaciones* nº 346 des Archives de Simancas, *artículo* 9.— *d.* Muñoz y Romero, *Coleccion de fueros municipales y cartas pueblas,* I (Madrid, 1847, in-4), pp. 13-15, d'après *a.*—*e.* E. J. de Labayru y Goicoechea, *Historia general del señorío de Biscaya,* I (Bilbao-Madrid, 1895, gr. in-4), app. VII, pp. 844-845.—*f.* L. Barrau-Dihigo, *Chartes de l'Église de Valpuesta du IXᵉ au XIᵉ siècle,* dans *Revue Hispanique,* VII (1900), pp. 289-293, d'après *B, C* et *D.*—*g.* Francisco Macho y Ortega, *La iglesia de Valpuesta en los siglos IX y X,* dans *Revista de Archivos, Bibliotecas y Museos,* 3.ª época, XXXVI (1917), pp. 378-381, d'après *C.*

TRAD. Garibay, *Los XL libros del compendio historial,* I (Anveres, 1571, in-fol.), pp. 410-411; 2ᵉ éd., I (Barcelona, 1628, in-fol.), pp. 345-346; sous

---

([17])   Villalumnos, «lugar despoblado en el valle de Losa». Llorente, *Noticias históricas de las tres provincias vascongadas,* III, p. 86.

([18])   Fresno de Losa, prov. de Burgos, *part. jud.* de Villarcayo, *ayunt.* de Junta de San Martin de Losa.

([19])   Sur l'emplacement de *Potancre,* localité voisine, semble-t-il, de Miranda de Ebro, voir *Revue Hispanique,* VII (1900), p. 284, n. 2.

la date du 21 mai 774.—Argaiz, *La Soledad laureada*, VI (Madrid, 1675, in-fol.), pp. 623-624, d'après *B* et *C*, avec souscriptions en latin.

9.—811, 11 juin.— *Suspect.*

Alphonse II confirme aux moines du monastère de San Julian de Samos ([20]) la possession dudit lieu de Samos, lequel appartenait au monastère de San Julian, ainsi qu'il ressortait d'une donation du roi Fruela, mais avait été à plusieurs reprises depuis la mort de ce roi l'objet d'exactions commises par des laïques; il donne en outre l'espace compris dans un rayon d'un mille et demi autour du monastère ([21]).—«Notum die III idus junii era »DCCCX'VIIII.»

B. Copie du xviiie siècle: Paris, Bibliothèque Nationale, esp. 321, fol. 273 r. et v., d'après le *Becerro* (perdu) de Samos, *escr.* 36.—*C.* Copie du xviiie siècle: *Tumbo nuevo* de Lugo, fol. 323 r., 325 r. et v. et 326 r. et v.

a. Huerta, *Anales de Galicia*, II, *escr.* xvi, p. 402, d'après le *Becerro* perdu (cf. p. 307).—b. Risco, *Esp. Sagr.*, XL, app. xiv, pp. 368-369.

TRAD. Huerta, *loc. cit.*, p. 308.

10.—812, 16 ou 25 novembre ([22]).—*Refait.*

Alphonse II, surnommé le Chaste, petit-fils d'Alphonse Ier le Grand et fils de Fruela, offre à l'église d'Oviedo des biens-fonds

---

([20]) Samos, prov. de Lugo, *part. jud.* de Sárria.

([21]) Cette charte est mentionnée dans le diplôme d'Ordoño II pour Samos, 1er août 922, publié par Flórez, *Esp. Sagr.*, XIV, pp. 367-372: «Postquam confirmatus fuit [Adefonsus II] et unctus in regno, iterum »confirmabit eis [fratribus] adque contestabit ipsum monasterium et »ipsas villas per suis terminis et locis antiquis».

([22]) La copie du *Libro gótico* donne la date: «16 des kalendes de décembre», soit 16 novembre; l'édition de Flórez: «7 des kalendes de décembre», soit 25 novembre.

et des familles serves, confirme ses donations antérieures et celles de son père Fruela, offre à Dieu l'atrium, «quod est in cir->cuitu domus tuae», et toute la ville d'Oviedo avec les aqueducs, édifices et maisons qu'il y a bâtis; donne enfin des ornements d'église, des manuscrits de l'Écriture Sainte, et des champs, terres, etc., situés hors de la ville. — «Facta scriptura testamenti »vel confirmationis die xvi kalendarum decembris era DCCCL. — »Justus notavit.»

B. Copie du xiie siècle: *Libro gótico* de l'église d'Oviedo, fol. 6 v., sous le titre: *Testamentum Regis Adephonsi cognomine Casti*, et avec la date: *die XVI kalendarum decembris*.

a. Risco, *Esp. Sagr.*, XXXVII, app. viii, pp. 316-318, avec la date: «die septima kalend. decembris».—b. Escandon, *Historia ... del ... rey Pelayo*, nº viii, pp. 456-458, d'après *a*.

Ind. Vigil, *Asturias monumental*, I, p. 56, A. 4ª, avec la date: 16 novembre.

11.—812, 16 novembre.—*Refait*.

Rappelant la chute de l'empire goth en 711, la victoire de Pélage sur les Arabes, et les constructions pieuses du petit-fils de Pélage, Fruela, à Oviedo, Alphonse II confirme à l'église d'Oviedo les donations faites par Fruela, lui offre l'*atrium* qu'il avait édifié lui-même autour de ladite église, avec les aqueducs, maisons et autres édifices y renfermés, lui donne en outre des vêtements et ornements d'église, des manuscrits, et des serfs tant clercs que laïques. — «Facta scriptura testamenti vel confirmationis die xvi »kalendas decembris era DCCCL.—Justus [notavit].»

B. Copie de la fin du xie siècle, aux archives de l'église cathédrale d'Oviedo, ainsi décrite par Vigil, *Asturias monumental*, I, p. 56, A. 3ª: «Este documento, original primitivo, consta de siete hojas de pergamino de 0m 46 centímetros de alto, por 0m 25 de ancho: se halla extendido á dos columnas, en letra Gótica ó Isidoriana, con tinta bastante negra, y principia á la vuelta de la hoja primera, concluyendo las firmas en la cara de la sexta. Está muy bien conservado, aunque con faltas ligeras al mar-

gen superior derecho de las hojas, y encuadernado en pasta verde, con
dorados.—Puede reputarse como el más notabilísimo y preciado en la
provincia [de Asturias].»

C. Copie du xiiie siècle: Madrid, Bibliothèque Nationale, ms. 1513
(= F. 134; *Liber Chronicorum*), fol. 116 r.-117 v.

a. Mariana, *Historia general de España,* éd. de Valence, III (1787, in-fol.),
pp. 511-513, d'après *B.—b.* Risco, *Esp. Sagr.,* XXXVII, app. vii, pp. 311-
316, d'après *B.—c.* Escandon, *Historia ... del ... rey Pelayo,* n° vii, pp. 451-
455, d'après *b.*

Trad. Morales, *Los cinco libros postreros de la Coronica general de España*
(Cordova, 1586, in-fol.), fol. 68 v.-69 v.; éd. Cano, VII (Madrid, 1791,
pet. in-4), pp. 194-197, d'après un «libro viejo» de l'église d'Oviedo.

Ind. Vigil, *Asturias monumental, loc. cit.*

12.—829, 4 septembre ([23]).—*Faux.*

Alphonse II donne à l'apôtre saint Jacques et à l'évêque Teodomiro un espace de trois milles autour de l'église de l'apôtre ([24]);
il rapporte que le corps de ce dernier ayant été récemment
découvert, il était accouru en compagnie de ses palatins; avec
des larmes et des prières, il avait adoré les reliques de saint Jacques, l'avait reconnu comme patron et seigneur de toute l'Espagne, lui avait fait l'offrande des trois milles, avait bâti une église
en son honneur et finalement rattaché le siège d'Iria ([25]) à ce
saint lieu ([26]).—«Facta scriptura testamenti in era DCCCLXVII
»et quot pridie nonas septembris».

([23]) La date de ce document a été lue de façons très diverses; on s'en
tiendra à celle du *Tumbo A* de Compostelle, soit 829.

([24]) Le texte porte: «in giro ecclesie beati Jacobi apostoli», et non
pas, comme l'imprime Flórez, *Esp. Sagr.,* XIX, p. 329: «in giro *tumbae*
»ecclesiae». Le mot *tumbe* a été récrit au xiiie siècle, en surcharge, sur
le mot *ecclesie.* Cf. López Ferreiro, *Historia de la iglesia de Santiago,* II,
p. 38, n. 1.

([25]) Iria, aujourd'hui El Padron, prov. de La Corogne, ch.-l. de *part. jud.*

([26]) L'*Historia Compostellana,* I, ch. 2, § 1, dans Flórez, *Esp. Sagr.,* XX,

B. Copie du xiie siècle: *Tumbo A* de l'église de Compostelle, fol. 1 v. — *a.* Castellá Ferrer, *Historia del Apostol de Jesuchristo Sanctiago Zebedeo* (Madrid, 1610, in-fol.), fol. 219 v., avec la date: «era DCCCLXVII».— *b.* González de Acebedo, *Memorial y discurso del pleyto, que las Ciudades, Villas y Lugares del Arzobispado de Burgos, y Toledo de Tajo a esta parte, y Obispados de Calahorra, Palencia, Osma, y Siguenza tratan en la Real Chancilleria de Valladolid con el Arzobispo, Dean y Cabildo de la Santa Iglesia de Santiago de Galicia* (Pinciae, 1611, in-fol.; 2ª éd., Madrid, 1771) nº 124.— *c.* Huerta, *Anales de Galicia,* II, *escr.* xxii, p. 411, avec la date «era DCCCLXII», d'après *B* (cf. p. 339).— *d.* Flórez, *Esp. Sagr.,* XIX, p. 329, d'après *B.*— *e. Representacion contra el pretendido Voto de Santiago* (Madrid, 1771. in-fol.), app. ii, p. 5, d'après «[Executoria del Pleito general de Granada]. Memorial Ajustado [del Pleito] de los Concejos [de los cinco Obispados de Toledo, Burgos, Sigüenza, Osma y Calahorra], Num. 212», avec la date: «aera DCCCLXXIII».—*f.* López Ferreiro, *Historia de la iglesia de Santiago de Compostela,* II (Santiago, 1899, in-8), p. 38, d'après *B.*

Trad. Morales, *Coronica general de España,* liv. IX, ch. 7; éd. Cano, IV, pp. 365-366, avec la date: ère 873, d'après un cartulaire de Compostelle ([27]).—Castellá Ferrer, *op. cit.,* fol. 220 r.—Carvallo, *Antiguedades y cosas memorables del Principado de Asturias* (Madrid, 1695, in-fol.), p. 194.—Argaiz, *La Soledad laureada,* III, p. 329.—Huerta, *op. cit.,* II, p. 339.—*Representacion contra el pretendido Voto de Santiago,* app. iii, p. 6, d'après Morales.—Zepedano y Carnero, *Historia y descripción arqueológica de la Basílica compostelana* (Lugo, 1870, pet. in-8), pp. 36-37.

pp. 8-9, paraît faire allusion à cet acte. Celui-ci est formellement mentionné: 1º dans une charte de Ramire II, 21 février 934 (López Ferreiro. *op. cit.,* II, app. lv, pp. 119-121); 2º dans un jugement d'Alphonse V, 30 mars 1019 (López Ferreiro, *op. cit.,* II, app. lxxxvi, pp. 209-214), où on lit: «primum testamentum domini Adefonsi catholici principis prioris »de tribus milibus in giro tumbe ecclesie beati Iacobi apostoli». Noter les mots «in giro *tumbe* ecclesie» signalés plus haut.

(27) Le cartulaire dont s'est servi Morales n'est certainement pas le *Tumbo A.* Cf. la description sommaire qu'il en donne, *loc. cit.,* p. 365.

13.—831-871 ([28]).—*Faux*.

Inventaire dressé par ordre d'Alphonse II des biens que l'église de Lugo possédait à Lemus ([29]), Saviñao ([30]) et Brosmos ([31]), savoir: 1° le monastère de San Esteban de Atan ([32]), fondé jadis par l'archevêque Odoario, puis détruit par les Maures et rendu enfin à l'église de Lugo par Alphonse II; 2° les *villae* et églises dépendant du susdit monastère.

B. Copie du xiiie siècle: *Tumbo viejo* de l'église de Lugo, fol. 3, n° 4, sous le titre: *Inventarium hereditatum de Lemos ad Lucensem ecclesiam spectantium* (cf. *Revue Hispanique*, XII, 1905, p. 593).

a. Huerta, *Anales de Galicia*, II, *escr*. xix, p. 405, à l'année 831, d'après *B* (cf. p. 331).

TRAD. Huerta, *op. cit.*, pp. 331-332.

([28]) Risco, *Esp. Sagr.*, XL, pp. 122-123, place cette notice en 871, évidemment parce qu'on y lit: «sed postea, peccato impediente, a paga-»nis destructum [monasterium S. Stephani] et a rege domino Adephon-»so vindicatum, S. Mariae est restitutum in era DCCCCVIIII». L'édition de Huerta, *Anales de Galicia*, II, p. 405, présente en cet endroit la variante: «in era DCCCLXVIIII». L'acte étant un simple faux, il n'y a pas lieu d'insister sur la divergence des textes.

([29]) Le vocable de Lemus ou Lemos s'appliquait à une petite région de la Galice, dont la ville principale était Monforte de Lemus, prov. de Lugo, ch.-l. de *part. jud.*

([30]) Saviñao, prov. de Lugo, *part. jud.* de Monforte.

([31]) Brosmos (Santa Cruz de), prov. de Lugo, *part. jud.* de Monforte, *ayunt.* de Sober.

([32]) Atan (San Esteban), prov. de Lugo, *part. jud.* de Monforte, *ayunt.* de Panton.

14.—832, 27 mars (33).—*Faux.*

Etant monté sur le trône de Galice et d'Espagne que lui avait ravi Mauregato; ayant pris possession de tous les territoires qu'Alphonse Ier, fils du duc Pierre, avait enlevés aux Arabes, tant en Galice qu'en Bardulie; ayant décidé d'établir sa capitale à Oviedo et de construire en cette ville une église dédiée au Saint Sauveur sur le modèle de l'église Santa Maria de Lugo; ayant décidé également de placer la ville de Lugo à la tête de la province de Galice et de restaurer ainsi l'état de choses existant avant l'invasion arabe,—Alphonse II, fils du roi Fruela, avait eu à combattre le rebelle Mahmoud de Mérida, fortifié en son château de Santa Cristina (34). Mahmoud vaincu et le château pris, le roi avait résolu de réaliser sans délai le dessein qu'il avait formé au sujet de Lugo, seule ville dont les murs n'eussent pas été abattus par les Arabes, des mains desquels l'avait arrachée Alphonse Ier, fils du duc Pierre et descendant de Récarède. En conséquence, il donne à l'église Santa Maria et à la ville de Lugo la ville de Braga, jadis métropole de Galice, et celle d'Orense, que les Arabes avaient détruites et qu'il ne pouvait présentement restaurer; ces deux villes, avec leurs diocèses, devant payer à Lugo le cens habituel, soit le tiers de leurs revenus. D'autre part, il enlève à l'église de Lugo, pour les rattacher à celle d'Oviedo, les paroisses de *Balbonica*, Neira (35),

_____

(33) La date de cet acte n'a pas toujours été correctement lue; mais, de toute évidence, il faut adopter celle que contient le pseudo-original, soit 832.

(34) Santa Cristina, prov. de Lugo, *part. jud.* de Sárria, *ayunt.* de Paradela.

(35) Neira. Il existe diverses localités de ce nom dans la prov. de Lugo, *part. jud.* de Becerreá et *part. jud.* de Sárria.

Flamoso, Sárria (³⁶), Páramo (³⁷), Froyan (³⁸), Saviñao, *Sardina-ria, Abiancos,* Asma (³⁹), Camba (⁴⁰) et Deza (⁴¹); ces paroisses devant continuer à dépendre de Lugo au spirituel, mais devant presque toutes payer le cens ecclésiastique à Oviedo. Le roi déclare que c'est en compensation de la perte de ces paroisses que l'église de Lugo reçoit les villes de Braga et d'Orense, mais qu'elles lui feront retour si Braga et Orense viennent à être repeuplées. Alphonse II mentionne enfin que le siège épiscopal érigé à Oviedo l'a été en remplacement de celui de Bretoña (⁴²), cette dernière ville étant détruite et inhabitable.— «Facta series testamenti hujus die quod erit vɪ kalendas aprilis »era DCCCLXX. — Gersenondus presbiter ubi praesens fui et »notavi».

A. Pseudo-original à l'*Archivo Histórico Nacional,* doc. de Lugo, *Libro I de foros en pergamino,* fol. 82. Dimensions approximatives: 0ᵐ 290 (hauteur) × 0ᵐ 460 (largeur). Écriture de la fin du xɪᵉ siècle, très claire, un peu petite, ronde; c'est de la minuscule caroline mélangée de lettres visigothiques. Chaque souscription est suivie d'un monogramme.

B. Copie du xɪɪɪᵉ siècle: *Tumbo viejo* de l'église de Lugo, fol. 7, n⁰ 8, sous le titre: *Testamentum domini Adefonsi regis de Sancta Cristina,* et avec la date: «era DCCC et LXX». Cf. *Revue Hispanique,* XII (1905), p. 593.

C et C'. Copies du xɪɪᵉ-xɪɪɪᵉ siècle: *Liber Fidei* de l'église de Braga; l'une de ces copies, identique à A et B (nous la nommons C), l'autre, assez

---

(³⁶) Sárria, prov. de Lugo, ch.-l. de *part. jud.*

(³⁷) Páramo, prov. de Lugo, *part. jud.* de Sárria.

(³⁸) Froyan (San Pedro) ou Froyan (San Saturnino) ou Froyan (San Vicente), prov. de Lugo, *part. jud.* et *ayunt.* de Sárria.

(³⁹) Asma. Ce vocable subsiste dans cinq localités du *part. jud.* de Chantada, prov. de Lugo.

(⁴⁰) Camba (San Juan) ou Camba (San Salvador) ou Camba (Santa Eulalia), prov. de Pontevedra, *part. jud.* de Lalin, *ayunt.* de Rodeiro.

(⁴¹) La Deza, pays de la prov. de Pontevedra, situé entre le Deza et l'Arnego, affluents de gauche de l'Ulla.

(⁴²) Bretoña (Santa Maria de), prov. de Lugo, *part. jud.* de Mondoñedo, *ayunt.* de Pastoriza. Cf. Flórez, *Esp. Sagr.,* XVIII, p. 6.

différente et datée des ides de mars ère DCCCLXVIII, soit 15 mars 830 (nous la nommons *C'*) (43).

D. Copies du xviiie siècle: *Tumbo nuevo* de Lugo, fol. 1 r.-2 v., 271 r. et v., 332 r.-333 r., d'après *A.*

a. Sandoval, *Cinco Obispos*, pp. 171-174, d'après *C'.—b.* Aguirre, *Collectio maxima conciliorum omnium Hispaniae*, III (Romae, 1694, in-fol.), pp. 129-130, d'après *a;* 2e éd., IV (1754), pp. 128-129.—*c.* Contador de Argote, *Memorias para a historia ecclesiastica de Braga*, tit. I, t. II (Lisboa, 1734, in-4), pp. 787-791, d'après une copie prise sur *C* par Diogo Borges Pacheco (les souscriptions manquent), et *ibid.*, pp. 838-843, d'après une copie prise sur *C'* par Luis Alvares de Figueiredo.—*d.* Huerta, *Anales de Galicia*, II, *escr.* xxi, pp. 409-411, d'après *B.—e.* Risco, *Esp. Sagr.,* XL, app. xv, pp. 369-373.—*f. Diploma de Ramiro I* (Madrid, 1804, pet. in-4), *escr.* iv, pp. 299-303, d'après *A.—g.* La Fuente, *Historia eclesiástica de España*, 2e éd., III, n° 19, pp. 451-453.

TRAD. Contador de Argote, *loc. cit.*, pp. 843-848 (traduction de *C'*).— Huerta, *loc. cit.*, pp. 336-338 (traduction de *B*).

15.—832, 27 avril (44). Braga.—*Faux.*

Procès-verbal de la délimitation du diocèse de Braga, opérée par ordre de l'*elegans imperator sanctissimus* Alphonse II, lequel avait décidé de repeupler Braga et son territoire.—«Fac-

---

(43) Les différences sont les suivantes. En premier lieu, après les mots: «concedo civitates, Bracarensem videlicet metropolitanam», le texte *C'* du *Liber Fidei* continue ainsi: «cum suo episcopatu et in »circuitatis. Sunt autem nomine ecclesiarum memoratae civitatis Bra-»charae», etc.; suit une longue énumération des églises dépendant du diocèse de Braga. En second lieu, tout le passage compris entre *concedo Virginis Mariae Lucense sedis* et *temporum. Haec sunt autem nomina provinciae*, a été supprimé. En troisième lieu, non seulement la date, mais aussi les souscriptions sont dissemblables; l'acte *C'* du *Liber Fidei* est confirmé, notamment, par les évêques Nausto, Froarengo, Lucidio, Flaviano et Valeriano.

(44) Rappelons que Flórez, *Esp. Sagr.*, XV, pp. 168-169, date cet acte de 745.

»ta est haec divisio inventario notum die v kalend. maii aera
»DCCCᵃLXXᵃ, et hoc scriptum concessis episcopis ibi commo-
»rantibus cum omni suburbio episcopatui ejus.— Et oculis meis
»praesens vidi Arnulphus praesbyter qui scripsi».

a. Contador de Argote, *Memorias para a historia de Braga,* III, doc. i,
pp. 385-386.
Trad. Contador de Argote, *loc. cit.,* pp. 387-388.

16.—835, 28 janvier.—*Faux.*

Ayant réuni, le 28 janvier 835, une assemblée d'évêques, de
comtes, d'abbés, de prêtres, de moines et de nonnes dans le but
de décider du sort de Braga, l'ancienne métropole de la Galice,
et ayant fait procéder à la délimitation du diocèse, Alphonse II
confirme à l'église de Lugo et à l'évêque Froylan la donation
qu'il avait antérieurement faite de la ville de Braga, avec son
diocèse et toutes ses dépendances.—«In aera DCCCᵃLXXᵃIIIᵃ,
»v° kls. februarii ... Factum titulum nostrum notum die quod
»est aera desuper.—Florentius presbyter notavit».

a. Contador de Argote, *Memorias para a historia de Braga,* III, doc. iii,
pp. 395-398.— *b.* Risco, *Esp. Sagr.,* XL, app. xvii, pp. 379-380, d'après *a*
(le début manque dans l'édition de Risco).
Trad. Contador de Argote, *loc. cit.,* pp. 398-400.

17.—841, 1ᵉʳ janvier (⁴⁵).—*Faux.*

Ayant vaincu Mahmoud et établi sa capitale à Oviedo, Alphonse II restitue à l'église de Lugo et à l'évêque Froylan tous les

---

(⁴⁵) Le P. Pablo Rodríguez a tenté de démontrer que le diplôme du
1ᵉʳ janvier 841 était en réalité antérieur d'une année à celui qu'on date
du 27 mars 832. Voy. *Diploma de Ramiro I,* pp. 289-298. Cette démons-
tration n'a aucune raison d'être, les deux diplômes étant apocryphes.

biens qu'avaient possédés pendant plus de trois cents ans les
prélats de cette église, notamment le premier archevêque, Nitigisio, qui vécut sous Theudimer, et l'archevêque Odoario. Enlevés et dévastés par les Arabes, reconquis par le roi, dispersés
dans toute la Galice, ces biens comprenaient: le château de Santa
Cristina, avec son église et ses dépendances; le monastère de
San Esteban de Atan, fondé par Odoario; les *villae* et églises
dépendant du susdit monastère; le monastère de Santa Maria de
Amandi, (⁴⁶) situé non loin du château de Francos (⁴⁷). De plus,
il décide, avec le consentement des évêques et des grands de
Galice, que Lugo sera désormais, à la place de Braga détruite,
la métropole de toute la Galice et de la province de Portugal,
comme elle l'avait été au temps des rois Theudimer et Radimir.
— «Facta series testamenti die quod erit kalendas januarias era
»DCCCLXXVIIII.»

A. Pseudo-original, «escrito en caracteres goticos y antiquissimos»,
conservé au *Libro X de pergaminos* de l'église de Lugo; cf. *Tumbo nuevo*,
fol. 5 r.
B. Copie du xiiiᵉ siècle: *Tumbo viejo* de l'église de Lugo, fol. 4, n.º 5,
sous le titre: *Privilegium regis domini Adefonsi de restauratione Lucensis
ecclesie et possessionum eiusdem Lucensis ecclesie*, et avec la date: «era
DCCCCVIIII»; cf. *Revue Hispanique*, XII (1905), p. 593.
C. Copies du xviiiᵉ siècle: *Tumbo nuevo* de Lugo, fol. 3 r.-5 r. et 328 r.-
331 v., d'après A.
a. Huerta, *Anales de Galicia*, II, *escr.* xx, pp. 406-409, à l'année 832.—
b. Risco, *Esp. Sagr.*, XL, app. xvi, pp. 373-379, d'après B et une copie
prise en 1268 sur le «primer original» (cf. p. 118).—c. *Diploma de Ramiro I*,
escr. iii, pp. 282-288, à l'année 831, d'après A (?).—d. La Fuente, *Historia eclesiástica de España*, 2ᵉ éd., III, n° 20, pp. 453-456.
TRAD. Huerta, *loc. cit.*, pp. 332-335.

(⁴⁶)   Amandi (Santa Maria de), prov. de Lugo, *part. jud.* de Monforte,
ayunt. de Sober.
(⁴⁷)   Francos, prov. de Lugo, *part. jud.* de Monforte, *ayunt.* de Sober.

18.—844, 25 mai, Calahorra (⁴⁸).—*Faux*.

Ayant livré combat aux Musulmans pour abolir le tribut an-
nuel des cent vierges, et les ayant vaincus à la bataille de Clavijo (⁴⁹) grâce à l'intervention de l'apôtre saint Jacques, Ramire Iᵉʳ, de concert avec sa femme Urraca, son fils Ordoño et son
frère Garcia, décide que, désormais, dans toute l'Espagne et sur
tous les territoires qui seront repris aux Infidèles, seront annuel-
lement attribuées, comme prémices, aux chanoines de l'église de
Compostelle une mesure de blé et une mesure de vin par arpent
de terre *(de unoquoque jugo boum)*. Il établit en outre que, dans
toute l'Espagne, les Chrétiens, après chaque expédition contre
les Musulmans, devront offrir à l'apôtre une partie du butin con-
quis *(ad mensuram portionis unius)*.—«Facta scriptura consolatio-
»nis, donationis et oblationis huius, in civitate Kalaforra, noto
»die vɪɪɪ kalendarum iunii era DCCCLXXII.»

B. Copie du milieu (?) du xɪɪᵉ siècle, conservée aux archives de l'église
cathédrale de Compostelle, et provenant de celles de l'église d'Orense.

C. Copies du xɪɪɪᵉ siècle *(Tumbo negro de Santiago)*: Madrid, Bibliothèque Nationale, ms. 1358 (= F. 86; *Compiutensis*), fol. 69 r.-73 r; ms. 2805
(= I. 323); Leyde, Bibliothèque de l'Université, *Vossius* O 91, fol. 105 v.-
112 v.

a. Castellá Ferrer, *Historia del Apostol Sanctiago*, fol. 252 r.-255 r.—
b. Huerta, *Anales de Galicia*, II, escr. xxɪv, pp. 412-415.—*c*. Flórez, *Esp.
Sagr.*, XIX, pp. 329-335.—*d. Representacion contra el pretendido Voto de Santiago*, app. ɪ, pp. 1-4, d'après «la piel que presentó la Santa Iglesia en la
Chancilleria de Valladolid en el pleito con los Concejos de los cinco
Obispados de Toledo, Burgos, Sigüenza, Osma, i Calahorra».—*e*. La Fuente, *Historia eclesiástica de España*, II, pp. 493-498; 2ᵉ éd., III, nᵒ 23, pp·

(⁴⁸) Calahorra, prov. de Logroño, ch.-l. de *part. jud.*
(⁴⁹) Clavijo, prov. et *part. jud.* de Logroño.

461-465.—*f*. López Ferreiro, *Historia de la Iglesia de Santiago*, II, pp. 132-137, d'après *B*.

TRAD. «Provision del Señor D. Enrique II para el pago del Voto de Santiago en el Reino de Toledo, Extremadura, Andalucia, i Murcia», Valladolid, 8 février 1378, dans *Representacion contra el pretendido Voto de Santiago*, app. XLI, pp. 72-78.— *Privilegio del rey Ramiro y de los votos de Sanctiago con la confirmacion del Papa Celestino* (Valladolid, por Diego Fernandez de Cordoua, 1578, in-fol., 6 ff.), fol. A 2 r.-A 4 r., traduction due à Hernán Núñez de Guzmán.—Morales, *Coronica general de España*, liv. IX, ch. 7; éd. Cano, IV, pp. 369-375, d'après les copies contenues dans le cartulaire de Compostelle déjà cité (cf. *Catalogue*, n° 11) et le *Codex Complutensis* (cf. ci-dessus, *C*).—Salinas, *Sumario de la batalla de Clavijo* (Madrid, 1601, in-4), fol. 2 r.-6 v.—Castellá Ferrer, *op. cit.*, fol. 255 r.258 v., d'après la traduction de Valladolid, 1578.

19.—848, mars.—*Faux*.

Ramire Ier donne à son oncle paternel, l'abbé Juan, et aux moines du monastère de Lorvão ([50]) tous les biens qu'il a enlevés à Albamath, seigneur de Coïmbre, près de Montemayor ([51]), et tous ceux qu'il a enlevés à d'autres Maures; il lui concède de plus, sur la terre de Santa Maria, une rente annuelle de cinq cents sous, cinquante bœufs, cent brebis et cent chèvres.—«Tes-»tamenti series fit mense martio era DCCCLXXXVI.»

a. Brito, *Monarchia Lusytana*, 2ª parte (Lisboa, 1609, in-fol.) ([52]), fol. 311 v.-312 r., d'après «hum antigo treslado... por não ser iá o primeiro original capaz de se poder ler.»—*b*. Manrique, *Cisterciensium... libri* (Lugduni, 1642-1649, 4 vol. in-fol.), à l'année 1195, d'après *a*.—*c*. *Representacion contra el pretendido Voto de Santiago*, app. IV, p. 7, d'après *b*.

---

(50) Lorvão, *comarca* de Coïmbre, *concelho* de Penacova.

(51) Nous avons conservé à dessein la forme espagnole de ce vocable, en raison de la légende de Juan de Montemayor. La ville ainsi dénommée est Monte-Mor-Velho, distr. de Coïmbre, ch.-l. de *concelho*.

(52) Autres éditions, Lisbonne, 1690, in-fol., et 1808-1809, 2 vol. in-8.

Trad. Brito, *Primeira Parte da Chronica de Cister* (Lisboa, 1602, in-.fol.) (53), fol. 443.—Brito, *Monarchia Lusytana*, 2ª parte, fol. 312 r. et v.

20. -852, 17 avril.—*Suspect.*

A la suite d'une immigration de prêtres cordouans en Galice, Ordoño Iᵉʳ concède à X—a, prêtre, et à Audofredo le monastère de Samos, avec tous les biens précédemment possédés par l'évêque X—lix, auquel ils avaient été donnés par Ramire Iᵉʳ. — «Facta scriptura venditionis vel donationis xv kalendas majas »in era DCCCLX.»

B. Copie du xviiiᵉ siècle: *Tumbo nuevo* de Lugo, fol. 353 r. et v.

21.—853, 13 juillet.—*Suspect.*

Ordoño Iᵉʳ confirme à l'évêque Fatal la possession du monastère de Samos et de tous les biens qui avaient appartenu à l'ancien abbé Argerico, le susdit monastère et ses dépendances ayant été concédés par Ramire Iᵉʳ à Fatal, lorsque ce prélat, fuyant l'Espagne musulmane, s'était réfugié en terre chrétienne. Ordoño Iᵉʳ enjoint en outre à Fatal de recouvrer les terres que les moines avaient aliénées après la mort du susdit abbé Argerico, et déclare que tout l'espace compris dans un rayon d'un mille et demi autour du monastère de Samos appartiendra pour toujours à ce dernier. —«Notum die iii idus julii era DCCCLXI.»

B. Copie du xviiiᵉ siècle: *Tumbo nuevo* de Lugo, fol. 354 r. et v.
C. Copie du xviiiᵉ siècle: Paris, Bibliothèque Nationale, esp. 321, fol. 274 r. et v., d'après le *Becerro* de Samos, escr. 41.
a. Huerta, *Anales de Galicia*, II, escr. xxv, pp. 415-416, d'après «l'archivo de Samos», c'est-à-dire, d'après le *Becerro* perdu.
Trad. Huerta, *op. cit.*, pp. 367-368.

(53) Autre édition, Lisbonne, 1720, in-fol.

22. — 854. — *Faux*.

Ordoño Ier confirme, par messagers (⁵⁴), à l'évêque de Compostelle Adulfo la possession des trois milles antérieurement concédés par Alphonse II, et il y ajoute trois autres milles (⁵⁵).— «Facta scriptura in era DCCCLXXXXII» (⁵⁶).

B. Copie du xiie siècle: *Tumbo A* de l'église de Compostelle, fol. 1 v
a. Castellá Ferrer, *Historia del Apostol Sanctiago*, fol. 341 r.—b. Huerta, *Anales de Galicia*, II, *escr*. xxvi, p. 416, d'après «l'archivo de Santiago».—
c. Flórez, *Esp. Sagr.*, XIX, p. 335.—d. *Representacion contra el pretendido Voto de Santiago*, app. vi. p. 9, d'après c. — e. López Ferreiro, *Historia de la iglesia de Santiago*, II, app. iii, p. 9, d'après B.
Trad. Huerta, *op. cit.*, pp. 368-369.

23. — 856, 20 mai. — *Suspect*.

Ordoño Ier confirme à l'abbé Ofilon tous les biens qui avaient appartenu à l'abbé Argerico, soit le monastère de Samos et ses dépendances. Le roi ordonne à l'abbé de visiter le premier de

---

(⁵⁴) Le texte porte: «pueros et familiares nuntios». M. López Ferreiro, *Historia de la iglesia de Santiago*, II, p. 68, n. 1, signale les contresens de traduction auxquels ces mots ont donné lieu; certains auteurs ont cru qu'il s'agissait nécessairement des fils d'Ordoño Ier.

(⁵⁵) López Ferreiro, *op. cit.*, pp. 68-69: «Por desdicha no se conserva »el acta de esta acotación; pero creemos que á ella debe referirse el »*Cronicon Iriense* cuando habla del coto que señaló Don Alfonso II alre-»dedor de la Iglesia de Santiago por Sionlla, Lestedo, Villestro y el »Tambre... Justamente estos puntos cardinales que cita el *Cronicon Irien-»se* distan de Santiago... las seis millas». Mais n'oublions pas que l'acte de 854 est apocryphe.

(⁵⁶) Cette charte est mentionnée: 1º dans un diplôme d'Ordoño II, 29 janvier 915 (López Ferreiro, *op. cit.*, II, app. xxxvii, pp. 82-85); 2º dans

chaque mois les monastères dépendant de Samos, afin d'y main-
tenir la discipline; il ordonne aux moines vivant dans ces monastères ou aux alentours d'assister à la visite de l'abbé; il donne
à celui-ci plein pouvoir pour châtier les coupables et lui enjoint
d'emprisonner, puis de renvoyer devant le tribunal royal les rebelles et les contumaces, à titre d'exemple (57). — «Notum die XIII
»kalendas iunias era DCCCLXᵛIIII. — Aspidius presbiter notarius.»

B. Copie du xvIIIᵉ siècle: *Tumbo nuevo* de Lugo, fol. 355 r.

C. Copie du xvIIIᵉ siècle: Paris, Bibliothèque Nationale, esp. 321, fol. 274
v.-275 r., d'après le *Becerro* de Samos, fol. 3.

a. Huerta. *Anales de Galicia*, II, escr. xxvii, pp. 416-417, d'après le *Becerro* (cf. p. 370), avec la date: 14 des kalendes de juin.

TRAD. Huerta, *op. cit.*, pp. 370-371.

24.—857, 20 avril.—*Refait.*

Ordoño Iᵉʳ — roi catholique d'Espagne, fils de Ramiro Iᵉʳ, troisième roi d'Espagne depuis Alphonse le Chaste — et la reine
Nuña confirment les donations faites à l'église d'Oviedo par Alphonse le Chaste et lui concèdent des ornements et vêtements
sacerdotaux, des monastères, des *villæ* et d'autres biens, avec
les serfs qui en dépendent. Ils lui donnent, en outre: à Oviedo,
la moitié des droits de porte et la moitié des droits de marché;
sur les flancs du mont Naranco (58), la villa de Lillo (59), les églises San Miguel, Santa Maria de Naranco (60), etc. De plus, ils lui

---

un diplôme de Ramire II, 21 février 934 (*ibid.*, app. LV, pp. 119-121);
3º dans un jugement d'Alphonse V, 30 mars 1019 (*ibid.*, app. LXXXVI,
pp. 209-214), où on lit: «secundum testamentum domini Hordonii regis
de VI milibus in giro».

(57)   Cette donation est brièvement rappelée dans la charte déjà citée
d'Ordoño II pour Samos, 1ᵉʳ août 922 (Flórez, *Esp. Sagr.*, XIV, pp. 367-372).

(58)   Le mont Naranco, montagne voisine d'Oviedo.

(59)   Lillo (San Miguel), prov., *part. jud.* et *ayunt.* d'Oviedo.

(60)   Naranco, prov., *part. jud.* et *ayunt.* d'Oviedo.

offrent, en les énumérant, de très nombreux monastères, églises et biens fonciers situés dans les Asturies, le Leon, en Liébana ([⁶¹]), en Trasmiera ([⁶²]), en Castille, dans le Vierzo ([⁶³]) et jusqu'en Galice, notamment sur les bords de l'Eo et à Neira, Sárria, *Flamoso* et *Abiancos*. Ils accordent enfin divers privilèges aux hommes dépendant de l'église d'Oviedo.— «Facta scriptura ›testamenti vel confirmationis die xii kal. majas era DCCCLXᵛV. ›—Sisnandus diaconus, qui hunc testamentum scripsit, testis».

B. Copie du xiiᵉ siècle: *Libro gótico* de l'église d'Oviedo, fol. 8 v., sous le titre: *Testamentum regis Ordonii, filii regis Ranimiri, et Mumadonne uxoris sue quod fecerunt Ovetensi ecclesie.*

C. Copie du xivᵉ siècle: *Regla colorada* de l'église d'Oviedo, fol. 4, avec la date: «era DCCCᵃ.LXᵃ.Vᵃ».

a. Cédula de Philippe V [portant confirmation de divers privilèges. S. l. (1744), in-fol., 81 ff.], fol. 9 v.-12 r. et 31 r.-34 r., d'après *B*, avec la date «era 865».— *b.* Risco, *Esp. Sagr.*, XXXVII, app. x, pp. 323-329.— *c.* Muñoz y Romero, *Coleccion de fueros municipales*, pp. 19-24, d'après *b.*— *d.* Escandon, *Historia ... del ... rey Pelayo*, nº x, pp. 462-467, d'après *b.*— *e.* Sangrador y Vitores, *Historia de la administracion de justicia y del antiguo gobierno del principado de Asturias* (Oviedo, 1864, in-8), p. 342 et suiv.; 2ᵉ éd. *(ibid.,* 1879), nº iii, pp. 298-302.

Ind. Vigil, *Asturias monumental*, I, p. 58, A. 14; cf. p. 57, A. 11.

25.—857 ([⁶⁴]), mai.—*Refait.*

Ordoño Iᵉʳ— roi catholique d'Espagne, fils de Ramire Iᵉʳ, troisième roi d'Espagne depuis Alphonse le Chaste — et la reine

---

([⁶¹]) La Liébana, pays de la prov. de Santander, compris dans le *part. jud.* actuel de Potes.

([⁶²]) La Trasmiera, pays de la prov. de Santander, correspondant aux *part. jud.* de Entrambasaguas et de Laredo.

([⁶³]) Le Vierzo, pays de la prov. de Leon, situé dans le bassin supérieur du Sil.

([⁶⁴]) La date: «era DCCCLV» n'est pas moins altérée que le diplôme lui-même; nous proposons de lire: «era DCCCLXᵛV», comme à l'acte précédent, les deux documents étant en relation étroite.

Nuña confirment à l'évêque Serrano et à l'église d'Oviedo les privilèges antérieurement concédés aux hommes dépendant de ladite église; ils donnent en outre de nombreux monastères, situés dans les Asturies de Santillana, à Piélagos ([65]), à Camargo ([66]), en Trasmiera, etc.—«Facta scriptura et confirmatio tes-»tamenti huius mense maio era DCCCLV.—Sisnandus diaconus, »qui hoc testamentum scripsit, testis».

B. Copie du xII[e] siècle: *Libro gótico* de l'église d'Oviedo, fol. 12 v., sous le titre: *Testamentum Ordonii regis de monasteriis que sunt in partibus Sanctae Iulianae, in Pelagos, in Camargo, in Transmera*.

IND. Vigil, *Asturias monumental*, I, p. 56, A. 6[a].

26.—860, 28 juin.

Ordoño Ier donne à l'évêque de Leon, Frunimio, l'église de Santa Eulalia de *Villausio*, sur les bords du Lena ([67]), la basilique de Santa Maria et le monastère de San Martin de *Villa Sauceta*, sur l'Aller ([68]), avec toutes ses dépendances.— «Noto die »IIII kalendas iulias era DCCCLXVIII».

A. Original aux archives de l'église cathédrale de Leon. Dimensions approximatives: 0[m]160 (hauteur) × 0[m]255 (largeur). Écriture assez grosse, ronde, avec un assez grand nombre de hastes. Parchemin bien conservé. La souscription du roi Ordoño et une souscription confirmative d'Alphonse III sont en caractères allongés.

a. Risco, *Esp. Sagr.*, XXXIV, p. 426.

([65]) Piélagos, prov. et *part. jud.* de Santander.
([66]) Camargo, prov. et *part. jud.* de Santander.
([67]) Le Lena, ou Caudal, affluent de gauche du Nalon.
([68]) L'Aller, affluent de gauche du Lena.

27. — 862 ([69]).— *Faux*.

Une assemblée ayant été tenue à saint Jacques de Compostelle par ordre d'Ordoño Ier, Alphonse III, avec le consentement
unanime de cette assemblée, confirme, après l'avoir lue et exa-
minée, la charte par laquelle son père, le susdit Ordoño, avait
donné à saint Jacques les *villae*, avec leurs habitants, situées
dans un rayon de six milles autour du tombeau de l'apôtre.—
«In era DCCCC».

B. Copie du xiie siècle: *Tumbo A* de l'église de Compostelle, fol. *2.*
a. Castellá Ferrer, *Historia del Apostol Sanctiago*, fol. 433 v.-434 r.—
b. Huerta, *Anales de Galicia*, II, *escr.* xxix, p. 418, d'après l'«archivo de
Santiago». — *c.* López Ferreiro, *Historia de la iglesia de Santiago*, II,
app. iv, p. 10, d'après *B.*
Trad. Huerta, *loc. cit.,* p. 377.—López Ferreiro, *loc. cit.,* p. 153.

28.—866, 18 juin.—*Faux.*

Alphonse III confirme à l'évêque Adulfo II la possession de
l'église de saint Jacques et de tous les biens que ses prédécesseurs et que lui-même, par ordre de son père, avaient donnés à
ladite église; il lui concède en outre le siège d'Iria, avec l'église
Santa Eulalia et les serfs y attachés, tel que l'avaient jadis occupé
les évêques Teodomiro et Adulfo I; il lui concède également le
diocèse d'Iria, après délibération d'une assemblée. — «Notum
»die xiiii kal. iulii era DCCCCIIII».

(69) Alphonse III n'a commencé à régner qu'en 866, et cet acte, soi-
disant émané d'Alphonse III, est daté de 862. M. López Ferreiro, *Historia de la iglesia de Santiago,* II, p. 153, n'hésite pas à écrire: «En el año
»862 envió [Ordoño I] á Compostela á su hijo primogénito D. Alfonso con
»el carácter de **Rey de Galicia**».

B. Copie du xiie siècle : *Tumbo A* de l'église de Compostelle, fol. 2.

a. Argaiz, *La Soledad laureada*, III, p. 346.—*b*. Flórez, *Esp. Sagr.*, XIX, p. 336.— *c*. La Fuente, *Historia eclesiástica de España*, 2e éd., III, n° 21, p. 457.— *d*. López Ferreiro, *Historia de la iglesia de Santiago*, II, app. v, pp. 11-12, d'après *B*.

Trad. Argaiz, *loc. cit.*

29.—866 ou 867 (70), 28 août.—*Faux*.

Alphonse III, empereur de toute l'Espagne, surnommé le Catholique, concède à l'évêque Sabarico, réfugié avec l'assentiment du roi à Mondoñedo (71), et à ses successeurs, le «diocèse» de Trasancos (72), *Besancos* (73) et Pruzos (74), ainsi que les égli-

---

(70) La date de ce diplôme est inadmissible. Flórez, *Esp. Sagr.*, XVIII, p. 64, propose une correction: «La data de las copias es en las Kalendas »de Setiembre de la Era 902. en que sin duda falta numero, porque en »aquel año de 864. no reynaba D. Alfonso que empezó dos años despues: »y asi es creible que algun copiante (pues no existe el original) puso II. »en lugar de V. que se equivocan quando la parte inferior del V. no se »conserva bien señalada». Mais M. López Ferreiro, *op. cit.*, II, app. vii, pp. 13-17, publie une charte en date du 7 mai 867, émanée d'un évêque Rosendo, et p. 155, note, il écrit: «Pusimos este Diploma [d'Alphonse III]... »no en el año 867, como lo puso Flórez, sino en el 866; porque á 7 de »Mayo de 867 ya era Obispo de Mondoñedo Rudesindo 1, como consta »de la escritura de Almerezo [c'est l'acte mentionné ci-dessus]; la cual, »además de señalar en la fecha la Era DCCCCV, año 867, acusa también »el primer año completo del reinado de D. Alfonso en Asturias».

(71) D'après Flórez, *Esp. Sagr.*, XVIII, pp. 52-53, l'emplacement primitif de l'évêché de Mondoñedo fut à l'endroit qui se nommait, au xviiie siècle, San Martin de Mondoñedo.

(72) Est-ce Trasancos, *ayunt.* de Naron, ou Trasancos, *ayunt.* de Serantes, localités situées toutes deux dans la prov. de La Corogne, *part. jud.* du Ferrol?

(73) M. López Ferreiro, *Historia de la iglesia de Santiago*, II, p. 63, III, p. 258, etc., traduit: «Besoucos».

(74) Pruzos. prov. de La Corogne, *part. jud.* de Betanzos, *ayunt.* de Irijoa.

ses de Seaya (75), ces différents biens étant donnés à l'évêque de Mondoñedo en compensation de l'attribution qui avait été faite du diocèse des Asturies au siège d'Oviedo.—«Facta cartu-»la v kal. seps. era DCCCCII.—Argimirus notarius testis. Felix »cognomine Busianus hanc cartulam notavit».

B. Copie du xviiie siècle: Madrid, Bibliothèque Nationale, ms. 9194 (=Cc. 80), fol. 196 r., avec la date: «x kal. Sept.», d'après un parchemin des archives de l'église de Mondoñedo.

C. Copies du xviiie siècle: Bibliothèque particulière du Roi, *Coleccion de Privilegios*, IV, fol. 269 r., d'après un parchemin des archives de l'église de Mondoñedo, et VI, fol. 207 r. et v.; avec la date: «x kal. Sept.» de l'ère CMII (fol. 269 r.) ou de l'ère CMXXII (fol. 207 v.).

a. Argaiz, *La Soledad laureada*, III, p. 480, avec la date: «x kal. Sept.». — *b*. Flórez, *Esp. Sagr.*, XVIII, *escr.* IV, pp. 312-313.— *c*. La Fuente, *Historia eclesiástica de España*, 2e éd., III, nº 22, pp. 457-458.

30.—867, 20 janvier.

A la prière de l'évêque de Compostelle Adulfo II, Alphonse III restitue à ce dernier la villa de Carcacia (76), dont s'était emparé le rebelle Fruela et qu'avait jadis possédée l'évêque Teodomiro.—«Notum die xiii kal. februarii era DCCCCV».

B. Copie du xiie siècle: *Tumbo A* de l'église de Compostelle, fol. 2.

a. Flórez, *Esp. Sagr.*, XIX, pp. 336-337.— *b*. López Ferreiro, *Historia de la iglesia de Santiago*, II, app. VI, pp. 12-13, d'après *B*.

---

(75) Seaya, prov. de La Corogne, *part. jud.* de Carballo, *ayunt.* de Malpica.

(76) Carcacia (San Pedro), prov. de La Corogne, *part. jud.* et *ayunt.* de Padron.

31.—869, 15 avril.

Alphonse III donne au prêtre Sisnando l'église de Santa María de Tiñana (77), avec ses dépendances, que son oncle le roi Alphonse II avait obtenue par jugement et qui avait appartenu au roi Pélage.—«Noto die XVII kalendarum maii era DCCCCVII».

a. Flórez, *Esp. Sagr.*, XIX, p. 337.

32.—874, 14 février.

Alphonse III, à la requête du prêtre Sisnando, donne à ce dernier et à sa communauté les églises de Santa Maria de Cosgaya (78), en Liébana, Santa Eulalia de Aleje (79) et San Martin de Verdiago (80); il lui confirme la possession du monastère de San Cristobal de Cremenes (81), et de l'église de San Martin de *Alione*.—«Notum die XVI kal. martis era DCCCCXII.—Felix qui notuit, »conf.»

B. Copie du XIIe siècle: *Tumbo A* de l'église de Compostelle, fol. 2 v.
a. López Ferreiro, *Historia de la iglesia de Santiago*, II, app. XI, pp. 23-24, d'après B.

(77) Tiñana (Nuestra Señora de la Visitacion), prov. et *part. jud.* d'Oviedo, *ayunt.* de Siero.—Sur cette identification, voir Saavedra, *Pelayo*, p. 26, texte et note 3.
(78) Cosgaya, prov. de Santander, *part. jud.* de Potes, *ayunt.* de Camaleño.
(79) Aleje, prov. de Leon, *part. jud.* de Riaño, *ayunt.* de Villayandre.
(80) Verdiago, prov. de Leon, *part. jud.* de Riaño, *ayunt.* de Villayandre.
(81) Cremenes, prov. de Leon, *part. jud.* de Riaño, *ayunt.* de Villayandre.

33.—875, 1er mars.—*Douteux* [82].

Alphonse III restitue à Flancencio Tritoniz et à Aldoreto Tritoniz l'église de San Julian de *Mallones*, que leur avait confisquée le roi à la suite de révoltes survenues en Galice.

Analysé par Risco, *Esp. Sagr.*, XL, pp. 123-124: «La memoria del ilus-
»tre prelado Recaredo... comienza por el año de 875. à que pertenece un
»privilegio del Rey Don Alonso III. que se conserva en letra gótica en el
»archivo de la dignidad Episcopal de Mondoñedo, de que se sacó copia
»para la Iglesia de Lugo. En este instrumento refiere el Rey Don Alonso
»la conspiracion que un Conde llamado Flacidio levantó contra él, aña-
»diendo, que despues de su muerte tomó posesion de todos los castillos
»y fortalezas en la forma que Don Alonso el Católico las ganó à los Sa-
»rracenos. Dice luego, que poseyendo ya pacificamente las Provincias de
»su Reyno, y cuidando de extinguir las rebeliones de sus enemigos, y de
»sacar con el auxilio divino à los Christianos del poder de los Sarrace-
»nos, fue con todo su exército à la Ciudad de Lugo, donde hizo averigua-
»cion de las conspiraciones que se habian levantado contra él, para dar
»sentencia conforme à las leyes contenidas en el libro 2. tit. 2. contra las
»personas desobedientes à los Reyes. Halló que algunas personas come-
»tieron grandes maldades en el tiempo de la rebelion en Galicia y en
»otras partes, y señaladamente nombra à los que habitaban en la Iglesia
»ò Parroquia de San Julian de Mallones, à los que castigó apoderandose
»de la misma Iglesia y sus bienes. Flancencio Tritoniz, y Aldoreto Trito-
»niz, de quienes era la Iglesia con sus heredades, hicieron una represen-
»tacion al Rey, querellandose de lo que se hizo contra ellos; pero pi-
»diendo este piadoso Príncipe la multa que se debia por los homicidios
»cometidos; y no teniendo los culpados bienes suficientes para la satis-

(82) L'analyse que Risco a donnée de cette charte suffit à nous convaincre qu'elle ressemble beaucoup à un acte apocryphe. Le début rappelle les exposés des diplômes faux du 27 mars 832 et du 1er janvier 841: ici encore, on mentionne en effet les conquêtes d'Alphonse Ier et la venue à Lugo du roi qui concède la donation. Noter, de plus, la souscription de Recaredo, *métropolitain* de Lugo.

»faccion, se humillaron al Rey è intercediendo por ellos los magnates del
»palacio, se contentó con recibir dos caballos, cuyos colores se expresan
»con estos nombres, *maurcello* y *rosello* apreciados en 500. sueldos. Hi_
»zose escritura de reintegracion en favor de Flancencio Tritoniz y Aldo-
»reto Tritoniz en primero de Marzo de la era 913. año de 875. y firman
»despues del Rey y de la Reyna el Obispo de Dumio, el Iriense, y el de
»Lugo, cuya subscripcion dice: *Recaredus Lucense qui et Metropolitanus*
»*Episcopus.*»

34.—875, 10 juillet.

Alphonse III donne à Beato, prêtre, et à Cesareo, dit Caubello,
le domaine d'Abelgas ([83]), dont ils avaient conjointement pris
possession, sous le règne d'Ordoño Ier, alors qu'il était inculte et
abandonné; il donne de plus à Cesareo personnellement un autre
domaine, dont ledit Cesareo avait seul pris possession.— «Notum
»sexto idus julias era DCCCC^{a}XIII^a.»

a. Risco, *Esp. Sagr.*, XXXIV, pp. 431-432.

35.—877, 10 février. Oviedo.—*Faux.*

Ayant reconquis le territoire de Braga, la capitale détruite de
la Galice, et repris notamment Dumium ([84]), jadis siège de l'évêché de Braga, et ville d'où l'évêque Sabarico avait dû s'enfuir
pour se réfugier par ordre du roi à Mondoñedo, Alphonse III,
empereur d'Espagne, donne à l'église de Mondoñedo et à l'évêque Rosendo, Dumium et ses dépendances.— «Facta cartula tes-
»tamenti die IIII idus februarii era DCCCCXV.—Felix nomine,
»cognomento Busianus, qui hanc cartam scripsi die prima feria, et

---

([83]) Abelgas, prov. de Leon, *part. jud.* de Murias de Paredes, *ayunt.*
de Láncara.

([84]) Sur le monastère-évêché de Dumium, qui était situé «à une demi-
lieue de Braga», voir Flórez, *Esp. Sagr.*, XVIII, p. 27 et suiv.

»praesens fui quando eam tradidit dominus Adefonsus rex domi-
»no Rudesindo episcopo roboratam in illo pulpito de palatio ma-
»jore, qui est in Oveto, testis. Argimirus notarius, filius Didaci,
»testis.»

B. Copie du xviiie siècle: Madrid, Bibliothèque Nationale, ms. 9194
(= Cc. 80), fol. 196 v.-197 r.

a. Flórez, Esp. Sagr., XVIII, escr. v, pp. 313-315.—b. La Fuente, Historia eclesiástica de España, 2e éd., III, n° 36, pp. 494-495.

36.—877, 27 février ou 29 avril (85).—Faux.

Alphonse III donne à Rosendo, évêque de Mondoñedo, la villa
de Arenas (86), [sur le territoire de Vivero (87), avec le val de
Juances] (88). — «Facta est a me concessio III kal. martii era
»DCCCCXLXV (sic).»

B. Copie du xviiie siècle: Madrid, Bibliothèque Nationale, ms. 9194
(=Cc. 80), fol. 197 r., avec la date ci-dessus indiquée.
IND. Analysé par Flórez, Esp. Sagr., XVIII, p. 67, avec la date: «III Kal.
»Ma... Era CMXV», d'après une note communiquée par Francisco Antonio
Villaamil y Saavedra, chanoine de Mondoñedo, et tirée de l'Histoire

---

(85) La copie du ms. 9194 de la Bibl. Nat. de Madrid porte: «III kal.
»martii»; de son côté, Flórez, Esp. Sagr., XVIII, p. 67, imprime: «III Kal.
»Ma...» On peut donc hésiter entre le 3 des kalendes de mars (27 février), et le 3 des kalendes de mai (29 avril).—Quant à la date d'année,
elle est évidemment inexacte dans la copie précitée; par contre, Flórez
indique l'ère CMXV, soit année 877, ce qui est acceptable, toutes réserves étant faites cependant sur la notation CMXV.
(86) «Hoy no existe la Villa (que estuvo en la Ria de Vivero) por
haberla arruinado el mar». Esp. Sagr., XVIII, p. 67.
(87) Vivero, prov. de Lugo, ch.-l. de part. jud.
(88) Juances (San Pedro), prov. de Lugo, part. jud. de Vivero, ayunt.
de Jove. Les mots placés entre crochets sont empruntés à l'analyse de
Flórez, loc. cit. La copie que nous avons vue porte simplement: «villam
de Arena sub Montefaro», etc.

(manuscrite) des évêques de Mondoñedo due à Manuel Navarrete, évêque de la susdite ville de 1699 à 1705.

37.—878, 6 juin. Leon.

Jugement rendu en présence d'Alphonse III par le tribunal royal, lequel confirme à Indisclo, évêque d'Astorga, la possession
de la villa de Brimeda ([89]), contestée par Baroncello et les enfants
de Catelino, ceux-ci prétendant que Catelino avait acheté le domaine en litige sous le règne d'Ordoño Ier, lors du peuplement
d'Astorga par Gaton, comte du Vierzo.— «Et presentavit dom-
»nus episcopus hic in Legione in presentia nostri domini octavo
»idus junias... quod factum est in supradicta quoto viii idibus
»junias era DCCCCXVI.—Argimirus notarius, qui assertor fuit
»de parte domni Indiscli episcopi, manu sua scripsit.»

a. Flórez, *Esp. Sagr.*, XVI, *escr.* i, pp. 424-426.
Ind. Analyse du xviiie siècle: *Indice de las escrituras de la Santa Iglesia
de Astorga*, d'après le *Tumbo negro* d'Astorga, n° 246, fol. 72 v.

38.—880, 30 juin.—*Faux*.

Alphonse III, en exécution des décisions d'une assemblée,
confirme à l'évêque Sisnando le siège d'Iria,—où ledit Sisnando
avait été élu et consacré,—avec les serfs, abbayes, domaines et
iles qui en dépendent; il lui confirme également le diocèse d'Iria,
tel que l'avaient administré les prédécesseurs de Sisnando, et le
temple de saint Jacques, avec toutes les redevances et tout le
territoire y afférent.—«Facta concessio et contestatio die ii kal.
»iulii era DCCCCXVIII.»

([89]) Brimeda, prov. de Leon, *part. jud.* de Astorga, *ayunt.* de Otero
de Escarpizo.

B. Copie du xiie siècle: *Tumbo A* de l'église de Compostelle, fol. 2 v.
a. Flórez, *Esp. Sagr.*, XIX, p. 338.—*b.* La Fuente, *Historia eclesiástica de España*, 2e éd., III, n° 37, pp. 495-496.—*c.* López Ferreiro, *Historia de la iglesia de Santiago*, II, app. xii, pp. 25-26, d'après B.

39.—880-910 ([90]).—*Suspect.*

Alphonse III notifie à Lucido et Aldroito qu'il a ordonné la restitution à l'église de Compostelle et à l'évêque Sisnando des domaines de César, *Sanctus Julianus* et *Palatium* ([91]), jadis concédés à Compostelle par Alphonse II; il donne en outre à ladite église le *commissum* qu'avait tenu Julian Diligato ([92]).

B. Copie du xiie siècle: *Tumbo A* de l'église de Compostelle, fol. 5 v.
a. López Ferreiro, *Historia de la iglesia de Santiago*, II, app. xiii, pp. 26-27, d'après *B.*

40.—883, 9 août ([93]).—*Interpolé.*

Alphonse III donne à l'abbé Panosindo le monastère de San Juan [da Coba] ([94]), sis sur le Picosacro, l'ancien *Mons Ilicinus*,

---

([90]) Le diplôme du 30 juin 880 *(Cat.,* n° 38) implique que Sisnando avait été élu depuis peu évêque d'Iria-Compostelle. Notre document serait donc postérieur au 30 juin 880.

([91]) «Las villas de César, San Julián y Pazo ó Palacio en el territorio de Sárria», traduit M. López Ferreiro, *Historia de la iglesia de Santiago*, II, p. 175 (cf. pp. 43-44). La première de ces *villae* serait donc César (San Salvador de), prov. de Lugo, *part. jud.* et *ayunt.* de Sárria.

([92]) M. López Ferreiro, *loc. cit.*, traduit les mots: «commissum quod Ilianus Diligatus habuit», par: «los derechos señoriales ó *commissum* sobre dichas villas, según lo había tenido Julián Diligato».

(93) La date «11 août» est certainement une faute d'impression dans López Ferreiro, *op. cit.,* II, app., p. 27 (cf. texte. p. 257).

(94) Sur l'emplacement de ce monastère, voir López Ferreiro, *op. cit.,* II, p. 257; cf. p. 223, n. 2.

non loin du tombeau de saint Jacques; il lui concède en outre les églises rattachées audit monastère. — «Facta scriptura conces-»sionis sub die v idus augusti era DCCCCXXI, luna currente se-»cunda, anno feliciter xviii gloriosi regni nostri in Dei nomine »Oveto, computatis ab exordio mundi sex millia octoginta et duo-»bus.»

B. Copie du xiie siècle: *Tumbo A* de l'église de Compostelle, fol. 2 v.
a. López Ferreiro, *Historia de la iglesia de Santiago,* II, app. xiv, pp. 27-28, d'après *B.*

41.—883, 17 août.—*Suspect.*

Alphonse III confirme à l'évêque Sisnando et à l'église de Compostelle la possession du monastère de San Salvador de Montelios (95), fondé jadis par saint Fructueux et donné à ladite église par le prêtre Cristobal, lequel l'avait occupé lors du peuplement récent de la région qui va de Tuy à *Emininm* (96). Le roi confirme en outre la possession de la villa de *Nogaria*, où Sisnando avait fait construire l'église San Cristobal, et qu'avait naguère donnée Romarico, dit Cerva, lequel avait occupé, lors du peuplement ci-dessus mentionné, plusieurs *villae* sur les bords du Miño, dans les faubourgs de Tuy.—«Facta scriptura »concessionis et confirmationis sub die xiii kls. septembris, »luna x^a, era DCCCCXXI.—Posedonius notarius testis».

B. Copie du xiie siècle: *Tumbo A* de l'église de Compostelle, fol. 3.
a. López Ferreiro, *Historia de la iglesia de Santiago,* II, app. xv, pp. 29-30, d'après *B* (publication incomplète).

---

(95) Ce monastère est mentionné dans la vie de saint Fructueux par Valère, ch. 21, dans Flórez, *Esp. Sagr.,* XV, p. 463. Cf. *ibid.,* p. 151.

(96) *Eminio,* «en la actual Coimbra, á x millas de la antigua», d'après E. Saavedra, *Discursos leídos ante la Real Academia de la Historia* (Madrid, 1862, in-8), p. 83.

42.—883, 25 septembre (⁹⁷).—*Suspect.*

Alphonse III donne à l'évêque Sisnando et à l'église de Compostelle le domaine de *Cerrito*, sis à *Vaorres*, à charge d'y construire une église dédiée à saint Jacques.— «Dato dono nostro »septimo kls. octubris discurrente era DCCCCXXI, anno glo- »ria regni nostri feliciter octavo decimo».

B. Copie du xiiᵉ siècle: *Tumbo A* de l'église de Compostelle, fol. 3 v.
a. López Ferreiro, *Historia de la iglesia de Santiago,* II, app. xvi, p. 31, d'après *B* (publication incomplète).

43.—883, 25 septembre.—*Suspect.*

Alphonse III et la reine Chimène donnent à l'évêque Sisnando et à l'église de Compostelle diverses *villae* situées sur le territoire de Coïmbre, dont une sur les bords du *Viaster*, avec l'église São Martinho; une autre, dite *Villa Crescemiri;* une autre sur les bords du Certoma (⁹⁸), avec l'église São Lourenço; enfin, le tiers de la *Villa Travazolo* (⁹⁹), située entre l'Agueda (¹) et le Vouga (²).— «Dato dono nostro septimo kls. octubris discur- »rente era DCCCCXXI, anno gloria regni nostri feliciter octa- »vo decimo».

B. Copie du xiiiᵉ siècle: *Livro Preto* de Coïmbre, fol. 7 r.
a. Ribeiro, *Dissertações chronologicas,* 1 (Lisboa, 1810, pet. in-4) (³), p. 25.—*b. Portugaliae Monumenta Historica. Dipl. et chartae,* I, n° xi, p.7, d'après *B.*

(⁹⁷)   Flórez, *Esp. Sagr.,* XIX, p. 91, date cet acte du 1ᵉʳ octobre.
(⁹⁸)   Le Certoma, affluent de gauche de l'Agueda.
(⁹⁹)   Peut-être Vouzella, prov. de Beira Alta, ch.-l. de *comarca.*
(¹)   L'Agueda, affluent de gauche du Vouga.
(²)   Le Vouga, fleuve de Portugal qui se jette dans la baie d'Aveiro.
(³)   Autre édition, Lisboa, 1857-96.

44.—885 ([4]).

Alphonse III et la reine Chimène donnent à l'église de Compostelle l'église San Roman, sise dans les faubourgs de Leon,
«in villa vocitata Gerontiana ([5])», une terre près de l'Orbigo ([6]),
non loin d'Alcoba de la Rivera ([7]), et une autre terre située aux
environs de *Sublantium* ([8]), et confisquée au rebelle Hanno,
lequel avait conspiré contre la vie du roi.— «Facta scriptura
»testamenti era DCCCCXXIII».

B. Copie du xiie siècle: *Tumbo A* de l'église de Compostelle, fol. 3 v.

a. Flórez, *Esp. Sagr.*, XIX, pp. 339-340 (incomplet).— *b.* Lopez Ferreiro, *Historia de la iglesia de Santiago*, II, app. xvii. pp. 32-33, d'après *B*
(texte complet).— *c.* F. Fita, dans *Bol. de la R. Acad. de la Hist.*, XLI
(1902), pp. 334-336.

45.—886, 24 juin.

Alphonse III et la reine Chimène donnent à l'église de Compostelle et à l'évêque Sisnando des salines, avec leur installation,

---

([4]) Cet acte est légèrement interpolé. On lit en effet à la fin du
dispositif: «ut ita habeant illud monachi vestri qui in laudem vestram
»ibi commorantes simul cum antistite Sisnando, qui nostro tempore *per*
»*concilium electus et ordinatus est in eodem loco*». Ainsi trouvons-nous, une
fois de plus, mention d'un *concilium* dans un document provenant de
Compostelle.

([5]) Cette donation est rappelée dans une charte d'Ordoño II, 6 décembre 914 (López Ferreiro, *Historia de la iglesia de Santiago*, II, app.
xxxvi, pp. 80-81).

([6]) L'Orbigo, affluent de droite de l'Esla.

([7]) Alcoba de la Rivera, prov. et *part. jud.* de Leon, *ayunt.* de Ci-
manes.

([8]) Cette localité, aujourd'hui disparue, était située non loin de
l'Esla.

sises entre *Platanelo* et Lanzada (ᵃ), et confisquées au rebelle Hermenegildo Pérez et à sa femme Iberia, lesquels s'étaient révoltés contre le roi.— «Factum atque datum hunc testamentum »Deo omnipotenti et sancto Iacobo apostolo necnon Sisnando »pontifici, Iriense sedis episcopo, sub die VIII kal. iulii discur-»rente era DCCCCXXIIII.-- Possedonius [notarius] testis».

B. Copie du XIIᵉ siècle: *Tumbo A* de l'église de Compostelle, fol. 3 v.
a. Flórez, *Esp. Sagr.*, XIX, p. 340 (très incomplet).—*b.* López Ferreiro, *Historia de la iglesia de Santiago*, II, app. XIX, pp. 34-35, d'après *B* et d'après une copie du XVᵉ siècle, conservée à l'«Arch. Arzobispal».

46.—886, 28 août (¹⁰). *Cortuloces. --Interpolé.*

Rappelant la conquête d'Orense et du territoire environnant par son père Ordoño Iᵉʳ, le repeuplement de cette région opéré par ses propres soins, et le souvenir des deux premiers évêques, Sebastian, ancien évêque d'Arcavica (¹¹), et Censerico, mauvais pasteur qui dilapida les biens dont il avait la garde, Alphonse III, à la requête du troisième évêque Sumna, confirme à celui-ci les anciennes possessions de l'église d'Orense, soit *Pala*

(ᵃ) Lanzada. «ant. jurisd. en la prov. de Santiago», dit Madoz, *Diccionario geográfico*, s. vᵒ.

(¹⁰) M. Martínez Salazar voulait bien m'écrire, le 24 septembre 1907, au sujet de la date de ce document: «En el pergamino sólo se ve la D... »inicial, por estar roto, pero debajo y á la derecha de aquella letra se ha »escrito: «Era 935, año 897», habiendo señales de haber sido enmendadas »las dos últimas cifras de ambas fechas». Au demeurant, la date est facile à calculer d'après l'indication des années de règne; c'est 886, ainsi que l'avait établi Flórez.

(¹¹) L'emplacement de cette ville n'a pas été déterminé avec précision. Voir, par exemple, Flórez, *Esp. Sagr.*, VII, pp. 63-66; Madoz, *Diccionario geográfico*, s. vᵒ; *Bol. de la R. Acad. de la Hist.*, I (1877), p. 134; VI (1885), pp. 341-350, et XLI (1902), pp. 325 et 332.

aurea, Limia ([12]), etc. ([13]); il y ajoute l'espace compris dans un rayon de quatre-vingt-deux pas autour de l'église cathédrale, donne en outre divers ustensiles sacerdotaux, et confirme la donation, qu'il avait antérieurement faite, de l'église Santa Eugenia, sise près d'Orense, sur les bords du Miño, et achetée par lui à son neveu, l'évêque Sebastian.— «Factum atque restauratum »hoc testamentum sub die v kalendas septembris discurrente »era D... anno feliciter in Dei nomine glorie regni nostri xxi, »comorantes in possesione nostra Cortuloces, suburbio civitatis »Gegionensis.—Possidendus diaconus... qui hunc testamentum »scripsi, testis».

A. Pseudo-original à l'*Archivo general* de Galice, coté I. 2; 0ᵐ710 × 0ᵐ490; cursive visigothique du xᵉ ou du xiᵉ siècle; la première ligne et quelques souscriptions sont en caractères allongés. Texte, souscriptions, seings manuels et plusieurs des confirmations royales postérieures sont de la même main et de la même encre ([14]).

a. Flórez, *Esp. Sagr.*, XVII, *escr.* 1, pp. 243-246, «ex tabulario Auriensi».
— *b.* La Fuente, *Historia eclesiástica de España*, 2ᵉ éd., III, n° 38, pp. 496-498.—*c.* B. Fernández Alonso, *El Pontificado gallego, seguido de una crónica de los Obispos de Orense* (Orense, 1897, in-8), pp. 191-195, d'après *A.*

47.—891, 24 janvier.—*Interpolé.*

Alphonse III et la reine Chimène donnent au monastère de Santo Adriano de Tuñon ([15]), fondé par eux, et à l'abbé Samuel de très nombreux domaines, énumérés dans l'acte et auxquels ils accordent le privilège de l'immunité; ils donnent en outre des ornements d'église, des livres liturgiques, des *villae*, églises, etc.,— parmi lesquelles la *villa* Falamosa, avec l'église San

---

([12]) Limia, «territorio en la prov. de Orense, situado al S. de la misma y al O. de la sierra de San Mamed». Madoz, *op. cit.*, s. v°.

([13]) Les localités mentionnées dans l'acte de 886 le sont également, à peu de chose près, dans une charte de Sanche II et de sa sœur Elvire pour Orense, 31 juillet 1071 *(Esp. Sagr.*, XVII, pp. 247-250).

([14]) Je dois ces renseignements à l'obligeance de M. Martínez Salazar.

([15]) Tuñon, prov. et *part. jud.* d'Oviedo, *ayunt.* de Santo Adriano.

Martin ([16]), — situées tant dans les Asturies que sur le territoire
du Leon, aux bords du Torio ([17]), du Cea ([18]) et du Duero. Alphonse III et la reine Chimène remettent au monastère de Santo
Adriano et à l'abbé Pedro tous les titres concernant ces concessions; ils lui offrent enfin diverses familles serves, des pâturages,
— situés notamment sur le territoire d'Astorga, — ainsi que du
bétail.— «Facta scriptura testamenti vel confirmationis die nono
»kalendas februarii era DCCCCXXIX.— Possidensus (lire Pos-
»sidonius) notarius, qui hunc testamentum scripsit, testis».

   A. Pseudo-original, perdu, signalé par Morales, Coronica, liv. XV,
ch. XXI; éd. Cano, VIII, p. 61: «como yo lo he visto en la escritura original de letra Gótica».
   B. Copie du XIVe siècle: Regla colorada de l'église d'Oviedo, fol. 2,
avec la date: «era DCCCXXVIIII».
   a. Cédula de Philippe V, fol. 28 r.-31 r.— b. Risco, Esp. Sagr., XXXVII,
app. XII, pp. 337-343.—c. Escandon, Historia ... del ... rey Pelayo, n° XII,
pp. 475-481, d'après b.
   IND. Vigil, Asturias monumental, I, p. 529, Jb. 2.ª.

48.—893, 25 juillet.

   Alphonse III et la reine Chimène donnent à l'évêque Sisnando
et à l'église de Compostelle l'église de Santa Maria de Arnoso
(ou de Areas) ([19]), près du Tea ([20]), avec tout l'espace compris

---

   ([16])   San Martin de la Falamosa, prov. de Leon, part. jud. d'Astorga,
ayunt. de Las Omañas.
   ([17])   Le Torio, affluent de droite de l'Esla.
   ([18])   Le Cea, affluent de gauche de l'Esla.
   ([19])   Le Tumbo A de Compostelle porte: «ecclesiam sancte Marie...
»que es fundata in villa quam dicunt Arenosium», et, en marge, «de letra
poco posterior: de sancta maria de arenis» (Lópcz Ferreiro, Historia
de la iglesia de Santiago, II, app., p. 38, texte et note 1). M. López Ferreiro identifie, op. cit., II, p. 174, Arenosium avec Arnoso (prov. de Pontevedra, part. jud. et ayunt. de Puenteáreas); mais, à la p. 38 de l'appendice, il traduit ce même vocable par Areas (part. jud. et ayunt. de Puenteáreas). Topographiquement, les deux identifications sont possibles.
   ([20])   Le Tea, affluent de droite du Miño.

dans un rayon de quatre-vingt-quatre pas autour de l'édifice concédé.—«Facta scriptura testamenti sub die VIII kalendas »augusti era DCCCCXXXI.—Possidonius [notarius] testis.»

B. Copie du XIIe siècle: *Tumbo A* de l'église de Compostelle, fol. 4.

a. López Ferreiro, *Historia de la iglesia de Santiago*, II. app. XXI, pp. 38-39, d'après *B.*

49.—894, 25 janvier ([21]).—*Douteux.*

Alphonse III et la reine Chimène donnent au monastère de Santo Adriano de Tuñon leur villa de San Martin de Falamosa. — «Die VIII kalendas februarias era DCCC^aXXX^aII^a.»

B. Copie du XIVe siècle: *Regla colorada* de l'église d'Oviedo, fol. 120 v. IND. Vigil, *Asturias monumental*, I, p. 529, Jb. 3^a.

50.—895, 29 janvier ou 2 février ([22]). *Castrotutela* ([23]).

Alphonse III donne au monastère de San Martin, situé dans les faubourgs d'Astorga ([24]), *in villa quam dicunt Parata et*

([21]) La date que donne la *Regla colorada* est fausse; Vigil, *Asturias monumental*, I, p. 529, dit avec raison qu'il faut ajouter une centaine, soit: «era DCCCC^aXXX^aII^a».

([22]) Le chiffre de l'an du règne ne correspond pas avec celui de l'ère. Si l'acte a été délivré en 895, il faut lire: «anno Christi gloriae regni »nostri XXVIIII». S'il a été délivré dans la vingt-huitième année du règne d'Alphonse, il faut lire: «era DCCCCXXXII», soit a. 894. Nous adopterons cependant la date de 895; d'abord, parce qu'elle se trouvait dans le *Tumbo negro* d'Astorga; ensuite, parce que le domaine concédé avait été acheté par Alphonse III en 894.—Quant à la date de jour, soit: «4 des kalendes de février», elle nous est fournie par deux copies; mais l'index du *Tumbo negro* porte: «4 des nones de février».

([23]) Serait-ce Tudela, prov., *part. jud.* et ayunt. d'Oviedo?

([24]) Ce monastère de San Martin, dont Flórez, *Esp. Sagr.*, XVI, p. 66, dit incidemment un mot, ne doit pas être confondu avec un autre mo-

Cebraria, ladite villa qu'il avait achetée à Ensila, fils de Dulciano ([25]). — «Sub die IIII kalendas februarias aera DCCCCXXXIII,
»anno Christi gloriae regni nostri XXVIII, in Dei nomine com-
»morantes in Castrotutela, residentes troni solium in sedem Ove-
»to.—Possidonius, qui hoc testamentum scripsi, testis.»

B. Copie du XVIIIe siècle: *Privilegios de Astorga*, fol. 171 v.-173 v.

C. Copie du XVIIIe siècle: Madrid, Académie de l'Histoire, est. 25, gr. 1,
C. n° 2, *Coleccion de privilegios de las Iglesias de España*, II, fol. 287 v.-289 v.

IND. Analyse du XVIIIe siècle: *Indice de las escrituras de la Santa Iglesia de Astorga*, d'après le *Tumbo negro*, fol. 41 v., n° 132, avec la date: «4 Non. Februarii».

51.--895, 11 juillet. —*Douteux* ([26]).

Alphonse III échange divers biens avec une certaine Stocia de Pinoto, à qui il donne la villa de Trasariz ([27]), confisquée au rebelle Vitiza.

Analysé par Morales, *Coronica*, liv. XV, ch. XXIV; éd. Cano, VIII, p. 69:
«Tambien el Rey Don Alonso el Magno... hace mencion deste levanta-
»miento de Vvitiza brevemente en un su privilegio, su data á los once
»de Julio del año de nuestro Redentor ochocientos y noventa y cinco. En
»este privilegio hace el Rey un trueque con una dueña Stocia de Pinoto

---

nastère de même nom, mais situé à l'intérieur d'Astorga, près de la cathédrale *(ibid.,* p. 68).

([25]) L'acte de vente passé entre Ensila et Alphonse III est analysé dans le ms. 4357 de la Bibl. Nat. de Madrid, d'après le *Tumbo negro* de Astorga, fol. 41, n° 131 (cf. Flórez, *Esp. Sagr.*, XVI, p. 127). Cet acte est daté du 4 des nones d'octobre 894.

([26]) La date est-elle exacte? Il semble bien qu'Alphonse III ait eu à combattre vers 895 un rebelle appelé Vitiza. Voir un jugement d'Alphonse V du 1er février 1007, dans Yepes, *Coronica general de la orden de San Benito*, V, escr. v., fol. 428 r.-429 r.

([27]) Dans les provinces de La Corogne, Orense et Pontevedra, il y a cinq localités de ce nom, entre lesquelles nous ne saurions choisir.

»dándole la villa de Trassariz, y prosigue, la qual fué de nuestro infiel
»Vvitiza, y se le quitó por su culpa.»

52. — 895, 25 novembre.

Alphonse III et la reine Chimène donnent à l'église de Compostelle les domaines de Parada (²⁸), Lindoso (²⁹) et le *villare
Decemiani* (³⁰), confisqués aux enfants de Sarraceno et de Sen-
dina pour cause de rebellion contre le roi; ils donnent également une vigne située dans le Vierzo, à *Montemasedo*, et un pâturage sis au pied du mont Capeloso (³¹).— «Facta scriptura die
»vii kls. decembris era DCCCCXXXIII.»

B. Copie du xiiᵉ siècle: *Tumbo A* de l'église de Compostelle, fol. 4.

a. López Ferreiro, *Historia de la iglesia de Santiago*, II, app. xxii, pp. 40-
41, d'après B.

53.—896, 5 septembre (³²). Oviedo.—*Faux.*

Alphonse III, fils d'Ordoño Iᵉʳ, la reine Chimène et leurs fils
Garcia, Ordoño, Gonzalve, Fruela et Ramire donnent à l'église

---

(²⁸) Peut-être Parada de Soto, prov. de Leon, *part. jud.* de Villafranca
del Vierzo, *ayunt.* de Trabadelo.

(²⁹) Lindoso, prov. de Leon, *part. jud.* de Villafranca del Vierzo,
ayunt. de Vega de Valcarce.

(³⁰) M. López Ferreiro, *Historia de la iglesia de Santiago*, II, p. 176,
propose interrogativement l'identification *villare Decemiani* = Trabadelo
(prov. de Leon, *part. jud.* de Villafranca del Vierzo).

(³¹) Capeloso, «monte en la prov. de León, part. jud. de Villafranca
del Vierzo». Madoz, *Diccionario geográfico*, s. v°.—La donation de Parada
et de Bustomayor est rappelée dans une charte déjà citée d'Ordoño II,
6 décembre 914 (López Ferreiro, *Historia de la iglesia de Santiago*, II,
app. xxxvi, pp. 80-81).

(³²) L'ère est manifestement altérée; l'acte ayant été soi-disant oc-
troyé dans la trente-unième année du règne d'Alphonse III, on le datera,
non pas de 897, comme le dit Vigil, *Asturias monumental*, I, p. 59, mais
de 896.

d'Oviedo toutes les églises sises à Oviedo, et notamment celle de San Tirso (33), le château fort construit par eux pour la défense du trésor de la cathédrale, le palais voisin du susdit château fort, les rentes établies par leurs prédécesseurs pour la réparation des châteaux et palais royaux, enfin les églises de San Juan Bautista (34) et de Santullano (35).—«Facta scriptura testamenti et tra-»dita ecclesie Sancti Salvatoris in presentia episcoporum atque »ortodoxorum virorum, quorum supter habentur signacula, era »DCCCCᵃ, discurrente nonas septembris, anno feliciter regni »nostri xxxiᵒ, in Dei nomine commorantes in Oveto.—Adulfus, »qui hunc testamentum scripsit, testis.»

B. Copie du xivᵉ siècle: Archives de l'église d'Oviedo, vidimus de Jean Iᵉʳ, roi de Castille, Burgos, 15 août 1379. 0ᵐ350 (hauteur, y compris le repli du bas) ✕ 0ᵐ330 (largeur). Traces de sceau pendant sur lacs rouge, vert et jaune.

a. Vigil, *Asturias monumental*, I, pp. 58-59, A. 15, d'après *B*.

IND. Vigil, *loc. cit.*

54.—897, 30 juin (36).—*Faux.*

Alphonse III, fils d'Ordoño Iᵉʳ, la reine Chimène et leurs fils Garcia, Ordoño, Gonzalve le Diacre, Fruela et Ramire s'offrent à la Vierge de Lugo; confirment à l'église de Lugo et à l'évêque Recaredo les anciennes limites fixées par les rois antérieurs; donnent deux mille sous d'argent pour la réparation des vases sacrés et du toit du temple; offrent des ustensiles et des vêtements

---

(33) San Tirso est aujourd'hui une des paroisses d'Oviedo.

(34) Une des paroisses actuelles d'Oviedo.

(35) «Iglesia parroquial de San Julian de los Prados, vulgo *Santullano*, inmediata á la ciudad». Vigil, *op. cit.*, I. p. 212.

(36) Risco, *Esp. Sagr.*, XL, p. 126, date ainsi cet acte: «Hizose esta »escritura de donacion en el año 34. del Reynado de Don Alonso en »el dia 6. de Mayo de la era 937. año de 899». Risco a confondu, du moins quant à la date, le présent acte et le nᵒ 55.

sacerdotaux, des livres liturgiques, ainsi que cinquante esclaves
musulmans; restituent tous les biens indûment aliénés, et soit
concédés par les prédécesseurs d'Alphonse III, soit possédés
avant l'invasion arabe; ils donnent la ville de Lugo, avec ses
dépendances *extra-muros*, et les serfs royaux fixés sur le territoire du diocèse; ils délimitent à nouveau le diocèse, opération
rendue nécessaire par les déprédations des rebelles, et donnent
enfin un très grand nombre d'églises, de domaines et de familles
serves.—«Facta testamenti serie, ecclesie dote, secundo kalendas
»julii era DCCCCXXXV.—Posidonius notavit et conf. Menendus
»transtulit.»

B. Copie du xiiie siècle: *Tumbo viejo* de Lugo, n° 57, sous le titre: *Inventarium donationis principis domini Adefonsi.* Cf. *Revue Hispanique*, XII,
(1905), p. 597.

C. Copie du xviiie siècle: *Tumbo nuevo* de Lugo, fol. 8 r.-12 r., d'après
l'*original en el exemplar gotico del Obispo*; autre copie, *ibid.*, fol. 20 r.-23 v.

a. Risco, *Esp. Sagr.*, XL, app. xix, pp. 384-393.

55.—899, 6 mai ([37]). —*Faux.*

Le jour de la consécration de l'église de Compostelle, Alphonse III et la reine Chimène donnent à l'évêque Sisnando et à
l'apôtre saint Jacques un grand nombre d'églises, domaines et
monastères, dont la villa de *Nogaria* ([38]), l'église Santa Maria de
Areas ([39]), le monastère de Montelios ([40]), la villa de Carcacia ([41]),

---

([37]) Sur la date de ce document, qui a été souvent transcrite de façon
inexacte, voir López Ferreiro, *Historia de la iglesia de Santiago*, II,
pp. 196-198.

([38]) Cf. la charte du 17 août 883 *(Cat., n° 41)*.

([39]) Cf. la charte du 25 juillet 893 *(Cat., n° 48)*.

([40]) Cf. la charte du 17 août 883 *(Cat., n° 41)*.

([41]) Cf. la charte du 20 janvier 867 *(Cat., n° 30)*.

les îles de Ons, Arosa et Sálbora (⁴²), des *villae* sises à Bama (⁴²), et qui avaient été partagées entre le roi et les enfants de Suario (⁴⁴); les domaines de Parada, Lindoso et le *villare Decemiani* (⁴⁵); l'église de San Roman, dans les faubourgs de Leon (⁴⁶); deux *villae* à *Vaorres* (⁴⁷); l'église de Santa Maria de Tiñana (⁴⁸); les églises et domaines que l'abbé Reterico avait donnés au roi, à Présaras (⁴⁹); plusieurs *villae* sur le territoire de Coïmbre, dont une sur les bords du *Viaster*, avec l'église São Martinho, une autre, dite *villa Crescemiri*; une sur les bords du Certoma, avec l'église São Lourenço, et le tiers de la *villa Travazolo*, située entre l'Agueda et le Vouga (⁵⁰); enfin, les églises que l'abbé Itila avait antérieurement concédées à Compostelle. En outre, le roi et la reine confirment toutes les donations faites par leur bisaïeul Alphonse II,

---

(⁴²) Les îles de Ons, Arosa et Sálbora sont situées, la première à l'entrée de la baie de Pontevedra, les deux autres dans la baie de Arosa. La donation de ces îles est rappelée: 1° dans une charte d'Ordoño II pour Compostelle, 20 avril 911 (López Ferreiro, *op. cit.*, II, app. xxx, pp. 64-66); 2° dans une charte d'Hermenegildo, évêque de Compostelle, non datée, analysée par Yepes, *Coronica general de la orden de San Benito*, IV, fol. 45 r.

(⁴³) Bama, prov. de La Corogne, *part. jud.* de Arzúa, *ayunt.* de Touro.

(⁴⁴) Par une charte d'Ordoño II du 30 mai 912 (López Ferreiro, *op. cit.*, II, app. xxxiii, pp. 72-74), nous savons comment s'opéra le partage entre les enfants de Suario, d'une part, et, d'autre part, la reine Chimène (et non pas Alphonse III).

(⁴⁵) Cf. la charte du 25 novembre 895 *(Cat.,* n° 52).

(⁴⁶) Cf. la charte de 885 *(Cat.,* n° 44).

(⁴⁷) Cf., au moins partiellement, la charte du 25 septembre 883 *(Cat.,* n° 42).

(⁴⁸) Cf. la charte du 15 avril 869 *(Cat.,* n° 31).

(⁴⁹) Sans doute Présaras (San Pedro), prov. de La Corogne, *part. jud.* de Arzúa, *ayunt.* de Vilasantar. Voir la donation de l'abbé Reterico à Alphonse III, 17 septembre 870, dans López Ferreiro, *op. cit.*, II, app. viii, pp. 18-19. Cf. texte, p. 260, n. 1.

(⁵⁰) Cf. les chartes des 25 septembre 883 *(Cat.,* n° 43) et 30 décembre 899 *(Cat.,* n° 58).

leur aïeul Ramire et leur père Ordoño.— «Facta donationis car-
»ta anno XXXIIII regni gloriosi principis Adefonsi, presentibus
»episcopis et comitibus in medio ecclesie Dei, die consecra-
»tionis templi II nonas maii era DCCCCXXXVII.»

B. Copie du XIIe siècle: *Tumbo A* de l'église de Compostelle, fol. 4 v.-5 v.
  a. Castellá Ferrer, *Historia del Apostol Sanctiago*, fol. 466 v.-468 v.—
b. Flórez, *Esp. Sagr.*, XIX, pp. 340-344.—*c. Representacion contra el pretendido Voto de Santiago*, app. VII, pp. 10-12.—*d.* López Ferreiro, *Historia de la iglesia de Santiago*, II, app. XXV, pp. 46-50, d'après *B.*
  TRAD. Castellá Ferrer, *op. cit.*, fol. 468 v.-470 v.

56.—899, 6 mai. Compostelle.—*Faux.*

Procès-verbal de la consécration de l'église de saint Jacques
de Compostelle, opérée le 6 mai 899, sous le pontificat de Sisnando, en présence d'Alphonse III, de la reine Chimène et de
Juan, évêque d'Oca; Vicente, évêque de Leon; Gomelo, évêque
d'Astorga; Hermenegildo, évêque d'Oviedo; Dulcidio, évêque de
Salamanque; Nausto, évêque de Coïmbre; Argemiro, évêque
de Lamego; Teodomiro, évêque de Viseu; Gumado, évêque de
Porto; Jacobo, évêque de Coria; Argemiro, évêque de Braga;
Diego, évêque de Tuy; Egila, évêque d'Orense; Sisnando, évêque d'Iria; Recaredo, évêque de Lugo; Rosendo, évêque de
Mondoñedo, et Eleca, évêque de Saragosse.—«...Ideoque II nonas
maii, anno incarnationis Domini DCCCLX^V VIIII, secunda feria,
deducebat annum ad lunae cursum III, luna XI...»

a. Castellá Ferrer, *Historia del Apostol Sanctiago*, fol. 460 r.-461 v.,
d'après «un privilegio del mismo Rey Magno, que esta en la santa Iglesia
de Ouiedo *(sic)*, escripto en letra Gothica».—*b.* Da Cunha, *Catalogo e historia dos bispos de Porto* (Porto, 1623, in-fol.) (51), pp. 124-127.—*c.* Flórez,

---

(51) Autre édition, Porto, 1742, in-fol.

Esp. Sagr., XIX, pp. 344-346.—*d.* López Ferreiro, *Historia de la iglesia de Santiago*, II, app. xxv, pp. 50-53, d'après *a.*

TRAD. Castellá Ferrer, *op. cit.*, fol. 461 v.-463 r. — Da Cunha, *op. cit.* pp. 127-131.

57.—899, 6 juillet.—*Faux.*

Alphonse III et la reine Chimène confirment à l'église de Lugo la dignité d'église métropolitaine que lui avaient conférée leurs prédécesseurs; ils lui confirment également, ainsi qu'à l'évêque Recaredo, les villes détruites de Braga et Orense, qui avaient été données par Alphonse II; cette confirmation étant faite pour compenser la perte des églises et territoires rattachés au siège d'Oviedo et au sujet desquels l'évêque de Lugo et son clergé avaient adressé une plainte au roi, tout en présentant à celui-ci la donation d'Alphonse II, lors de l'assemblée tenue à Compostelle le jour de la consécration du temple de saint Jacques.—«Facta donatio testamenti regis religiosi principis Ade- »phonsi episcopis et comitibus ii nonas julii era DCCCC- »XXXVII.»

B. Copie du xiiie siècle: *Tumbo viejo* de l'église de Lugo, fol. 9, n° 13, sous le titre: *Testamentum Adefonsi regis.* Cf. *Revue Hispanique*, XII (1905), p. 593.

    a. Contador de Argote, *Memorias para a historia de Braga*, III, doc. ii, pp. 389-392.—*b.* Risco, *Esp. Sagr.*, XL, app. xx, pp. 394-396.

TRAD. Argote, *loc. cit.*, pp. 392-395.

58.—899, 30 décembre ([52]).

Alphonse III donne à l'église de Compostelle diverses *villae* sises dans les faubourgs de Coïmbre et récemment enlevées aux

---

([52]) La date de ce document n'est pas certaine. D'après Flórez, *Esp. Sagr.*, XIX, pp. 92-93, qui suit l'opinion de Castellá Ferrer, ce serait:

Arabes, savoir: une villa sur les bords du *Viaster*, avec l'église São Martinho; la *Villa Crescemiri*; une villa avec l'église de São Lourenço et le tiers de la *Villa Travazolo*, sise entre l'Agueda et le Vouga. Il confirme en outre la donation faite par l'abbé Itila.—
«Facta scriptura testamenti in die festivitatis supradicti patroni »nostri sancti Iacobi, iii° kls. ienuarii era DCCCCXXXVII.»

B. Copie du xii⁰ siècle: *Tumbo A* de l'église de Compostelle, fol. 4 v.
a. López Ferreiro, *Historia de la iglesia de Santiago*, II, app. xxiv, pp. 44-45, d'après *B.*

59.—902, 1ᵉʳ janvier (⁵³).—*Douteux* (⁵⁴).

Alphonse III confirme à l'archiprêtre Teonando l'église (ou le monastère) de San Esteban de *Villadilano*.

«era DCCCCXXXIII», soit a. 895; d'après le *Tumbo A* de Compostelle, fol. 4 v., ce serait: «era DCCCCXXXVII», soit a. 899. M. López Ferreiro, *Historia de la iglesia de Santiago*, II, texte, p. 174, adopte la date de 895, et à l'appendice n° xxiv. p. 44, celle de 898. Il adopte la date de 895, parce que «es fácil que esta variante [era DCCCCXXXIII] estuviere »tomada del original, existente entonces [à l'époque de Castellá Ferrer], »y en tal supuesto debe ser preferida» *(loc. cit.,* p. 174, n. 1). Il adopte la date de 898, et non pas de 899, parce que «si se tiene en cuenta que »entonces probablemente el año se empezaba á contar desde el 25 de »Diciembre, resulta el año 898, que es el que pusimos en el Apéndice» *(loc. cit.,* même page et note).—Pour notre part, nous suivons la leçon du *Tumbo A.*

(⁵³) Morales datait ce document «del primero dia de Enero del año »de nuestro Redentor novecientos y diez, y está la Era por año de naci- »miento.» L'erreur a été corrigée par Sandoval, *Cinco obispos*, p. 143. Cf. *Esp. Sagr.*, XIX, p. 103; XXX, p. 217; XL, p. 130, etc.

(⁵⁴) Sur l'authenticité de ce document, il y aurait lieu de faire les plus expresses réserves. Nous retrouvons ici le type—classique dans les actes de Samos—du Mozarabe immigré en terre galicienne; d'autre part, nous constatons, encore une fois, que les moines de Samos se faisaient remarquer par leur indiscipline et leurs mauvaises mœurs.

Analysé en ces termes par Morales, *Coronica general de España*, liv. XV, ch. xxxi; éd. Cano, VIII, p. 91: «Un Arcipreste, llamado Teo- »nando, cuenta allí como un su bisabuelo poseia la villa de Adilano desde »el tiempo del Rey Don Fruela, con Iglesia de Santo Esteban y San Mar- »tin, y agora, porque los Clérigos vivian mal, el Rey Don Alonso con su »Corte, á quien se quejó Teonando, le dió la Iglesia y rentas della. Con- »firman los cinco hijos del Rey, nombrados por tales, y los Obispos »Nausto de Coimbra, Sisenando de Iria, Eleca de Zaragoza, y Reccaredo »de Lugo. Dice era éste el dichoso año treinta y seis del Reyno y de la »gloria del Príncipe nuestro Señor Don Alonso en Oviedo.»

Analysé également par Sandoval, *Cinco Obispos*, pp. 142-143: «... En »este año [de 902] el Rey don Alonso el Magno estaua en Samos, y con- »cedió vna escritura a vn Priorato, y Monasterio desta casa que se dize »Santisteuan de Villa Dilani: y dize el Rey que era muy notorio que en »tiempo del Rey don Froylano de diuina memoria vinieron de las partes »de España Egila con su mujer y hijos, y que hizo su assiento en el lu- »gar que del nombre de vn hijo deste Egila llamado Adilano, se llamó »villa del señor Adilano, y que el lugar era montuoso, y lo labró y plantó, »y edificó vn Monasterio a los santos Esteuan, san Martin, y se pusieron »en el Monges de Samos, y se vnió con el Monasterio, confirmó el Rey »la fundacion, y vnion, y dize ser el año treynta y seys de su glorioso »Reynado en Ouiedo. Firman Nausto Obispo de Coimbra; Sisnando Obis- »po de Iria... Era patron deste Monasterio de san Esteuan de Villadilano, »Teodenando, y diole muchas heredades, y otros bienes hablando con »gran deuocion con los santos; sujetalo al Monasterio de Samos, con que »los Monges de Samos enseñen a los de Santisteuan la vida monastica» (55).

60. —904, 22 octobre.

Alphonse III donne aux moines du monastère de Sahagun (56) et à l'abbé Alfonso droit de juridiction sur les habitants présents

---

(55) L'acte a été analysé par d'autres auteurs, notamment par Flórez, *Esp. Sagr.*, XXX, p. 217, et par Risco. *Esp. Sagr.*, XL, pp. 129-130 et pp. 216-217.—L'acte est tantôt attribué à Alphonse III, tantôt à Teonan- do ou Teodenando.

(56) Sahagun, prov. de Leon, ch.-l. de *part. jud.*

et à venir de la villa de *Zacharias*, sise à Calzada (³⁷); défense est faite à un certain Sancho de molester lesdits habitants pour un motif quelconque.—«Notum die xi klds. nbras. era DCCCCX'II².»

A. Original à l'*Archivo Histórico Nacional* doc. de Sahagun, n° 1-R. Dimensions approximatives: 0ᵐ170 (hauteur) × 0ᵐ310 (largeur). Écriture assez ronde, irrégulière, parchemin froissé. Au dos, trois analyses, dont une paraît être du xiiiᵉ siècle; les deux autres sont modernes. Ancienne cote (aux archives du monastère de Sahagun): «Cax. 1, leg. 1, num. +.»

B. Copie du début du xiiᵉ siècle: *Becerro gótico* de Sahagun, fol. 120 r., col. 2.-120 v., col. 1, sous le titre: *Testamentum regis Adefonsi de villa de Calzata infra cautum*.

a. Escalona, *Historia del real monasterio de Sahagun* (Madrid, 1782, in-fol.), app. iii, escr. 1, p. 376, d'après *A*.—*b*. Muñoz y Rivero, *Paleografía visigoda* (Madrid, 1881, in-8), pp. 126-127, d'après *A*.

Fac.-sim. Muñoz y Rivero, *op. cit.*, pl. xix (³⁸).

Ind. Vignau, *Índice de los documentos... de Sahagun* (Madrid, 1874, in-8), n° 1, p. 1.

61.—904, 30 novembre.

Alphonse III et la reine Chimène donnent à la communauté de Sahagun le monastère de Saelices del Rio (³⁹), lui transfèrent le droit, jusqu'alors exercé par le roi, de capter en tous lieux l'eau nécessaire aux moulins installés dans les alentours de Saelices, et lui concèdent toutes les dépendances du monastère susdit, avec droit de juridiction sur les habitants.—«Facta cartula »testamenti ii kalds. decemb. era DCCCCªXᵛªIIª.—Posidonius »notarius, qui hunc testamentum scripsit, testis, testis.»

(³⁷) Calzada del Coto, prov. de Leon, *part. jud.* de Sahagun.

(³⁸) Cette reproduction ne donne pas une idée exacte de l'original: on pourrait croire que celui-ci comporte quinze lignes de texte (y compris la souscription royale), alors qu'il en comporte six seulement; en outre, les souscriptions des témoins ont été omises.

(³⁹) Saelices del Rio, prov. de Leon, *part. jud.* de Sahagun.

A. Original à l'*Archivo Histórico Nacional*, doc. de Sahagun, n° 2-R. Dimensions: 0^m280 (hauteur) × 0^m590 (laigeur). Écriture très régulière, avec d'assez longues hastes. Au dos, deux cotes, dont l'une du xve siècle, presque complètement effacée, et l'autre moderne. Ancienne cote (aux archives du monastère de Sahagun): «Cax. 1, leg. 1, num. 1».

B. Copie du début du xiie siècle: *Becerro gótico* de Sahagun, fol. 134 r., col. 2-134 v., col. 2, sous le titre: *Testamentum de Afonso* (sic) *rege de Sancto Felice super Ceia subtus Autero Maurisco.*

C. Copie de la fin du xiie siècle: *Archivo Histórico Nacional*, doc. de Sahagun, n° 3-R, d'après *A.* Ancienne cote: «Cax. 1, leg. 6, num. 2».

TRAD. *Ibid.*, n° 4-R. Traduction qui, d'après M. Vignau, *Indice*, p. 2, «tanto por el lenguaje, como por el carácter de letra, parece hecha á »principios del siglo xiii». Ancienne cote: «Cax. 1, leg. 6, num. 1».

a. Escalona, *Historia del monasterio de Sahagun*, app. iii, *escr.* ii, pp. 376-377, d'après *A.*

IND. Vignau, *Indice de los documentos de Sahagun*, n° 2, p. 1, et n°s 3 et 4, p. 2.

62.—905, 20 janvier. Oviedo.—*Refait.*

Alphonse III, — fils d'Ordoño Ier, quatrième roi depuis Alphonse le Chaste,—la reine Chimène et leurs fils Garcia, Ordoño, Gonzalve, archidiacre d'Oviedo, Fruela et Ramire, offrent à l'église d'Oviedo des châteaux, monastères et domaines, et confirment les donations de leurs prédécesseurs. Ils donnent le château fort bâti par eux à Oviedo et sur la porte duquel a été placée une inscription commémorative, et, à côté dudit château, le grand palais, lieu de leur résidence, qu'ils ont également bâti. Ils donnent des ornements d'église, des vêtements sacerdotaux et des manuscrits de l'Évangile. Ils donnent, sur le mont Naranco, l'église San Vicente et ses dépendances, ainsi que Lillo, avec ses palais, ses bains, l'église San Miguel, etc. Ils donnent également de très nombreux domaines, des villes, monastères, églises, champs, salines, pêcheries, le tout sis dans les Asturies, notamment Santa Maria de Lugo ([60]), avec ses anciennes

---

([60]) Lugo (Santa Maria), prov. et *part. jud.* d'Oviedo, *ayunt.* de Llanera.

murailles; la ville de Gozon et ses églises; le monastère de San Miguel de Quiloño ([61]) et ses dépendances; la ville d'Avilés ([62]) et ses églises; la ville de Gijon et ses églises; le monastère de San Juan de Pravia ([63]), lieu de sépulture du roi Silo et de la reine Adosinda; le monastère de Santa Maria de Tineo ([64]), près de l'Arganza ([65]), avec ses dépendances en Galice; le monastère de San Martin, au territoire de Pesoz ([66]), près de Cangas ([67]), et le monastère de Santa Colomba ([68]), entre le Navia ([69]) et l'Eo. Ils donnent aussi d'autres monastères, domaines, etc., situés sur le territoire du Leon, à Orbó ([69a]), *Gordon*, Eslonza ([70]), *Celisca*, *Curonio*, près du Torio et du Bernesga ([71]), à Valdoncina ([72])

([61]) Quiloño, prov. d'Oviedo, *part. jud.* d'Avilés, *ayunt.* de Castrillon.

([62]) Avilés, prov. d'Oviedo, ch.-l. de *part. jud.*

([63]) C'est aujourd'hui l'église paroissiale de San Juan Evangelista de Santianes, située à deux kilomètres de Pravia (prov. d'Oviedo, ch.-l. de *part. jud.*). Cf. Vigil. *Asturias monumental*, I, p. 474.

([64]) C'est aujourd'hui l'église paroissiale d'Arganza (prov. d'Oviedo, *part. jud.* et *ayunt.* de Tineo).

([65]) L'Arganza, affluent de gauche du Narcea.

([66]) Pesoz, prov. d'Oviedo, *part. jud.* de Tineo.—Sur le territoire de Pesoz, voir Somoza, *Gijón en la historia general de Asturias*, I, pp. 115-116. p. 129 et suiv., p. 167.

([67]) Cangas de Tineo, prov. d'Oviedo, ch.-l. de *part. jud.*

([68]) Ce serait aujourd'hui, d'après Vigil, *op. cit.*, I, p. 585, le «con-»vento de religiosos Bernardos de Nuestra Señora de Villanueva de »Oscos, en lo antiguo de Santa Colomba, erigido en el pueblo de su »nombre» [prov. d'Oviedo, *part. jud.* de Tineo]. Mais M. Vigil, *loc. cit.*, remarque que la donation d'Alphonse III pourrait s'appliquer «á otro »[monasterio] del mismo nombre cerca del rio Porcía, que no existe, tres »leguas distante de este de Villanueva».

([69]) Le Navia, fleuve côtier asturien qui se jette dans la baie de Navia.

([69 a]) Orbó, prov. de Palencia, *part. jud.* de Cervera de Pisuerga, *ayunt.* de Brañosera.

([70]) Eslonza, prov. et *part. jud.* de Leon, *ayunt.* de Gradefes.

([71]) Le Bernesga, affluent de droite du Torio.

([72]) Valdoncina, prov. et *part. jud.* de Leon, *ayunt.* de Valverde del Camino.

et à Valencia de Don Juan (73). Ils décident que la moitié des églises situées entre les confins du territoire d'Astorga, la source du Carrion (74), le confluent du Carrion et du Pisuerga (75) et la ville de Zamora, dépendra de l'église d'Oviedo, et l'autre moitié de l'église de Leon. Ils donnent enfin à l'église d'Oviedo la ville et le diocèse de Palencia, les bains royaux de Zamora, avec leur revenu mensuel de vingt sous (76), un domaine dans les faubourgs de Zamora, un autre près de l'Araduey (77), et le monastère de San Juan Bautista, près de l'Orbigo.—«Facta scriptura testamen- »ti et tradita ecclesiae S. Salvatoris sedis Oveto illius, in praesen- »tia episcoporum atque orthodoxorum quorum subtus habentur »signacula, die xiii kal. februarii discurrente era DCCCCX'III, »anno feliciter gloriae regni nostri xxxviiii, in Dei nomine com- »morantes in Oveto.—Adulphus diaconus, qui hunc testamen- »tum scripsi».

B. Copie du xiie siècle: *Libro gótico* de l'église d'Oviedo, fol. 18 v., sous le titre: *Testamentum Adefonsi regis et Xemene regine.*

C. Copie du xive siècle: *Regla colorada* de l'église d'Oviedo, fol. 6.

D. Trois copies du xive siècle, avec la date: «era DCCCCXlll», con- servées aux archives de l'église d'Oviedo.

a. Cédula de Philippe V, fol. 12 v.-15 v. et fol. 34 r.-37 r., d'après *C.*— *b.* Risco, *Esp. Sagr.*, XXXVII, app. xi, pp. 329-337.—*c.* Escandon, *Histo- ria... del... rey Pelayo,* nº xi, pp. 467-475, d'après *b.*—*d.* La Fuente, *His- toria eclesiástica de España,* 2e éd., III, nº 52, pp. 511-513.

IND. Vigil, *Asturias monumental,* I, p. 60, A. 18

---

(73) Valencia de Don Juan, prov. de Leon, ch.-l. de *part. jud.*
(74) Le Carrion, affluent de droite du Pisuerga.
(75) Le Pisuerga, affluent de droite du Duero.
(76) Au sujet de ces bains, voir l'acte du 22 septembre 907 *(Cat.,* nº 66).
(77) L'Araduey, ou Valdearaduey, affluent de droite du Duero.

63.—905, 3 avril.

Alphonse III donne à l'abbé Cixila et aux moines du monastère de San Cosme y San Damian ([78]), situé aux bords du Torio, sur le territoire de Leon, le monastère lui-même, avec ses dépendances.—«Facta scriptura donationis sub die iii ns. aprilis era »DCCCCᵃXᵛᵉIIIᵃ, anno feliciter glorie regni nostri xxxºviiiº».

B. Copie du xiie siècle: *Becerro mayor* de l'église de Leon, fol. 388 r.

64.—905, 30 novembre.

Alphonse III et la reine Chimène, soucieux de restaurer le monastère de Sahagun qu'avait détruit une armée musulmane, lui donnent, ainsi qu'à l'abbé Recesvinto, le terrain sur lequel s'élève le susdit monastère, avec toutes ses dépendances, dont la villa de Zonio ([79]), celle de *Zacharias*, appelée Calzada, celle de Villamol de Cea ([80]) et celle de Patricio, aux bords du Cea, le droit de juridiction sur ces domaines étant accordé à Sahagun. Ils donnent en outre les églises de Boadilla ([81]), San Andrés, Saelices del Rio, Santa Eugenia, près du Calaveras ([82]) et San

---

([78]) Ce monastère de San Cosme y San Damian était situé «en un »valle, que se decia Abeliar, à la ribera del rio Torio», dans les faubourgs de Leon. Risco, *Esp. Sagr.*, XXXIV, p. 204.

([79]) Zonio, «antigua villa dentro del coto de Sahagun junto á Calzada». Vignau, *Indice de los documentos de Sahagun,* p. 690.

([80]) Le texte porte: «Villa de Mozrore». M. Vignau, *op. cit.,* pp. 660-661, identifie cette localité avec Villamol de Cea, prov. et *part. jud.* de Leon, *ayunt.* de Sahagun.

([81]) Boadilla de Rioseco, prov. de Palencia, *part. jud.* de Frechilla.

([82]) Le Calaveras, affluent de gauche du Cea.

Fructuoso de Rioseco ([83]); le pâturage de Tronisco ([84]), situé au col de Muezca del Campo ([85]), et un autre pâturage à Fontasquesa ([86]). Ils stipulent enfin que, dans toutes les villes du royaume, le monastère de Sahagun sera exempt des droits de porte. —«Factum et confirmatum hunc testamentum sub die 11 klds. »dcbrs. discurrente era DCCCCXᵛIIIᵃ.—Possidonius notarius, »qui hunc testamentum scripsi, testis, testis».

A. Original à l'*Archivo Histórico Nacional,* doc. de Sahagun, nº 5-R. Dimensions: 0ᵐ540 (hauteur) × 0ᵐ680 (largeur). Belle écriture, assez ronde, un peu grosse, très régulière. Parchemin fatigué, troué par endroits. Encre rougeâtre et, par places, dans les souscriptions, un peu verdâtre. La souscription du roi et celle de la reine sont en caractères allongés. Ancienne cote (aux archives du monastère de Sahagun): «Cax. 1, leg. 1, num. 2».

A'. Copie contemporaine, semble-t-il, de l'original. *Ibid.,* nº 6-R. Dimensions: 0ᵐ520 (hauteur) × 0ᵐ670 (largeur). Écriture très belle, ronde et grosse. Parchemin en très bon état, fort bien conservé à part quelques petits trous. Ancienne cote: «Cax. 1, leg. 1, num. 3». Cette copie se dis-

---

([83]) San Fructuoso de Rioseco, «segun Escalona [p. 19], se llama hoy »Villada, en la provincia de Palencia, part. jud. de Frechilla». Vignau, *op. cit.,* p. 671.

([84]) Tronisco, «puerto ó collado que conduce á Maraña. Está situado »en el término de Cofiñal, prov. de Leon, part. jud. de Ríaño». Vignau, *op. cit.,* p. 676.—Le 25 juin 923, Ordoño II concède à nouveau ce pâturage au monastère de Sahagun (Escalona, *op. cit.,* app. III, *escr.* XII, pp. 384-385); mais dans cet acte de 923, il n'est fait aucune allusion à la donation de 905. Par contre, on lit dans une charte de Ramire II pour Sahagun, 934 (Escalona, *op. cit.,* app. III, *escr.* XVIII, pp. 388-389): «id »est bustum quam vocitant Pinzon, qui jacet circa alium quam dicunt »Troniscum, quam dudum aule vestre avus noster dive memorie sere- »nissimus princeps domnus Adefonsus per seriem testamenti plenissime »confirmavise *(lire* confirmavit)».

([85]) Ne serait-ce pas le col appelé aujourd'hui «Muezca del Corugo»? Voir Vignau, *op. cit.,* p. 649, s. vº. Caso (Portus de).

([86]) «Fontasquesa ó Valdelascasas. Despoblado en el término de Co- »fiñal [prov. de Leon, *part. jud.* de Riaño]». Vignau, *op. cit.,* p. 653.

tingue de *A* par l'absence d'un certain nombre de souscriptions; c
Vignau, *Indice*, p. 2.

B. Copie du début du xiie siècle: *Becerro gótico* de Sahagun, fol. 7 v.,
col. 2-8v., col. 1, sous le titre: *Testamentum regis Adefonsi de cauto de
Sancto Andres, de Sancta Eugenia in Ceia, de Sancto Felice, de Tronisco,
de portatico.*

a. Sandoval, *Primera parte de las fundaciones de los monesterios del
glorioso Padre San Benito* (Madrid, 1601, in-fol.), § Sahagun, fol. 47 v.-48 r.
— *b.* Escalona, *Historia del monasterio de Sahagun*, app. iii, *escr.* iii,
pp. 377-379, d'après *A.*

Trad. Yepes, *Coronica general de la orden de San Benito*, III, fol. 169 r.
et v., sous la date: 21 août.—Sandoval, *loc. cit.*, fol. 48 r.-48 v.

Ind. Vignau, *Indice de los documentos de Sahagun*, n° 5, p. 2.

65.—906, 11 avril ([87]). Oviedo.—*Faux.*

Alphonse III,—fils d'Ordoño Ier, quatrième roi depuis Alphonse le Chaste,—la reine Chimène et leurs fils Garcia, Ordoño,
Gonzalve, archidiacre d'Oviedo, Fruela et Ramire, offrent à
l'église d'Oviedo des monastères et domaines et confirment les
donations de leurs prédécesseurs. Outre des ornements d'église,
des vêtements sacerdotaux et des manuscrits de l'Évangile, ils
donnent les monastères de Santa Maria de Tineo, avec ses dépendances en Galice, San Martin de Pesoz, près de Cangas, et
Santa Colomba, entre le Navia et l'Eo. Ils donnent aussi d'autres
monastères, domaines, etc., situés sur le territoire du Leon, à
Orbó, *Gordon*, Eslonza, *Celisca*, *Curonio*, près du Torio et du
Bernesga, à Valdoncina et à Valencia de Don Juan. Ils décident
que la moitié des églises situées entre les confins du territoire
d'Astorga, la source du Carrion, le confluent du Carrion et du
Pisuerga et la ville de Zamora, dépendra de l'église d'Oviedo, et

---

([87]) S'il s'agissait d'un document authentique, il conviendrait de discuter la date de 906, la trente-neuvième année du règne d'Alphonse III
allant du 26 ou 27 mai 904 au 26 ou 27 mai 905.

l'autre moitié de l'église de Leon. Ils donnent enfin à l'église
d'Oviedo la ville et le diocèse de Palencia, les bains royaux de
Zamora, avec leur revenu mensuel de vingt sous, un domaine
dans les faubourgs de Zamora, un autre près de l'Araduey, et
le monastère de San Juan Bautista, près de l'Orbigo.—«Facta
»scriptura testamenti et tradita ecclesie Sancti Salvatoris sedis
»Oveto illius, in presentia episcoporum atque orthodoxorum
»quorum subter habentur signacula, die tercio idus aprilis era
»DCCCCᵃ quadragesima quarta, anno feliciter gloriose regni
»nostri xxxviiii, in Dei nomine commorantes in Oveto. —
»Possidonius, qui hunc testamentum scripsi».

> B. Copie du xive siècle: *Regla colorada* de l'église d'Oviedo, fol. 8 v.
> a. *Cédula* de Philippe V, fol. 53 v.-55 v.
> Ind. Vigil, *Asturias monumental*, I, p. 60, A. 19.

66.—907, 22 septembre (?) ([88]) Zamora.

Alphonse III donne au monastère de San Pedro y San Pablo
de *Turris* ([89]), situé sur le territoire de Zamora, le domaine de
Perdices. — «Facta scriptura donationis et testamenti die x klds.
»*(sic)* era DCCCCᵃXᵛᵃVᵈ, anno feliciter regni nostri xᵛiᵒ, commo-
»rantes in civitate Zamora, residentes troni solium in Dei nomine
»Oveto.»

> B. Copie du xiiiᵉ siècle: *Tumbo* de Celanova, fol. 149 r., col. 2-149 v.,
> col. 2.

([88]) La copie du *Tumbo* de Celanova est dépourvue d'indication de
mois. En revanche, une analyse qui se trouve dans le ms. 712 (ancien D. 41)
de la Bib. Nat. de Madrid porte: «x. kal. octobr. DCCCCXV». Il est clair
qu'il faut lire: «DCCCCXᵛV»; mais il est non moins certain qu'il y a dis-
cordance entre le chiffre de l'ère (907) et l'an du règne, la 41ᵉ année du
règne d'Alphonse III allant du 26 ou 27 mai 906 au 26 ou 27 mai 907.

([89]) Est-ce «Tunis» ou «Turris»? La lecture est douteuse.

67.—908, 10 août.—*Douteux.*

Alphonse III et la reine Chimène offrent à l'église d'Oviedo de nombreux ornements d'église, entre autres une «crucem princi-»palem tota ex purissimo cotto auro sobrefacta, diuersas gema-»rum uridum gembus ornatam, a pretiosis lapilis insutam»; ils lui donnent également des livres liturgiques, des églises et des domaines situés à Zamora, Leon, Valencia de Don Juan et dans les Asturies.—«Die iiii° iduum augustarum era DCCCCᵃXᵛVIᵃ.»

B. Deux copies, dont une du xivᵉ siècle, avec la date: ère 916, aux archives de l'église d'Oviedo.

Ind. Vigil, *Asturias monumental,* I, p. 60, A. 20.

68.—909, 28 avril. Leon.

Échange conclu entre Alphonse III, d'une part, et, de l'autre, Sarraceno, Falcon et Dolquito ([90]). Le roi donne la villa d'Alca-min ([91]), sur les bords du Duero, au territoire de Tordesillas ([92]), telle qu'il l'avait, avec ses fils, enlevée aux Infidèles ([93]); il reçoit une villa sur les bords du Cea, au territoire de Sahagun, avec

---

([90]) Les destinataires sont-ils au nombre de deux ou trois? L'adresse est ainsi libellée: «Vobis Sarraceno Falconi et Dolkito». M. Vignau, *op. cit.,* p. 109, a traduit: «Sarraceno, Falcon y Dolquito».

([91]) «Alcamin alto y bajo. Desp[oblado] en la prov. y part. jud. de »Zamora». Vignau, *op. cit.,* p. 642.

([92]) Tordesillas, prov. de Valladolid, ch.-l. de *part. jud.*

([93]) Le texte porte: «secundum nos illut de squalido de gente bar-»barica manu propria cum *pueris* nostris adprehendimus». Ici, le mot *puer* semble bien avoir le sens d'enfant, et non celui de familier, comme dans l'acte de 854 *(Cat.,* n° 22).

l'église San Justo y San Pastor. —«Facta scribtura commutatio-
»nis IIII klds. majas era DªCCCCªXᵛVIIª, anno feliciter regni nos-
»tri xᵛIIIº, in Dei nomine commorantes in civitate Legione, resi-
»dentes troni solium in sedem Oveto.»

B. Copie du XIIᵉ siècle: *Becerro gótico* de Sahagun, fol. 120 r., col. 1 et 2,
sous le titre: *Carta de Sancto Iusto infra cautum Sancti Facundi.*
a. Escalona, *Historia del monasterio de Sahagun*, app. III, *escr.* IV,
p. 379, d'après l'original, aujourd'hui perdu et coté anciennement:
«Cax. 31, leg. 2, num. 12.»
IND. Vignau, *Indice de los documentos de Sahagun*, nº 441, p. 109 (94).

SUPPLÉMENT

I.—780, 17 janvier.—*Faux* (95).

Adelgastro, fils du roi Silo, et sa femme Brunildi donnent au
monastère de Santa Maria de Obona (96), qu'ils avaient fondé et
soumis à la règle de saint Benoît, ainsi qu'à l'abbé Félix, le territoire d'Obona avec toutes ses dépendances, exception faite de
Villatrid (97), qui est attribué à «Doña Elo»; hors du territoire
d'Obona, ils concèdent Semproniana (98), Borres (99), *Piando* et
Laenes; ils donnent également plusieurs familles de serfs, en fixant

---

(94) M. Vignau a classé ce document parmi les actes privés.

(95) La fausseté de cet acte ne saurait être mise en doute. A titre
de curiosité, voir Pellicer, *Annales de la monarquia de España* (Madrid,
1681, in-fol.), pp. 387-388; cf. Flórez, *Reynas Catholicas*, I, p. 52; Somoza, *Gijón*, II, pp. 413, 421, 486, 490, 535-539.

(96) Obona (San Antolin), prov. d'Oviedo, *part. jud.* et *ayunt.* de Tineo.

(97) Villatrid, prov. d'Oviedo, *part. jud.* et *ayunt.* de Tineo.

(98) Semproniana (Santa Maria), prov. d'Oviedo, *part. jud.* et *ayunt.*
de Tineo.

(99) Borres, prov. d'Oviedo, *part. jud.* et *ayunt.* de Tineo.

d'une part la quantité de nourriture que lesdits serfs recevront quand ils travailleront au monastère, d'autre part les châtiments qu'ils encourront s'ils frappent, blessent ou tuent l'un des moines; ils offrent en outre au monastère du bétail, des instruments agricoles et des vêtements, ornements et livres sacerdotaux.— «Facta charta testamenti xvi kalendas februarii era DCCCXVIII, »regnante principe nostro Silone cum uxore sua Odisinda.»ʻ

a. Yepes, *Coronica general de la orden de San Benito,* III, *escr.* xviⁱ fol. 24 v.-25 r., «sacado de su Archivo». — *b.* Sandoval, *Cinco Obispos,* pp. 129-133, d'après l'original *(sic)*; cf. p. 129: «Esta carta vi yo originalmente, y està con muy buena letra Gotica, o Lombarda de la mas clara que he visto, sana no *(sic)* rota ni en alguna parte cancelada» (¹). — *c.* Aguirre, *Collectio maxima conciliorum omnium Hispaniae,* III (1694), pp. 89-90; 2ᵉ éd., IV (1754), pp. 91-92.— *d.* Risco, *Esp. Sagr.,* XXXVII. app. v, pp. 306-309.—*e.* Muñoz y Romero, *Coleccion de fueros municipales,* pp. 9-12, d'après *c.*—*f.* Escandon, *Historia... del... Rey... Pelayo,* nᵒ v, pp, 446-449, d'après *c.*—*g.* Sangrador, *Historia de la administracion de justicia de Asturias,* p. 339 et suiv. 2ᵉ éd., pp. 295-297, d'après *c.*

Trad. Sandoval, *op. cit.,* pp. 133-136.

Ind. Vigil, *Asturias monumental,* I, p. 576, Qb. 1ª.

2.—896, 22 juin.

Gonzalve, archidiacre de l'église d'Oviedo, fils du roi Alphonse III et de la reine Chimène, donne à la susdite église celles de San Martin de Cornellana (²), Santa Maria de Boinas (³), San Pedro de Vigaña (⁴), les monastères de Santa Maria de *Moral*

(¹) Morales, *Coronica,* éd. Cano, VII, p. 112, qualifie également de «escritura original» le parchemin qu'il avait vu.

(²) Cornellana, prov. d'Oviedo, *part. jud.* de Belmonte, *ayunt.* de Salas. La paroisse de San Martin est située sur les bords du Narcea, à deux lieues de Salas. Cf. Vigil, *Asturias monumental,* I, p. 510.

(³) Boinas, prov. d'Oviedo, *part. jud.* de Belmonte, *ayunt.* de Miranda.

(⁴) Vigaña de Arcello, prov. d'Oviedo, *part. jud.* de Belmonte, *ayunt.* de Miranda.

et San Cristobal de *Roboreto*, à Tineo; enfin l'église de San Félix de Pedregal (⁵), située au delà des monts, entre l'Orbigo et
l'Omaña (⁶). — «Facta cartula testamenti vɪ kalendas julias
»era DCCCCᵃXXXXᵃIIIIᵃ, regnantibus genitoribus meis Adefon-
»sus rex et Xemena regina.—Adulfus diaconus, qui hunc testa-
»mentum scripsit, testis.»

B. Copie du xɪɪᵉ siècle: *Libro gótico* de l'église d'Oviedo, fol. 23 v⁰.,
sous le titre: *Testamentum Gundisalvi archidiaconi.*
   a. Cédula de Philippe V, fol. 77 r. et v.
   Iɴᴅ. Vigil, *Asturias monumental*, I, p. 60, A. 17.

Appendice I

Index des cartulaires et recueils manuscrits cités dans le Catalogue d'actes (⁷)

Asᴛᴏʀɢᴀ (Église d').—*Indice de las escrituras de la Sancta
Iglesia de Astorga, dentro y fuera de los tumbos.* xvɪɪɪᵉ siècle.
Papier. Non folioté. 310 × 210 mm.—Madrid, Bibliothèque Na-
tionale, n⁰ 4357 (ancien P. 309).—Décrit dans *École pratique
des Hautes Études. Section des Sciences historiques et philologiques.
Annuaire 1901* (Paris, 1900, in-8), pp. 121-123.

   Privilegios de Astorga. xvɪɪɪᵉ siècle. Papier. 44 cahiers de 10
feuillets chacun. 220 × 210 mm. Copies d'actes royaux faites
d'après celles qu'avait prises en 1608 D. Antonio Quintela.—

(⁵) Pedregal, prov. de Leon, *part. jud.* de Murias de Paredes, *ayunt.*
de Las Omañas.
   (⁶) L'Omaña, affluent du Luna, qui est lui-même un affluent de
l'Orbigo.
   (⁷) Abstraction faite de volumes isolés de grandes collections de
copies.

Madrid, Archivo Histórico Nacional, n° 1197 B.— Décrit dans *Revue des Bibliothèques*, X (1900), p. 27. Cf. *Annuaire* déjà cité, p. 120.

BRAGA (Église de).—Cartulaire dit *Liber Fidei*, xiie -xiiie siècles.—Archives de la Cathédrale.—Voy. Pedro A. de Azevedo, O «Liber Fidei» *da mitra de Braga*, dans *Academia das Sciências de Lisboa. Boletim da segunda classe*, V (1911), pp. 460-469. Cf. une courte description dans *Boletim bibliografico da Academia das Sciências de Lisboa*, 2ª serie, I (Lisboa, 1911-1916), p. 421 (⁸).

CELANOVA (Monastère de).— *Tumbo*. xiiie siècle. Parchemin. 198 feuillets numérotés, écrits tantôt à longues lignes, tantôt à deux colonnes. 405 × 300 mm.—Madrid, Archivo Histórico Nacional, n° 986 B.—Décrit dans *Revue des Bibliothèques*, X (1900), pp. 29-30. Cf. *Guía histórica y descriptiva de los Archivos, Bibliotecas y Museos arqueológicos de España. Sección de Archivos. Archivos históricos* (Madrid, 1916, in-8), p. 89.

COÏMBRE (Église de).—*Livro Preto*. xiiie siècle. Parchemin. 255 feuillets (non compris 46 feuillets de papier), écrits à longues lignes, sauf les ff. 15-20. 310 × 195 mm.—Lisbonne, Torre do Tombo. — Décrit dans *Revue des Bibliothèques*, XII (1902), pp. 476-477.

LEON (Église de).—*Libro del Tumbo*. xiie siècle. Parchemin. 474 feuillets écrits à longues lignes. 310 × 200 mm.—Leon, Archives de la Cathédrale.—Décrit par R. Berr [et] J. Eloy Díaz Jiménez, *Noticias bibliográficas y Catálogo de los Códices de la Santa Iglesia Catedral de León* (León, 1888, in-8), p. 13.

LUGO (Église de).—*Libro I de Pergaminos*. xie -xve siècles. 133 feuillets (non compris 69 feuillets de papier). Dimensions appro-

---

(⁸) Les éditeurs des *Portugaliae Monumenta Historica* n'avaient pas pu prendre connaissance de ce cartulaire, le chapitre de l'église de Braga s'y étant formellement refusé. Voy. *Port. Mon. Hist. Dipl. et chartae*, I, p. vi.

ximatives: 410 × 280 mm. Recueil formé par des cahiers de parchemin et des documents originaux, ou des copies anciennes, montés sur onglets et foliotés. - Madrid, Archivo Histórico Na-cional, doc. de Lugo.—Décrit dans *Revue des Bibliothèques*, X (1900), pp. 22-23.

Tumbo viejo. XIIIe siècle. Parchemin. 73 feuillets. — Madrid, Archivo Histórico Nacional.—Décrit dans *Guía... de los Archivos... de España*, pp. 89-90. Cf. notre *Note sur le Tumbo viejo de l'Église cathédrale de Lugo*, dans *Revue Hispanique*, XII (1905), pp. 591-602.

Tumbo nuevo. XVIIIe siècle. Papier. 335 feuillets. 340 × 210 mm. Recueil formé dans sa partie essentielle (fol. 1-267) par les soins du P. Pablo Rodríguez, régent du collège d'Eslonza, et achevé en septembre 1763 (⁹).—Madrid, Archivo Histórico Na-cional, n° 267 B.—Décrit dans *Revue des Bibliothèques*, X (1900), pp. 31-33.

OVIEDO (Église d').—*Libro gótico*. XIIe siècle. Parchemin. 113 feuillets écrits à deux colonnes. 370 × 230 mm. Miniatures (¹⁰). —Oviedo, Archives de la Cathédrale (¹¹). — Décrit par Vigil, *Asturias monumental*, I, p. 47.

Regla colorada. XIVe siècle (recueil formé en 1383). Parche-

---

(⁹) La Cathédrale de Lugo possède, semble-t-il, un autre exemplaire du *Tumbo nuevo*. Cf. *Bol. de la R. Acad. de la Hist.*, XLVIII (1906), p. 388.

(¹⁰) Il existe plusieurs copies intégrales du *Libro Gótico*, conservées soit à Madrid, soit à Gijon. Voir *École pratique des Hautes Études... Annuaire* 1900 (Paris, 1899, in-8), p. 81, et 1901, pp. 124-125, et J. Somoza de Montsoriú, *Catálogo de manuscritos é impresos notables del Instituto de Jove-Llanos en Gijón* (Oviedo, 1883, in-8), pp. 20-21.

(¹¹) Le P. Tailhan, *Bibliothèques espagnoles du Haut Moyen Age*, dans Cahier et Martin, *Nouveaux mélanges d'archéologie*, IV, p. 304, sup-posait bien à tort que ce cartulaire avait «sans doute... disparu pour »devenir aux mains des agents du fisc révolutionnaire un instrument de »spoliation».

min. 155 feuillets. 360 × 240 mm (¹²).—Oviedo, Archives de la Cathédrale.—Décrit par Vigil, *loc. cit.*

SAHAGUN (Monastère de).—*Becerro gótico.* XIIe siècle (compilé en majeure partie dans l'année 1110). Parchemin. 246 feuillets utiles, écrits à deux colonnes. Minuscule visigothique de transition entre la minuscule visigothique proprement dite et la *letra francesa.* 360 × 230 mm.—Madrid, Archivo Histórico Nacional, n° 989 B.--Décrit dans *Revue des Bibliothèques*, X (1900), pp. 34-35. Cf. *Guia... de los Archivos... de España*, p. 91.

SANTIAGO DE COMPOSTELA (Église de).—*Tumbo A.* XIIe-XIIIe siècles (compilé de 1129 à 1255). Parchemin. Miniatures.—Santiago, Archives de la Cathédrale.—Décrit par A. López Ferreiro [et] F. Fita, *Monumentos antiguos de la Iglesia Compostelana* (Madrid, 1883, in-8), pp. 54-58. Cf. R. Beer, *Handschriftenschätze Spaniens* (Wien, 1894, in-8), pp. 131-132.

VALPUESTA (Église de).—*Becerro gótico.* Xe-XIIIe siècles. Parchemin. 113 feuillets. Recueil formé de cahiers d'inégales dimensions, variant de 170 × 125 mm. à 240 × 160 mm.—Madrid, Archivo Histórico Nacional, n° 1166 B.—Décrit dans *Revue Hispanique*, VII (1900), pp. 274-279.

Tumbo nuevo. XIIIe siècle (écrit en 1236). Parchemin. 65 feuillets. 250 × 195 mm. Copie légèrement augmentée du cartulaire précédent.—Madrid, Archivo Histórico Nacional, n° 1167 B.—Décrit dans *Revue Hispanique*, VII (1900), pp. 279-280.

VARIA.—Madrid, Bibliothèque Nationale, n° 9194 (ancien Cc. 80). XVIIIe siècle. Papier. 212 feuillets numérotés. Dimension maxima: 310 × 200 mm. Recueil de copies concernant, entre autres, l'Église de Mondoñedo (¹³).

(¹²) Sur une transcription de ce ms., voir *École pratique des Hautes Études... Annuaire* 1901, p. 125.

(¹³) Il y eut, à Mondoñedo, un cartulaire du XVe siècle. Transporté à l'*Archivo de Hacienda* de Lugo, il tomba en morceaux «por efecto de la

Paris, Bibliothèque Nationale, esp. 321, xviiie siècle. Papier. 476 feuillets. 372 × 260 mm. «Recueil de documents et de mémoires historiques sur les abbayes bénédictines d'Espagne».— Décrit par A. Morel-Fatio, *Bibliothèque Nationale. Catalogue des manuscrits espagnols et des manuscrits portugais* (Paris, 1892, in-4), n° 447, pp. 136-137.

APPENDICE II

Pièces justificatives ([14]).

N° 20.—852, 17 avril.

Texte ([15]) d'après *Tumbo nuevo* de Lugo, fol. 353 r. et v.

In nomine Domini. Ordonius rex... *a* presbitero et Audofrido. Dubium quidem non est, sed multis cognitum manet... advenae Corduvenses, ex qua patria properantes, temporibus nostris pervenientes ad urbem Galletiae... jussionem damus atque concedimus vobis monasterium quod est in Samanos circa rivulum Sarriae... ([16]) Iuliani et Baselisae cum bonis ipsius, villas vel monasteria, quidquid ad ipsum locum de Samanos... villas in territorio Bergido, villam vocabulo Viegio ([17]), ecclesia vocabu-

---

»perniciosa influencia del clima y malas condiciones del local en que »desde muy antiguo se guardaba», dit J. Villaamil y Castro, *Los códices de las iglesias de Galicia en la edad media* (Madrid, 1874, in-8), pp. 75-76.

([14]) Nous croyons inutile de publier, pour l'instant, le texte des actes apocryphes ou douteux encore inédits.

([15]) Ce texte est très mutilé, comme on en pourra juger.

([16]) Le Sárria, affluent de gauche du Neira.

([17]) En marge du fol. 353 du *Tumbo nuevo,* on lit: «nunc vulgo... Vi-»llapalos» *(sic).* Ce serait donc Villadepalos, prov. de Leon, *part. jud.* de Villafranca del Vierzo, *ayunt.* de Carracedo.

lo S. Ioannis et S. Stephani..., villa in locum Naragiae ([18]), villa juxta rivulum Laurem ([19]) quae vocitatur Survetum ([20]), ecclesia vocabulo..., villas qui sunt vel villares et ecclesias circa ribulum Louzara ([21]), ecclesia vocabulo S. Christophori ([22]), villa... in ripa Minei ubi dicunt Cella hic orantes ([23]), in territorio Saliniensi ([24]) villa qui vocitant Lustris ([25]), et ecclesia S. Petri, et salinas Samanenses integras, vel omnia quidquid ad ipsum locum de Samanos pertinet, sive erga arborum... Cuniarrum ([26]) cum ecclesia S. Marinae habeatis de nostrum datum ipsum monasterium de Samanos cum omne sua adjacentiam, qui ad ipsum locum pertinet jure perenni, secundum quod dudum obtinuit... sive... *lix* episcopus per donationem genitoris nostri divae memoriae dominus Ranemirus; ita et nos illum vobis vendimus atque concedimus, jure quieto illum obtineatis absque ulla inquietatione vos et omnis posteritas vestra perpetim habiturum; et qui hunc factum nostrum ausus fuerit irrumpere, pariet illum vobis vel posteritas vestra quantum irrumpit de quo agitur in duplum; et pro id quod superius resonat, accepimus de vos in munificentiis nostris duo auri talenta in aurum et argentum. Facta scriptura

---

([18]) D'après le *Tumbo nuevo, loc. cit.*, il s'agit de Camponaraya, prov. de Leon, *part. jud.* de Villafranca del Vierzo.

([19]) Le Lor, affluent de droite du Sil.

([20]) Sobredo, prov. de Lugo, *part. jud.* de Quiroga, *ayunt.* de Caurel

([21]) Le Lozara, affluent de droite du Lor.

([22]) Sans doute Lozara (San Cristobal), prov. de Lugo, *part. jud.* de Sárria, *ayunt.* de Samos.

([23]) Celaguantes, prov. et *part. jud.* d'Orense, *ayunt.* de La Peroja.

([24]) Le territoire de Salnes, qui forma plus tard un archidiaconé, était situé près de Pontevedra.

([25]) Le *Tumbo nuevo* identifie «Lustris» avec le «Coto de Villalonga». Ce serait donc Villalonga (San Pedro), prov. de Pontevedra, *part. jud.* de Cambados, *ayunt.* de Sangenjo.

([26]) Peut-être Cumeiro, prov. de Pontevedra, *part. jud.* de Lalin, *ayunt.* de Carbia, ce qui correspondrait au «Comaro en Deza», identifié en marge du *Tumbo nuevo*.

venditionis vel donationis xv kalendas majas in era DCCCLXᵛ.
Ordonius rex confirmat. Adefonsus secundum quod genitrix nostri fecit, ita et nos illum confirmamus. Sub Christi nomine, Rodesindo episcopo quod vidi cf. Sub Christi nomine, Gumillus episcopus presens vidi. Nebocianus presens fuit. Bonellus abba cf.
Nunus cf. Ovecus Didaci cf. Flacentius presbiter cf. Censerigus,
testis. Iustus presbiter, testis.

N° 50.—895, 29 janvier ou 2 février.

Texte d'après *Privilegios de Astorga*, fol. 171 v.-173 v.

In nomine Domini, sanctae et individuae Trinitatis. Domno (*a*)
sancto (*b*) glorioso et post Dominum nobis fortissimo patrono
venerando (*c*) confessori sancto Martino episcopo, cuius basilica
fundata (*d*) esse dignoscitur in villa quam dicunt Parata et Cebraria, in suburbio Astoricensi. Ego Adefonsus rex famulusque
tuus, piaculorum nostrorum cupientes expiari flagitia et peccatorum (*e*) nostrorum oneris pregravationem orationum vestrarum desiderantes adjutorio sublevari (*f*), offerimus devote par-
va (*g*) atque exigua munuscula (*h*) sacro sancto (*i*) altari vestro
pro sustentatione monachorum gloriae vestrae deservientes (*k*),
pro (*l*) luminaria ecclesiae (*m*), stipendia pauperum et peregrinorum vel hospitio advenientium (*n*), id est ipsa iam dicta (*o*)
villa Parata Exebaria ubi ecclesia (*p*) vestra est fundata (*q*), cum
terris cultis et incultis, exitus, adiacentias (*r*), pratis, pascuis, paludibus, accessum et recessum (*s*), cunctisque praestationibus

---

(*a*) *Ms.* Donno.—(*b*) sanctto.—(*c*) beneramo.—(*d*) fumata.—(*e*) pe-
catorum.—(*f*) sublebari.—(*g*) parba.—(*h*) muluscula.—(*i*) sanctto.—
(*k*) deserbientes. — (*l*) per. — (*m*) ecclessiae. — (*n*) advententium. —
(*o*) dictta.—(*p*) ecclessia.—(*q*) exfundata.—(*r*) adiecentias.—(*s*) rece-
sum.

quidquid ad eandem villam pertinet, de termino de Vallesico
et per strata quae discurrit and Vergidum, et per congustum de
prato qui fuit Gatoni (*f*), omnia quidquid ipsi termini includunt
ab integro, secundum quod eam comparavimus de Ensila, filio
Duciliani (*u*) et... (*v*) in octoginta solidos de nostro justo precio,
ita ub ab hodierno die, sicut nostrae oblationis continent forma,
cultores ecclesiae (*w*) vestrae pro vestro vendicent jure, et nec
vendere nec donare nec modicum aliquis alienare (*x*) praesumat.
Suscipe hoc munus, gloriose (*y*) et praetiosissime (*z*) confessor (*a*) Christi, meritisque (*b*) tuis quod prona voluntate et sin-
cera devotione offerimus, qualiter per hoc sancto suffragio (*c*)
tuo adiuti mereamur a nostrorum nexibus absolvi (*d*) peccaminum et in gremio patriarcharum collandos nos statuissi conce-
das. Quod si quispiam ex cultores basilicae (*e*) vel quilibet homo
de hac suprataxata munuscula vendere, donare vel alienare (*f*)
praesumpserit, sit anathema marenata in conspectu Dei Patris
omnipotentis, et cum Iuda Christi proditore loca baratri esurien-
dus (*g*) obtineat, et insuper damna secularia... (*h*) inferat per
partem ecclesiae (*i*) tantum quantum auferre conaverit (*k*), stante et permanente huius testamenti scripturae textum in omni
robore et perpetua firmitate, sub die iiii kalendas (*l*) februarias
era (*m*) DCCCCXXXIII, anno Christi gloriae regni nostri xxviii,
in Dei nomine commorantes in Castrotutela, residentes troni
solium in sedem Oveto. Adefonsus rex hoc testamentum a nobis
factum confirmo. Garsia conf. Ordonius conf. Gundisalbus conf.
Froyla (*n*) conf. Ranimirus conf. Adefonsus conf. Petri conf.
Froilissendus conf. Oveco Sindini (*o*) conf. Nepotianus diaconus

---

(*f*) Gatom. — (*u*) Duciliam. — (*v*) laudem. — (*w*) ecclessiae. —
(*x*) allienare.—(*y*) gloriosae.—(*z*) praeciossissimae.—(*a*) confesor.—
(*b*) meritasque.—(*c*) sufragio.—(*d*) absolbi.—(*e*) baselicae.—(*f*) allienare.—(*g*) erudiendas.—(*h*) afructius.—(*i*) ecclessiae.—(*k*) connaverit.
—(*l*) L'*Indice* du *Tumbo negro* porte: 4 des nones de février. —(*m*) aera
de.—(*n*) Froylas.—(*o*) Sindim.

conf. Fros Ariati conf. Monio Placenti, testis. Sub Christi nomine, Elleca Caesaraugustanae sedis episcopus conf. Justus abbas et thesaurarius Sancti Salvatoris (*), testis. Facinus presbiter, testis. David (9) presbiter, testis. Ioannes presbiter. Fla Sthefani, testis. Veremundus decanus de Liebana, testis. Petrus diaconus, testis. Felix presbiter, testis. Flos Theremiae, testis. Godegisus presbiter, testis. Felix Puriceli, testis. Egns. Altanarici, testis. Runifracus Sentani, testis. Possidenius, qui hoc testamentum scripsi, testis.

N° 63.—905, 3 avril.

Texte d'après le *Becerro mayor* de l'église de Leon, fol. 388 r.

Testamentum quod fecit rex Adefonsus de monasterium Sanctorum Cosme et Damiani ad Cixilani abbati et ad collegio fratrum de monasterio.

Adefonsus rex Cixilani presbitero vel ad omnem congregationem fratrum de monasterio sanctorum Cosme et Damiani, cuius baselica fundata esse dinoscitur super ripam fluvio Turio, territorio Legionense. Per huius nostre preceptionis iussionem donamus atque concedimus vobis ipsum memoratum monasterium cum terris, ortis, pomeriis, molinis, pratis atque ductis, exitus et adiacentiis, seu cum omni prestancia sua, quicquid ad eundem monasterium pertinet per cunctis terminis atque locis suis ab omni integritate; ita ut ex presenti die et tempore tu, supradictus Cixila, hunc locum de nostro adprehendas iure, habeas, teneas, regas atque defendas, et secundum regula beati Benedicti precipit, cum ceteris fratribus qui tecum ibidem in vita sancta commorare voluerint, eum obtineas et in perpetuum vindices atque possideas. Facta scriptura donationis sub die III ns. aprilis

---

(*) Salbatoris.—(9) Deuud.

era DCCCCªXᵛªIIIª, anno feliciter glorie regni nostri xxx°viiii°.
Adefonsus rex hanc donationem a nobis factam *(mon.)*.

N° 66.—907, 22 septembre (?).

Texte d'après *Tumbo* de Celanova, fol. 149 r., col. 2-149 v., col. 2.

Domnis (ᵃ) sanctissimis atque post Deum nobis fortissimis
patronis beatissimorum apostolorum Petri et Pauli, in cuius honore scitum est monasterio in locum predictum, que dicitur
Turris, territorio Camore. Ego Adefonsus Dei gratia rex, vicem
omnipotentie tue, bone Ihesu, non ob nostro merito apicem
regni subire. tribueris et nos dominos esse concesseris, de his
bonis que nobis adtribuisti, in honore sanctorum apostolorum
tuorum offerre non parcimus, donamus atque confirmamus supradicto monasterio, pro sustentatione fratrum in eodem locum
Deo servientium atque pauperum peregrinorum ospicio ibidem
advenientium, villa que vocitant Perdices cum suis terminis et
adiacentiis, id est: de orientale parte de termino aque discurrente
contra villa quem dicitur Cornutellas, et discurrente valle que
descendet de Zuizfel usque ad molino de Abolgamar, et inde
per carrale usque in via qui discurrit de monasterio ad Enendo-
la, et usque ubi descendet ipsa via in flumine Estola ubi sunt ar-
bores olmos, et per termino de nostro orto ubi levat Naragos;
de septentrionale parte, de rivulo Alisti usque ad molino de
Maurentane; itemque de occidente parte aqua discurrente de villa
que dicent Vite; et de meridiana parte valle descendentem quem
dicunt Viperas, ubi est alia villella, et descendit intus ipsem terminum usque in flumine Estola ad alio nostro orto pergentem
quousque ubi sunt pescarias. Ita omnia servo Deo abbati qum
suis fratribus vel qui post eum successerit, in eodem locum fue-

---

(ᵃ) *Ms.* Domis.

rit in vita sancta deservientium abbate, ecclesie sancte perpetua-
liter concedimus ut pro nostra delicta in eodem loco Deo exora-
re non cessent; ratione servata ut si quis episcopus, abba vel cle-
ricus aut etiam qui post nostrum discessum in regno adeptus
fuerit exinde alienare, violare vel dirumpere voluerit, et hunc
votum nostrum infringere temptaverit, sit reus ad corpus et san-
guinis Domini nostri Ihesu Christi et in perpetuo cum transces-
soribus picea optineat gehenna, et in futuro non evadat baratri
pena. Facta scriptura donationis et testamenti die x klds. [octo-
bris] (*b*) era DCCCCªXᵛªVª, anno feliciter regni nostri xᵛıº, commorantes in civitate Zamora, residentes troni solium in Dei nomine Oveto. Adefonsus rex hunc testamentum donationis a
nobis factum. Hordonius rex hanc seriem testamenti conf. Adefonsus rex manum meam conf. in ipso monasterio sancti Petri.
Sub Christi nomine, Adtila episcopus ibi presens fui. Teodeulfus
archidiaconus. Ikila abbas. Superus abba. Martinus abba. Iustus
abba, testis. Stephanus archipresbiter. Froiellus presbiter. Guisin-
dus presbiter. Elias presbiter. Ciprianus presbiter, testis.

APPENDICE III

QUELQUES MENTIONS D'ACTES PERDUS ([27]).

I

Fruela Iᵉʳ (757-768) dote l'église d'Oviedo.

a. Charte d'Alphonse II pour l'église d'Oviedo, 16 ou 25 novembre
812. *(Cat.,* nº 10).

(*b*) Restitution d'après une analyse du ms. 712 de la Bibliothèque
Nationale de Madrid.

([27]) Distribuées par règnes, ces mentions sont classées par ordre al-
phabétique de destinataires, les établissements religieux étant toujours

b. Charte d'Alphonse II pour l'église d'Oviedo, 16 novembre 812. *(Cat.*, n° 11).

2

Fruela Ier donne à perpétuité à l'église de San Julian le lieu de Samos ([28]).

a. Charte d'Alphonse II pour le monastère de Samos, 11 juin 811. *(Cat.*, n° 9).

3

Fruela Ier donne à l'abbé Argerico et à sa sœur Sarah, qui avaient dû s'enfuir de l'Espagne musulmane, le lieu de Samos ([29]).

a. Charte d'Ordoño II pour le monastère de Samos, 1er août 922, dans Flórez, *Esp. Sagr.*, XIV, app. IV, pp. 367-372.

4

Aurelio (768-774) donne à l'archidiacre Damondo le lieu de Atan.

cités les premiers.—Il va de soi que nous donnons la liste de ces mentions uniquement à titre documentaire, et sans supposer le moins du monde que toutes les mentions de donations correspondent à l'expédition d'un acte. Cf. M. Prou, *Recueil des actes de Philippe Ier*, p. XL: «... inscrire au nombre des témoignages d'actes perdus tous les textes »qui mentionnent des donations ou confirmations..., serait risquer d'at- »tribuer à la chancellerie royale l'expédition d'actes qu'elle n'a jamais »délivrés. Sans compter que des rois postérieurs ont pu affirmer, sur la »simple déclaration des intéressés, que tel bien, tel privilège avait été »donné à ceux-ci..., sans qu'on leur ait présenté aucun acte écrit».

([28]) Cette donation est-elle ou non distincte de la suivante? On ne sait.

([29]) Morales avait eu connaissance de cet acte; mais, comme il le dit lui-même, *Coronica,* éd. Cano, VII, p. 94, il n'avait pas pu voir le «previle- »gio original... por estar fuera del Monesterio á la sazon, y en el tumbo »faltaba la primer hoja donde estuvo».

a. Charte de l'archidiacre Damondo pour San Esteban de Atan (s. d.), publiée par A. López Ferreiro, *Colección diplomática de Galicia histórica*, I (Santiago, 1901-03, in-8), nº LXXXII, pp. 387-391.

5

Alphonse II (791-842), avec l'assentiment de l'évêque Teodomiro, fonde et dote le monastère d'Antealtares, sis à Compostelle ([30]).

a. Charte de l'évêque de Compostelle Diego Peláez, 17 août 1077, dans López Ferreiro, *Historia de la iglesia de Santiago*, III, app. I, pp. 3-7.
b. Charte d'Alphonse VII pour le monastère d'Antealtares, 11 juillet 1147, dans López Ferreiro, *op. cit.*, IV, app. XVII, pp. 46-48.

6

Alphonse II attribue aux moines du monastère d'Antealtares les offrandes déposées devant les autels du Sauveur, de saint Jean et de saint Jacques.

a. Charte de Bernard Iᵉʳ, archevêque de Compostelle, 29 janvier 1152, dans López Ferreiro, *op. cit.*, IV, app. XXI, pp. 57-59. (Cf. *op. cit.*, II, p. 59).

7

Alphonse II donne à l'église de Compostelle, peu de temps après l'invention du corps de saint Jacques, le territoire com-

---

([30]) Ce monastère était situé à l'Est de l'église de saint Jacques. Cf. López Ferreiro, *Historia de la iglesia de Santiago*, II, pp. 31-32. Sur l'étendue du territoire concédé par Alphonse, voy. *ibid.*, pp. 40-41.

pris entre Sionlla ([31]), Lestedo ([32]), Villestro ([33]) et le Tambre ([34]).

    a. Chronicon Iriense, ch. 4, dans Flórez, *Esp. Sagr.,* XX, p. 601 ([35]).

8

Alphonse II donne à l'église de Compostelle les domaines de César, *Sanctus Julianus* et *Palatium* ([36]).

    a. Charte d'Alphonse III pour l'église de Compostelle, 880-910. *(Cat.,* n° 39).

9

Alphonse II dote le monastère de San Cristobal y San Juan de Lozara.

    ([31])　Peut-être Sionlla, prov. de La Corogne, *part. jud.* de Santiago, *ayunt.* de Enfesta.—Nous empruntons cette identification et les deux suivantes à M. López Ferreiro, *op. cit.,* II, p. 40.

    ([32])　Peut-être Lestedo (Santa Maria), prov. de La Corogne, *part. jud.* de Santiago, *ayunt.* de Boqueijon.

    ([33])　Villestro, prov. de La Corogne, *part. jud.* de Santiago, *ayunt.* de Conjo.

    ([34])　Le Tambre, fleuve côtier galicien qui débouche dans la baie de Noya.

    ([35])　D'après López Ferreiro, *Historia de la iglesia de Santiago,* II, p. 40: «á todos estos sitios desde Santiago hay por lo menos seis millas; »por lo tanto, es de creer que el autor del *Cronicón* confundió la acota-»ción de D. Alfonso el Casto con la que hizo D. Ordoño I al alargar el »coto hasta seis millas».

    ([36])　Parlant de cette charte soi-disant perdue, M. López Ferreiro, *op. cit.,* II, p. 44, suppose que la donation des susdites *villae* «pudo muy »bien ir incluida en la Carta de dote otorgada al tiempo de la consagra-»ción de la Iglesia del Apóstol». Or, cette «carta de dote» aurait été, s'il faut en croire M. López Ferreiro, *op. cit.,* II, p. 35, distincte de la donation des trois milles et fort analogue, quant à sa teneur, à la charte de 812 en faveur de l'église d'Oviedo.

a. Charte d'Ordoño Ier pour le monastère de Samos, 13 juillet 853. *(Cat.*, n° 21).

10

Alphonse II, antérieurement à novembre 812, dote l'église d'Oviedo.

a. Charte d'Alphonse II pour l'église d'Oviedo, 16 ou 25 novembre 812. *(Cat.*, n° 10).

11

Alphonse II confirme à l'archidiacre Damondo le lieu de Atan qu'Aurelio avait antérieurement concédé audit archidiacre.

a. Charte déjà citée de l'archidiacre Damondo (voy. ci-dessus, n° 4).

12

Alphonse II donne à un certain Ordoño des biens sis en Liébana.

a. Charte dudit Ordoño et de sa femme Porfluina, 25 janvier 831, publiée par Ed. Jusué dans *Bol. de la R. Acad. de la Hist.*, XLVIII (1906), pp. 131-133.

13

Ramire Ier (842-850), avec l'assentiment d'Adulfo, évêque d'Iria-Compostelle et du chapitre de cette église, confirme au monastère d'Antealtares l'acte par lequel Alphonse II avait doté ledit monastère.

a. Charte déjà citée d'Alphonse VII, 11 juillet 1147 (voy. ci-dessus n° 5).

14

Ramire Ier donne diverses terres à Gladila, évêque de Braga.

a. Charte dudit Gladila pour le monastère de Santo Adriano de Tuñon, 30 octobre 863. Cf. Vigil, *Asturias monumental,* I, pp. 528-529, Jb. 1ª (37).

15

Ramire Ier confirme et augmente la donation par laquelle Alphonse II avait concédé à l'église d'Iria-Compostelle un espace de trois milles autour du tombeau de saint Jacques.

a. Charte de Ramire II, 21 février 934, dans López Ferreiro, *Historia de la iglesia de Santiago,* II, app. LV, pp. 119-121.

16

Ramire Ier donne à l'évêque — *lix* le monastère de Samos, avec ses dépendances.

a. Charte d'Ordoño Ier pour le monastère de Samos, 17 avril 852. *(Cat.,* n° 20).

17

Ramire Ier donne à l'évêque Fatal, qui avait dû s'enfuir de l'Espagne musulmane, le monastère de Samos, avec tout ce qui avait appartenu à l'abbé Argerico.

a. Charte déjà citée d'Ordoño Ier, 13 juillet 853 (voy-ci-dessus, n° 9).

18

Ramire Ier, d'accord avec Gomelo, évêque d'Oviedo, concède aux évêques Severino et Ariulfo le droit de puiser chaque dimanche, avant toute autre personne, trois seaux de sel à des sali-

---

(37) Cette charte de Gladila est manifestement apocryphe. Voir notamment l'analyse qu'en donne Trelles, *Asturias ilustrada,* II (Madrid, 1739, in-fol.), pp. 24-25.

nes appartenant au roi et situées à Treceño ([38]) et à *Mariego* ([39]).

    a. Charte des évêques Severino et Ariulfo, 22 avril 853 (?) ([40]), dans Risco, *Esp. Sagr.*, XXXVII, app. ix, pp. 319-322.

19

    Ordoño Ier (850-866) déclare que les habitants laïques du territoire de Compostelle payeront désormais à l'église d'Iria-Compostelle les redevances qu'ils payaient jusque là au fisc royal.

    a. Charte d'Ordoño II pour l'église de Compostelle, 22 avril 911, dans López Ferreiro, *Historia de la iglesia de Santiago,* II, app. xxxi, pp. 67-68.

20

    Ordoño Ier donne à l'église de Leon et à l'évêque Frunimio ([41]) les églises situées entre l'Eo et le Masma.

    a. Charte d'Ordoño II pour l'église de Leon, 14 décembre 916, dans Risco, *Esp. Sagr.*, XXXIV, pp. 438-439.
    b. Charte de Ramire II pour l'église de Leon, 3 juillet 935, dans Flórez, *Esp. Sagr.*, XVIII, *escr.* ii, pp. 308-309.

21

    Alphonse III (866-910) et la reine Chimène, confirmant la donation d'Ordoño Ier, concèdent à l'église d'Iria-Compostelle

---

    ([38]) Treceño, prov. de Santander, *part. jud.* de San Vicente de la Barquera, *ayunt.* de Valle de Valdáliga.
    ([39]) D'après Risco, *Esp. Sagr.*, XXXIV, p. 142, ce serait Miengo (prov. de Santander, *part. jud.* et *ayunt.* de Torrelavega).
    ([40]) Sur la date, voy. Risco, *Esp. Sagr.*, XXXIV, pp. 141-143.
    ([41]) Rappelons que c'est en 860 que l'on trouve pour la première fois mention de Frunimio, évêque de Leon (voy. Risco, *Esp. Sagr.*, XXXIV, p. 146). Si donc cet acte a jamais existé, il devait être postérieur à 860.

un espace de douze milles autour du tombeau de l'Apôtre, — espace compris entre l'Ulla et le Tambre.

a. Charte d'Ordoño II pour l'église de Compostelle, 29 janvier 915, dans López Ferreiro, *Historia de la iglesia de Santiago*, II, app. xxxvii, pp. 82-85.
b. Charte d'Alphonse V̄ pour l'église de Compostelle, 30 mars 1019, dans López Ferreiro, *op. cit.*, II, app. lxxxvi, pp. 209-214.

22

Alphonse III confirme les donations faites à l'église d'Iria-Compostelle par son père, Ordoño Iᵉʳ; il concède en outre à ladite église divers biens, *villae,* églises, serfs, etc.

a. Charte déjà citée d'Ordoño II, 22 avril 911 (voy. ci-dessus, n° 19).

23

Alphonse III donne à l'église d'Iria-Compostelle les îles de Ons, *Framio*, Sálbora, Arosa, *Cias* (⁴²) et Tambo (⁴³).

a. Charte d'Ordoño II pour l'église de Compostelle, 20 avril 911, dans López Ferreiro, *Historia de la iglesia de Santiago*, II, app. xxx, pp. 64-66.
b. Charte d'Hermenegildo, évêque de Compostelle, (s. d.), analysée par Yepes, *Coronica general de la orden de San Benito*, IV, fol. 45 r., cette charte d'Hermenegildo attribuant la donation à Alphonse II.

24

Alphonse III concède à l'église d'Iria-Compostelle la villa de Valga, qui avait été donnée audit roi par un certain Baltario.

(⁴²) Peut-être s'agit-il de l'île de Seyas, à l'entrée de la baie de Vigo.
(⁴³) L'île de Tambo est située dans la baie de Pontevedra.

a. Charte de Fruela II pour l'église de Compostelle, 25 octobre 912 ou 924 (44), dans López Ferreiro, *Historia de la iglesia de Santiago*, II, app. XLIX, pp. 109-110.

25

Alphonse III et la reine Chimène donnent, vers 910, à l'église d'Iria-Compostelle — et cela par l'intermédiaire des évêques Genadio et Frunimio (45) — une somme de cinq cents sous d'or.

a. Charte d'Ordoño II pour l'église de Compostelle, 30 janvier 915, dans López Ferreiro, *Historia de la iglesia de Santiago*, II, app. XXXVIII, pp. 85-87.

b. Charte d'Ordoño II pour l'église de Compostelle, 30 janvier 915, dans López Ferreiro, *op. cit.*, II, app. XXXIX, pp. 87-89.

26

Alphonse III confirme à l'église de Leon et à l'évêque Frunimio la possession des églises sises entre l'Eo et le Masma (46).

a. Charte déjà citée d'Ordoño II, 14 décembre 916 (voy. ci-dessus, nº 20).

b. Charte déjà citée de Ramire II, 3 juillet 935 (voy. ci-dessus, nº 20).

---

(44) Sur cette date, cf. López Ferreiro, *op. cit.*, II, p. 288.

(45) Genadio a été évêque d'Astorga depuis 899 environ jusqu'en 920; cf. Flórez, *Esp. Sagr.*, XVI, pp. 129-147. Quant à l'évêque Frunimio mentionné ici, ce doit être, comme l'indique M. López Ferreiro, *op. cit.*, II, p. 246, le personnage qui occupa le siège de Leon de 915 à 928 (Risco *Esp. Sagr.*, XXXIV, pp. 222-236).

(46) L'acte devrait être antérieur à 875, car la dernière mention que l'on possède de l'évêque Frunimio est du 10 juillet de cette année-là. Voy. Risco, *Esp. Sagr.*, XXXIV, p. 148.

27

Alphonse III confirme à l'église de Leon et à l'évêque Mauro la possession des églises sises entre l'Eo et le Masma (47).

a. Charte de l'évêque Mauro pour l'église de Leon, «circa annum 878», dans Risco, *Esp. Sagr.*, XXXIV, p. 432.

b. Charte déjà citée d'Ordoño II, 14 décembre 916 (voy. ci-dessus, nos 20 et 26).

c. Charte déjà citée de Ramire II, 3 juillet 935 (voy. ci-dessus, nos 20 et 26).

28

Alphonse III et sa femme la reine Chimène donnent à l'église d'Oviedo le monastère de Santa Eugenia de *Moreta*.

a. Charte de Bermude II pour l'église d'Oviedo, 2 septembre 992, dans Risco, *Esp. Sagr.,* XXXVIII, app. v, pp. 278-280.

29

Alphonse III fonde et dote le monastère de San Pedro de Rocas (48), édifié sur l'emplacement d'un ermitage où s'était retiré un certain Gemondus.

a. Charte d'Alphonse V, 28 avril 1007, publiée par A. Vázquez Núñez, dans *Boletín de la Comisión provincial de Monumentos histôricos y artísticos de Orense*, noª 19-20 (1901), pp. 338-342.

---

(47) L'évêque Mauro aurait occupé le siège de Leon de 878 jusque vers 899. Voy. Risco, *Esp. Sagr.*, XXXIV, pp. 152-155. C'est donc entre ces deux dates que se placerait le document perdu.

(48) Rocas (San Pedro), prov. et *part. jud.* d'Orense, *ayunt.* d'Esgos.

30

Alphonse III fonde et dote le monastère de Sahagun (⁴⁹).

a. Chartes de Ramire II pour le monastère de Sahagun, 3 avril 945, dans Escalona, *Historia del monasterio de Sahagun,* app. III, *escr.* XXII, pp. 391-393; de Ramire II, même date, *ibid., escr.* XXIII, pp. 393-394; de Ramire III, 19 mai 980, dans *Revue Hispanique,* X (1903), pp. 419-421 (⁵⁰).
b. Chartes d'Alphonse V pour le monastère de Sahagun, 19 novembre 1018, dans Escalona, *op. cit.,* app. III, *escr.* LXXVI, p. 445, et de Bermude III, 20 janvier 1036, *ibid., escr.* LXXXIV, pp. 452-454 (⁵¹).

31

Alphonse III confirme à l'abbé Ofilon la possession du monastère de Samos, que lui avait concédé Ordoño Iᵉʳ.

a. Charte déjà citée d'Ordoño II pour le monastère de Samos, Iᵉʳ août 922 (voy. ci-dessus, nᵒ 3).

32

Alphonse III donne au prêtre Ermemiro la villa de Noalla (⁵²), avec ses dépendances.

(⁴⁹) Morales, *Coronica,* éd. Cano, VIII, p. 15, date cet acte de décembre 874, mais ne l'analyse pas d'après les documents que nous citons: «Y el Rey en el privilegio cuenta en particular como vino allí, y mandó ›labrar una Iglesia de admirable grandeza, que así dice, y los Monges »dicen que es la que agora llaman de la Magdalena», etc.

(⁵⁰) Entre ces trois textes, il n'y a que des variantes de peu d'importance.

(⁵¹) Ici encore, les variantes n'offrent pas d'intérêt.

(⁵²) Peut-être Noalla (San Esteban), prov. de Pontevedra, *part. jud.* de Cambados, *ayunt.* de Sangenjo.

a. Charte déjà citée d'Ordoño II pour l'église de Compostelle, 20 avril 911 (voy. ci-dessus, n° 23).

33

Alphonse III donne au comte Hermenegildo Gutiérrez les terres du rebelle Vitiza.

a. Jugement d'Alphonse V, 1er février 1007, dans Yepes, *Coronica general de la orden de San Benito*, V, *escr.* v, fol. 428 r.-429 r.

34

Jugement rendu par Alphonse III au sujet du litige survenu entre Lupela et Muzurri, Lupela prétendant que Muzurri et sa famille lui appartenaient en qualité de serfs.

a. Charte d'Ordoño II pour l'église de Compostelle, 2 juin 912, dans López Ferreiro, *Historia de la iglesia de Santiago*, II, app. xxxiv, pp. 74-76 ·

35

Alphonse III donne à Nuño (53) une église située dans le voisinage du monastère de San Pedro de Eslonza (54).

a. Charte de Garcia Ier pour le monastère de Eslonza, 30 août 912, dans V. Vignau, *Cartulario de Eslonza* (Madrid, 1882, in-8), n° 1, pp. 1-2.
b. Charte de Garcia Ier pour le monastère de Eslonza, 30 août 912, dans *Revue Hispanique*, X (1903), pp. 350-353.

---

(53) Nuño Fernández, comte d'Amaya. Voy. *Revue Hispanique*, X (1903), p. 351, n. 3 et p. 352, n. 1.
(54) Sur cette villa, qui était peut-être Santa Olaja de Eslonza (prov. et *part. jud.* de Leon, *ayunt.* de Gradefes), voir *Revue Hispanique*, X (1903), p. 351, n. 4.

36

Alphonse III donne à l'abbé Reterico sa villa de Mezonzo (55), située entre le Tambre et le *Nantón*, à charge pour le susdit abbé d'y construire un monastère (56).

a. Charte de l'abbé Gundesindo pour l'église de Compostelle, 30 mars 955, dans López Ferreiro, *Historia de la iglesia de Santiago*, II, app. LXVI, pp. 151-154.

37

Alphonse III donne à l'abbé Sigerico une villa située entre le Miño et le Ladra (57).

a. Charte de l'abbé Fulgaredo pour le monastère de Mezonzo, 5 juin 871, dans López Ferreiro, *op. cit.*, II, app. X, pp. 22-23.

SUPPLÉMENT.

I

La reine Chimène confirme à l'église de Compostelle la donation de cinq cents sous d'or que le roi Alphonse III avait faite à ladite église.

---

(55) Mezonzo (Santa Maria), prov. de La Corogne, *part. jud.* de Arzúa, *ayunt.* de Vilasantar.

(56) Ce document serait antérieur à 870; car on possède un acte de l'abbé Reterico, daté du 17 septembre 870 et relatif au monastère de Mezonzo (López Ferreiro, *op. cit.*, II, app. VIII, pp. 18-19), acte que M. López Ferreiro analyse ainsi: « El abad Reterico paga la *offertionem*, infur-»cion ó censo debido por este monasterio al rey Don Alonso III, y se »obliga á pagárselo durante toda su vida ».

(57) Le Ladra, affluent de gauche du Miño.

a. Charte déjà citée d'Ordoño II pour l'église de Compostelle, 30 janvier 915 (voy. ci-dessus, n° 25 *b*).

2

Gonzalve le Diacre, fils d'Alphonse III, donne peu avant sa mort à l'église de Compostelle la villa de Láncara ([58]), sur les bords du Neira.

a. Chartes d'Ordoño II pour l'église de Compostelle, 17 janvier 916 et 27 février 922, dans López Ferreiro, *Historia de la iglesia de Santiago*, II, app. XL, pp. 90-91 et XLIV, pp. 98-100 ([59]).

L. Barrau-Dihigo.

[58] Láncara (San Pedro), prov. de Lugo, *part. jua.* de Sárria.

[59] De l'un à l'autre de ces deux actes, les variantes sont peu appréciables, en ce qui concerne la mention de la donation faite par Gonzalve le Diacre.

TABLE

———

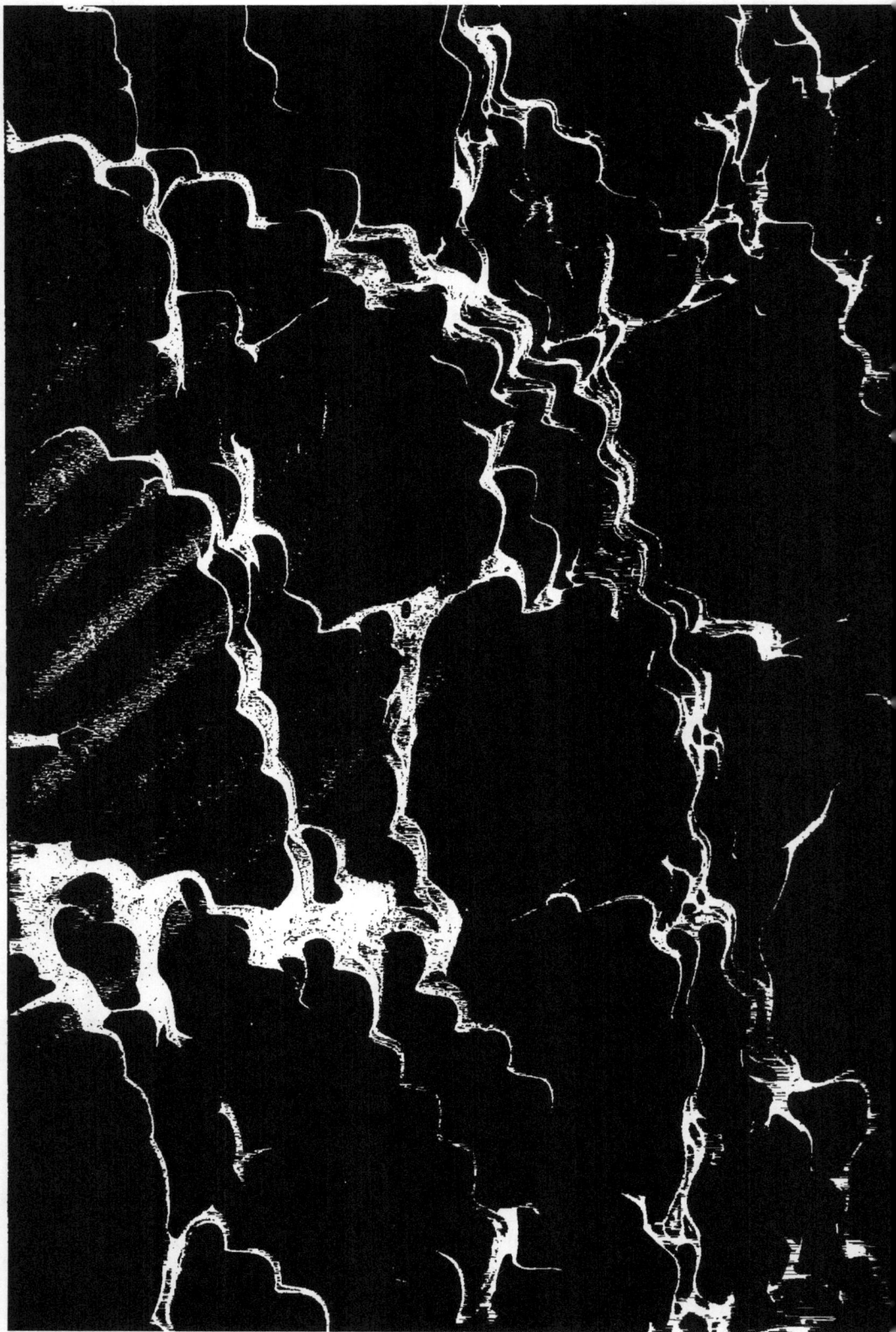

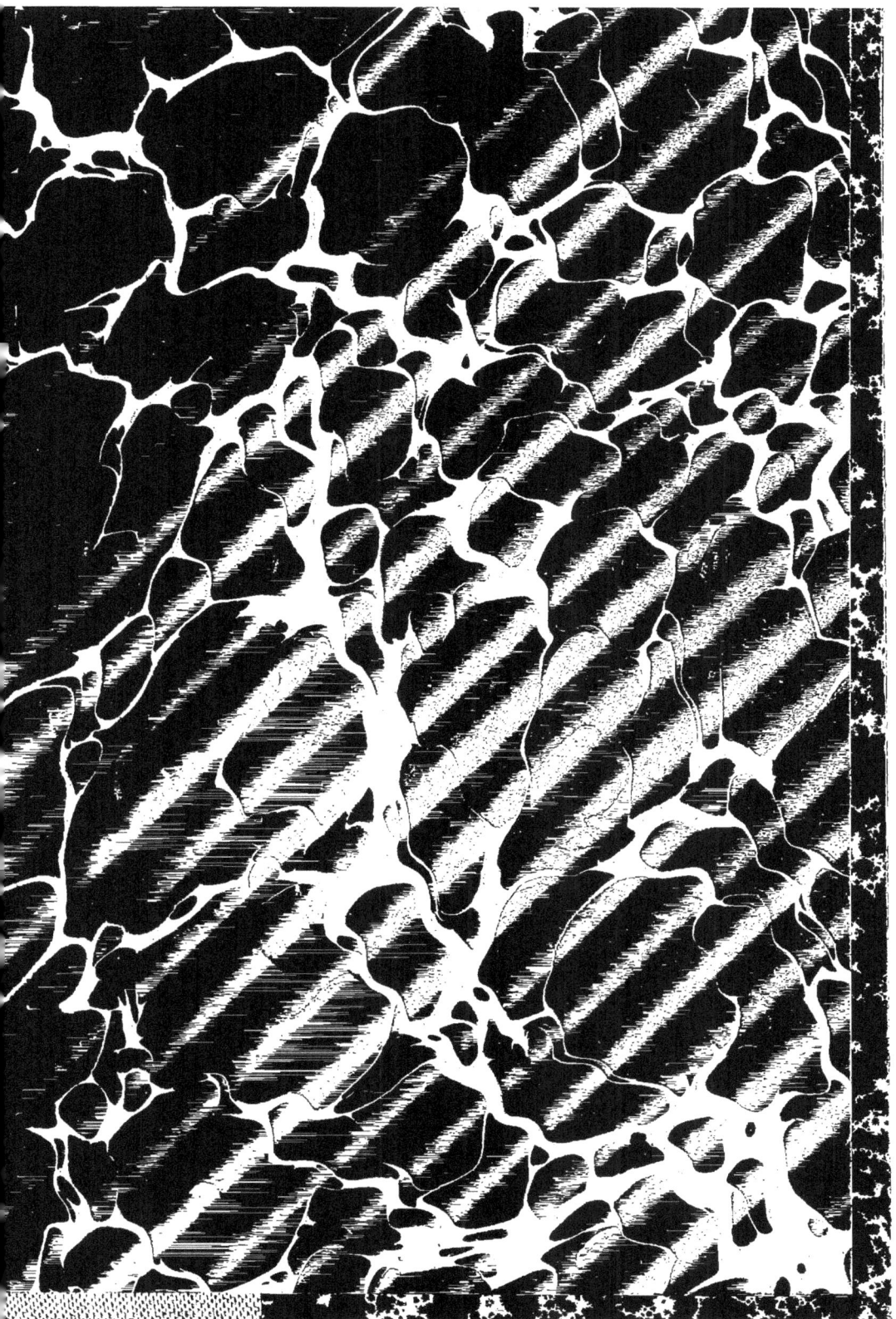

www.ingramcontent.com/pod-product-compliance
Lightning Source LLC
Chambersburg PA
CBHW060031100426
42740CB00010B/1689